DIE AFRIKANERS

Verkorte en aangevulde uitgawe

HERMANN GILIOMEE

Die Afrikaners

Verkorte en aangevulde uitgawe

TAFELBERG

Opgedra aan James, Elizabeth en Thomas

en

Emma en Jack

Sodat julle kan verstaan

Eerste uitgawe in 2018 deur Tafelberg,
'n druknaam van NB-Uitgewers,
'n afdeling van Media24 Boeke (Edms) Bpk
Heerengracht 40, Kaapstad
www.tafelberg.com

Omslagontwerp: Clearwater
Boekontwerp: Nazli Jacobs
Redigering: Dolf Els
Proeflees: Gottfried Maas

Gedruk en gebind deur Creda Communications

Eerste uitgawe, eerste druk 2018

ISBN: 978-0-624-07107-5

INHOUDSOPGAWE

EPIGRAAF

Die hele lewe leef in ons: om onsself te ken – en om selfs intelligent nederig te wees – moet ons al die gestaltes ken wat in ons aanwesig is.

NP van Wyk Louw (1946)

VOORWOORD

Die prikkel vir hierdie boek was 'n versoek van Karen Meiring, hoof van kykNET op DStv. Sy het my gevra om die teks te skryf vir 'n televisiereeks gebaseer op my boek *The Afrikaners: Biography of a People* (Tafelberg, 2003, herdruk in 2017) en ook om die reeks aan te bied. Haar versoek was te goed om waar te wees.

My boek oor die Afrikaners is, soos die merkwaardige joernalis Rykie van Reenen kort ná die publikasie geskryf het, 'n d-i-k-k-e boek. Met die skryf van *The Afrikaners* was daar by my die drang om eens en vir altyd die Afrikaner-storie so volledig as moontlik te vertel. Die nuutste uitgawe (2017) beslaan 715 bladsye en meer as 400 000 woorde.

Die Afrikaners: Verkorte en aangevulde weergawe is sowat 'n kwart van die lengte van die oorspronklike. Dit word sonder voetnote gepubliseer. Die geselekteerde bronne van die Afrikaanse vertaling van *The Afrikaners*, wat in 2004 verskyn het, word wel hier opgeneem.

Karen Meiring se versoek het my gedwing om te besin oor hoe om geskiedenis vir kykers, eerder as vir lesers, aan te bied. Dit was 'n aantreklike uitdaging. Ek het reeds met die skryf van my boek oor die Afrikaners weggebreek van strukturele geskiedenis, wat amper 'n vorm van sosiologie geword het waar die ontleding van abstrakte prosesse en onpersoonlike kragte sentraal staan en die verhaal amper deur die teoretiese verklarings versmoor word.

Die Britse historikus Lawrence Stone het in 1979 sy baanbrekende artikel "The Revival of Narrative: Reflections on a New Old History" in die tydskrif *Past and Present* gepubliseer. Ek deel sy siening van die belang van narratiewe geskiedenis, wat beskrywend eerder as ontledend is en wat die sentrale fokus op ménse eerder as omstandighede laat val.

Vir my is geskiedenis dan in die eerste plek 'n lewende verhaal waarin karakters en gemeenskappe sentraal staan. Die historikus se ontledings en verklarings kan ingeweef word in die storie soos dit ontvou, maar dit moenie die verhaal oorheers nie. Die beste narratiewe historici, soos goeie romanskrywers, weet hoe om karakters op te bou sodat hulle voor jou lééf. Narratiewe historici vertel die verhaal op so 'n manier dat 'n hele paar verskillende uitkomste op enige gegewe punt nog moontlik lyk. As die geskiedenis nie 'n dramatiese gang het nie, verflou die leser se belangstelling. En die Afrikaners hét 'n dramatiese storie, een wat nog selde goed vertel is.

In dokumentêre reekse vir die televisie val die klem op die visuele, die dramatiese en die pakkende. Ek dink hier aan Simon Schama se reeks *The Story of the Jews*, Jeremy Paxman se *Empire*, Brian Lapping Associates se *The Death of Yugoslavia*, Simon Sebag Montefiore se *Jerusalem: The making of a Holy City* en Herman Binge se *Verskroeide aarde*. Ek het hulle almal gekyk voordat ek aan die teks vir die reeks oor die Afrikaners begin skryf het. Ek het ook die voorreg gehad om Binge goed te leer ken en 'n hele middag met Brian Lapping in Londen te gesels. Sy firma is al beskryf as die Rolls-Royce van dokumentêre vervaardigers in Londen.

Ek wil kykNET en die Dagbreek Trust graag bedank vir die finansiering van die reeks. My dank ook aan Tafelberg, en in die besonder Erika Oosthuysen, my uitgewer die laaste sestien jaar, vir haar persoonlike aandag, aansteeklike geesdrif en skerp insig. Dankie ook aan Dolf Els vir die sorgvuldige en kundige redigering van die teks en Anton Naudé vir waardevolle navorsingshulp en advies. Anton was ook die fotonavorser vir die boek. Kabous Meiring en Danie Marais het in die laaste fase die afhandeling van die reeks by Herman Binge oorgeneem.

My grootste dank gaan aan my vrou, Annette, wat my altyd met groot belangstelling en insig bygestaan het. Sy bly vir my 'n bron van inspirasie en kameraadskap.

HERMANN GILIOMEE
Stellenbosch
November 2017

1

JONG BURGERS: "EK IS 'N AFRIKANER . . . EK SAL EN WIL NIE STILBLY NIE"

'n Klein Europese gemeenskap het in 1652 aan die suidpunt van Afrika ontstaan toe sowat 90 mense 'n verversingstasie aan die Kaap gestig het. In die eerste 100 jaar het dié nedersetting tot 'n unieke, veelrassige samelewing gegroei waaruit die Afrikaner-gemeenskap ontwikkel het, gevoed deur mense van drie vastelande: Afrika, Europa en Asië. Die Afrikaners se stamvaders het van Nederland, Duitsland en Frankryk gekom. Baie van hul stammoeders was slavinne.

Die Europeërs aan die Kaap het aanvanklik na hulself as Christene of ingesetenes verwys. Die term Afrikaner is tot omstreeks 1700 algemeen gebruik vir slawe en vryswartes wat in Afrika gebore is. Maar in 1707 is vir die eerste keer opgeteken dat iemand met Europese ouers gesê het: "Ek is 'n Afrikaner."

Eers teen die einde van die agtiende eeu is die naam Afrikaners algemeen gebruik vir mense wat oorwegend van Europese afkoms was. Die term wit mens of swart mens is eers in die negentiende eeu vrylik gebruik.

Die Afrikaners se getalle het ná 1930 die miljoen-kerf verbygesteek. Vandag is hulle minder as drie miljoen.

Die Afrikaners het oor 'n wye land versprei. Hulle het name gegee aan riviere en berge wat hulle aangetref het en aan dorpies wat hulle gestig het. In die 340 jaar voor 1994 was die Afrikaners die gemeenskap wat hul stempel die sterkste op Suid-Afrika as territoriale gebied afgedruk het.

In die eerste 150 jaar is Afrikaans as spreektaal in die kolonie ontwikkel. Dit was die gesamentlike skepping van Afrikaners, burgers, slawe, vryswartes en die destydse Hottentotte en Boesmans, wat vandag bekend staan as die Khoi-Khoi en San (Khoi-San word soms as versamelnaam gebruik).

In die loop van die twintigste eeu is Afrikaans van 'n spreektaal met lae status omskep tot 'n ontwikkelde, moderne taal wat op alle vlakke van die samelewing gebruik is. Teen 2000 was die Afrikaanse literêre produksie (digbundels, fiksie en drama) drie keer groter as dié wat in Engels in die land geproduseer is.

Die Verenigde Oos-Indiese Kompanjie (VOC) het die Kaapse nedersetting in 1652 gevestig. Die VOC is 50 jaar tevore as 'n private maatskappy gestig met 'n oktrooi van die State-Generaal, Nederland se hoogste politieke gesag, om 'n handelsmonopolie oos van die Kaap te bedryf.

Nederland was in daardie stadium die wêreld se vernaamste handelsland en die VOC was die wêreld se eerste multi-nasionale maatskappy. Sy direksie, die Here Sewentien, was in Amsterdam gesetel.

Die VOC se rol, met sy skepe en hul vragte, kan vergelyk word met dié wat Google vandag speel in die versameling en verspreiding van inligting wêreldwyd.

Die VOC het 'n uitgebreide handelsnetwerk opgebou en speserye, suiker, tabak, hout en vervaardigde artikels van die Ooste na Nederlandse hawens gebring. Sy skepe het die handelsware dan na talle Europese lande versprei.

Speserye uit die huidige Indië, Maleisië en Indonesië het 'n groot rol gespeel. Mense het kos met peper bewaar. Kilogram vir kilogram was peper meer werd as goud, vandaar die uitdrukking "peperduur".

Die VOC het teen die einde van die sewentiende eeu jaarliks meer as 1,8 miljoen kilogram peper na Europa ingevoer – veel meer as enige ander produk. 'n Mens kan amper sê die Kaapse nedersetting is uit Europa se haas onversadigbare behoefte aan peper gebore. Eers later het suiker en koffie uit Java belangriker geword.

Die VOC kon verdrae sluit met "prinse en potentate" en goewerneurs en amptenare aanstel om sy handelsposte te beheer. Hy kon soldate werf en oorlog maak. In 1619 het die VOC 'n Raad van Indië in Batavia – vandag Djakarta – ingestel om oor sy besittings in die Ooste te waak. Nederlanders op die VOC-handelsposte was aan Nederlandse wette en die Kompanjie se regulasies onderworpe.

In 1651 het die VOC besluit om 'n verversingstasie aan die Kaap te stig vir sy skepe op die roete tussen Nederland en die Ooste. Jan van

Riebeeck het op 24 Desember 1651 met sy drie skepies uit Texel gevaar om die stasie te kom stig. Sy opdrag was om vrugte en groente vir die Kompanjie se skepe te lewer. Hy moes ook vee by die inheemse bevolking ruil.

Volgens huidige skattings het 'n kwartmiljoen Khoi-San destyds in die gebied gewoon wat vandag as die Wes-Kaap bekend is.

Nederland, moederland van die meeste immigrante, en die Ooste, waar die VOC sy florerendste handelsposte gehad het, het botsende invloede op die Kaap uitgeoefen.

Van al die nasies in Europa het Nederlanders die beste kans van alle Europeërs gehad om vooruit te kom. Hulle het ook die meeste gelykheid voor die reg geniet. In die woorde van die befaamde juris Hugo de Groot het die reg "gelykheid bewaar en die burgers op gelyke vlak saamgebind".

In skerp teenstelling hiermee was die klem in die Ooste op onvryheid en ongelykheid. Nederland het geen slawerny toegelaat nie. Tog het die Here Sewentien verlof gegee dat sy amptenare slawe kon aanhou in die Ooste, waar slawerny taamlik algemeen was. Senior amptenare het hulle gou, soos die adel daar, as 'n aparte klas beskou, verhewe bo die Kompanjie se gewone amptenare of soldate.

Die Kaapse nedersetting het baie van dié praktyke en instellings van die Ooste oorgeneem – die afhanklikheid van slawearbeid, die amptenare se groot mag en aansien, die kerk se gebrek aan selfstandigheid en mag en die swak onderwys. Ouers het hul kinders se opvoeding – soos in Indonesië – hoofsaaklik aan slawevroue oorgelaat.

Aan die Kaap het die Nederlandse en Oosterse invloede kwaai gebots. Die hoë amptenare wou hul gewaande meerdere status aan die gewone Europese bevolking opdwing. Terselfdertyd het die burgers skerp gereageer op slawe en vrye gekleurdes se pogings om hul sosiale gelykes te wees.

Maar die vernaamste invloed was die beheer wat die Kompanjie as 'n handelsmaatskappy oor sy burgers uitgeoefen het. Sy doelwit was maksimum wins. Hy het sy amptenare so min betaal dat baie, onder andere Van Riebeeck, hulself tot korrupsie gewend het.

Die Kompanjie het sy eie belange deurgaans bo dié van sy burgers gestel. Hulle is byvoorbeeld verbied om tabak te plant, want die kompanjie wou sy monopolie op dié produk behou. Daar is wel geëksperimenteer met die aanplant van katoen en die sykultuur. In 1726 het hy die Hugenoot Francois Guillaume (my voorvader) na die Kaap gebring om met sywurms te boer en 'n sybedryf te skep. Spinstraat in die Kaapse middestad herdenk die plek waar sy "fabriek" was. Die katoen- en die sybedryf het helaas misluk.

Van Riebeeck het op 6 April in Tafelbaai aangekom met 'n eenvoudige opdrag: bou 'n fort en hospitaal, lê 'n groentetuin en vrugteboord aan en ruil vee. Hy het die Europeërs wat saam met hom aan land gestap het as "swak en onkundige mense" bestempel. Hulle was soldate, matrose, klerke, ambagslui en tuiniers.

Almal was in die Kompanjie se diens, gewoonlik op 'n kontrak van vyf of sewe jaar. Die Kompanjie het vir die reis betaal, maar was dikwels nie bereid om te betaal as iemand sy diens wou verlaat en na Europa terugkeer nie.

Hulle het die klein nedersetting De Kaap de Goede Hoop genoem en sy grense stadig begin uitbrei. Die fort was digby die see en die Kompanjiestuin 'n ent daarvandaan. Verder suid, by Rondebosch, het die Kompanjie sy eie plaas en boord gehad waar 'n pakhuis met die naam Groote Schuur gebou is.

In 1679 is die huidige Kasteel, wat die fort vervang het, voltooi. Dit is 'n vyfhoekige vesting volgens die Nederlandse fortifikasiestelsel. Die Kasteel was die simbool van die Kompanjie se gesag. Hier was die senior amptenare se kantore, die leërkaserne en die wapenkamer. En ook die Donker Gat, 'n kerker vir gevaarlike misdadigers, asook 'n aantal gewone selle.

Net buite die Kasteel was die tolhek vir boere wat na die mark gereis het.

Van Riebeeck het gou besef die grond oos van Tafelberg is uitstekend vir landbou. Hy het verwys na "die heerlikste vars riviere wat 'n mens kan begeer". In 1657 het hy nege Kompanjiedienaars vrygestel om te gaan boer op erwe van 13,3 morg (sowat 11,4 ha) langs die rivier wat hulle die Liesbeeck genoem het.

Dié vryburgers moes vars voedsel aan die nedersetting en die skepe verskaf teen die Kompanjie se vasgestelde pryse. Op sy hoogtepunt as verversingspos het die Kaap jaarliks kos verskaf aan 6 000 mense op skepe wat gewoonlik vir 10 dae daar oorgebly het. Die vryburgers moes hulself teen inheemse vyande verdedig en is verbied om vee met die Khoi-Khoi te ruil.

Kompanjiedienaars is ook vrygestel om as skrynwerkers, messelaars en smede te werk of kroeë en losieshuise te besit. Anders as met die boere het die Kompanjie nie die pryse vir hul produkte en dienste vasgestel nie. Die boere moes die grens verdedig en voedsel vir die Kaap lewer en het daarop aangedring dat die amptenare hulle met respek behandel.

Die amptenare het egter probeer om hulle te dwing om 'n nederige posisie te aanvaar. Hulle het hulself as die Kompanjie se "wettige kinders" beskou en die burgers as "onwettige basters" sonder veel wetlike regte. Die Kompanjie kon die burgers vrystel, maar skeibrekers in sy diens terugdwing en selfs na 'n ander handelspos stuur. Die amptenare was dus tegnies korrek, maar moes toegee dat die burgers wel bepaalde regte gehad het.

Die eerste botsing was in 1658 toe die boere geweier het om hul koringoes te lewer voordat die kommandeur 'n prys aangekondig het. Hulle was ook ontsteld oor die verbod om vee te ruil. Hulle weier om die Kompanjie se slawe te wees, want hulle was "die verdedigers van die land", het hulle verklaar.

Van Riebeeck het aan die Here Sewentien geskryf dat die burgers hul eie base wou wees en die Kompanjie se gesag uitdaag.

Swaar tye het vir die koringboere voorgelê. Die klimaat was wispelturig, die reën het dikwels weggebly en in die lente en vroeë somer het 'n tierende suidoostewind opgekom wat 'n belowende oes kon vernietig. Soms het die boere kwalik hul saadkoring teruggewen.

Teen 1664 was die Kompanjie genoodsaak om die Sondagkollekte in die kerk en die inkomste van klein boetes te gebruik om hulp te verleen. Sommige burgers se kinders het kaal rondgeloop. Mense was só arm dat hulle langs die vee in 'n stal op 'n bietjie strooi geslaap het.

Europeërs in Afrika of Amerika was selde bereid om handearbeid te doen as hulle slawe of inboorlinge kon gebruik. Van Riebeeck het gou aan die Here Sewentien geskryf dat dit nodig sou wees om slawe aan die vryburgers te verkoop om hulle te help.

Die eerste skip met slawe het reeds in 1658 in Tafelbaai aangekom. Teen 1807, toe slawehandel afgeskaf is, is altesame 63 000 slawe ingevoer. Die kolonie het van slawe-arbeid afhanklik geraak en die gang is onherroeplik bepaal: die Afrikaners sou nie hul eie arbeidsmag ontwikkel nie.

Die Kaap het nou die administratiewe struktuur van die Kompanjie se handelspos in Batavia aangeneem. Die basiese kategorieë was dié van amptenare, burgers en slawe. Die Khoi-Khoi is behandel asof hulle "buitelanders" is. Die bewind se proklamasies bevat geen verwysing na ras of kleur nie. Maar feitlik alle vrye immigrante was van Europa en 'n verband tussen Europese afkoms en burgerskap het gou ontstaan.

Dit het aanvanklik gelyk of die Europeërs aan die Kaap 'n gemengde gemeenskap sou word. In die eerste 50 of 60 jaar was daar veel meer Europese mans as vroue. Daar was ook geen sterk kleurgevoel nie. Simon van der Stel, wat in 1679 die Kaapse kommandeur geword het, sou vandag moontlik as 'n bruin man deurgegaan het. Sy ma is in Batavia gebore as die dogter van 'n Nederlandse seekaptein en Monica da Costa, 'n inheemse Oosterse vrou.

Baie mans het in die vroeë dekades met 'n vrou getrou wat eens 'n slaaf was. Verskeie Afrikaner-families het 'n slavin as stammoeder.

Van 1730 af het die wanbalans tussen die geslagte in die wit gemeenskap vinnig begin krimp. Huwelike was omtrent uitsluitlik tussen Europeërs. Europese mans wat nie 'n Europese vrou kon kry nie, was geneig om nie te trou nie. Baie Europese mans het kinders in buite-egtelike verbintenisse met slawe verwek, maar het selde vaderskap erken. So het 'n wit gemeenskap sy aan sy met 'n gemengde gemeenskap ontwikkel.

Die verversingspos in en om die Kaap het uit sy nate begin bars en die Kompanjie het Van der Stel beveel om dit uit te brei. In 1679 het hy die dorpie Stellenbosch gestig. 'n Amptenaar genaamd die landdros moes die goeie orde handhaaf. Saam met hom het vier burgers 'n kollege van landdros en heemrade gevorm wat die distrik geadministreer het. Hulle het kleiner gedinge aangehoor en geskille geskik.

'n Gesiene burger is in elke distrikswyk as veldkornet aangewys. Hy moes toesien dat mense op hoogte was van die proklamasies. As gevaar gedreig het of as die boere se vee gesteel is, het die veldkornet die burgers in sy wyk opgeroep vir 'n kommando. Groter kommando's was onder die bevel van 'n kommandant, wat ook 'n burger was. So het die burgers die administrasie en handhawing van orde in die binneland in 'n belangrike mate oorgeneem.

Die kolonie het gou verder uitgebrei. Die dryfkrag was die trekboere, met elke boerseun wat sy eie plaas wou hê. Die swak paaie het dit vir wyn- en koringboere moeilik gemaak om hul produkte in die Kaap te lewer en hulle het al meer na veeboerdery oorgeslaan en hul grond vir weiveld gebruik. Vroeg in die agtiende eeu het die Kompanjie begin om leningsplase anderkant die eerste bergreekse toe te ken.

Ná 1713 se pokke-epidemie, wat die Khoi-Khoi in die weste van die kolonie laat verbrokkel het, kon niks die boere keer om vinnig tot diep in die binneland in te dring nie.

Die VOC het die Nederlandse kultuur bevorder en sy sake aan die Kaap in Hollands gedoen. Die taal was ook 'n statussimbool. Slawe wat vrygestel wou word, moes bewys dat hulle Hollands kon praat. Die Kompanjie het ook eers ná 130 jaar enige ander kerk as die Gereformeerde Kerk toegelaat.

Drie lande in Europa het die Kaapse vryburgerbevolking gevoed: Nederland, Frankryk en Duitsland.

Die eerste vryburgers was meestal Nederlanders van nederige afkoms, maar was geen uitvaagsels nie. Hulle was immers ondernemend genoeg om met 'n kontrak van vyf jaar in 'n veraf land vir die Kompanjie te gaan werk. Aanvanklik het baie enkellopende vroue uit weeshuise gekom. Daar was selfs gevalle van jong vroue wat hulle as mans vermom en op 'n Kompanjieskip gespring het.

Die term "burger" beskryf ook die stand van mense in die middelpunt van die Nederlandse samelewing. Rembrandt, Steen, Vermeer, Hals en ander skilders het dié welvarende stadsburgers vol selfvertroue uitgebeeld. Die Kaapse burgers het hierdie status nagestreef.

In 1688 het sowat 150 Hugenote aangekom wat van godsdienstige vervolging in Frankryk gevlug het. Van hulle was taamlik suksesvol in hul vaderland. Jacques de Savoye was byvoorbeeld 'n voorspoedige handelaar; Josua Celliers, Jac de la Porte en Isak Taillefert was wynboere, Jean Prieur du Plessis 'n dokter en Estienne Bruère 'n wamaker. Die meeste was egter kleinboere, ambagslui of arbeiders.

Die Franse immigrante is toegelaat om hul eie gemeente te stig. In 1699 het Drakenstein die derde gemeente ná Kaapstad en Stellenbosch geword. Kort daarna het die Here Sewentien beveel dat maatreëls getref moet word "om te verseker dat die Franse taal geleidelik verdwyn". Teen 1750 kon niemand onder 40 jaar nog Frans praat nie.

Godsdiensvervolging het die Hugenote vasbeslote gemaak om struikelblokke te oorkom. Anders as die Nederlanders en Duitsers het hulle as gesinne na die Kaap gekom. Die dogters het amper onmiddellik mans gekry, want hubare Europese vroue was sterk in aanvraag. 'n Buitengewoon hoë persentasie van vandag se Afrikaners het Hugenotestammoeders.

Hugenote-nasate sou leiersposisies in die Afrikaner-gemeenskap verwerf buite alle verhouding tot die oorspronklike immigrante se getalle.

'n Derde belangrike bron van die Afrikaner-gemeenskap was Duitsers. Hulle het hoofsaaklik in die agtiende eeu aangekom en was meestal enkellopende mans wat in Amsterdam by die Kompanjie werk gesoek het. OF Mentzel, wat in die 1730's oor die Kaap geskryf het, beskryf 'n tipiese Duitse werksoeker so:

> Hy het swak gekleed en platsak in Amsterdam aangekom. Terwyl hy vir die Kompanjie gewag het om soldate of matrose te werf, het hy in die hande van 'n sogenaamde "sieleverkoper" beland. Dié het geld voorgeskiet om hom aan die lewe te hou totdat hy sy eerste loon ontvang. In sommige gevalle het dit vyf jaar geduur om dit af te betaal. Aan die Kaap moes hy spaarsamig leef. Hy het 28 stuiwers per maand in kontant ontvang en nog 28 stuiwers as onderhoud. Met sy groot skuld moes hy dikwels op minder as 2 stuiwers per dag oorleef – die prys van 'n klein porsie vleis in die goedkoopste eetplek.

Genealoë bereken dat die Afrikaners teen 1807 uit net meer as 'n derde Nederlands, net minder as 'n derde Duits, 'n kwart Frans en minder as 'n tiende nie-Europees saamgestel was.

Teen 1700 het die Europese bevolking aan die Kaap tot 2 000 gegroei. Altesame 1 240 was vryburgers, onder wie 414 mans. Hulle het net minder as 700 slawe gehad, van wie 536 mans was. Die Kompanjie self het meer as 100 slawe gehad.

Onder die Kompanjie het burgerskap ontwikkel as 'n instelling met regte en verpligtinge. Daar was geen polisie- of militêre mag in die binneland nie. Die burgers moes die kolonie verdedig deur middel van die kommando's. Alle volwasse mans kon opgeroep word en moes hul eie perd en geweer bring. Sommige ryker boere het dit ontduik deur hul Khoi-Khoi-werkers in hul plek te stuur.

Burgers kon op die volgende geskrewe en ongeskrewe regte aanspraak maak:

- 'n ambag vir hul eie inkomste beoefen;
- vrylik rondbeweeg en eerste aanspraak hê op werk wat vir 'n burger geskik geag is;
- 'n rang in die burgerkommando's beklee;
- lidmaat van 'n Christelike kerk word;
- in die kerkraad dien;
- onder eed in 'n hof getuig (dit het net gegeld as hulle lidmate van die kerk was);
- alleenreg hê om landbouprodukte aan die Kaapse mark te lewer.

Maar hierdie regte het min beteken as daar nie bestaansmoontlikhede was nie. Die amptenare het allerhande planne gehad wat gou tot konflik sou lei.

Die Kompanjie het die vryburgers vrygestel van die dissipline wat vir sy werknemers gegeld het, maar hulle het maar min vryhede geniet. Die meeste was verplig om te boer. Hulle moes plant en saai wat die bewind voorgeskryf het en die opbrengs teen die VOC se vasgestelde pryse verkoop. 'n Stelsel van monopoliepagte het die burgers verplig om sommige produkte net aan die pagter te verkoop. Smokkelhandel met die skepe was dikwels al uitweg om te oorleef.

In die Kaap was daar min geleentheid vir ondernemers. Alle winsgewende handel was in die VOC se hande en hy het sy beheer daaroor jaloers bewaak.

Daar was weinig pogings van die VOC se kant om die plaaslike bevolking opvoedkundig en kultureel te ontwikkel nie. Hy het summier geweier dat iemand 'n skool stig en akademiese vakke aanbied. Die Amerikaanse state het al universiteite gehad, maar aan die Kaap was nie eers 'n hoërskool nie. Ook is geen koerant toegelaat nie.

Die Kompanjie het sy amptenare streng verbied om vir die mark te produseer omdat die boere dan nie sou kon oorleef nie. Hulle kon wel plase besit. Vergelegen, net buite die huidige Somerset-Wes, is toegeken aan Willem Adriaan van der Stel, wat sy vader, Simon, as goewerneur opgevolg het. Hy het 'n plaas op die skaal van 'n groot adellike Europese landgoed uitgelê waar 200 slawe en 60 wit knegte gewerk het. Ander hoë amptenare het ook plase ontvang en vir die mark begin boer.

Van der Stel het uit Nederland se semi-adel, genaamd regente, gestam en het die vryburgers se proteste met minagting bejeën. Hy het saam met verskeie hoë amptenare planne beraam om monopoliepagte in die lewering van wyn, vleis, vis en koring te bekom.

Van der Stel het 'n vyfde van die totale koringoes geproduseer en in amper die hele wynvraag voorsien. Sy kudde van 18 000 skape en 1 000 beeste kon al die vleis lewer wat die skepe, hospitaal en Kompanjiepersoneel nodig gehad het. Van die amptenare het openlik gespog dat die vryburgers binne drie of vier jaar onnodig sou wees omdat hul plase alles vir die mark kon verskaf.

Welvarende vryburgers, onder wie Adam Tas en Henning Huising, het Van der Stel en senior amptenare by die owerhede in Batavia en Amsterdam aangekla.

Op 'n dag het 'n skip die groot nuus gebring: Die VOC het die burgers gelyk gegee en Van der Stel en verskeie hoë amptenare na Nederland teruggeroep. Die Here Sewentien het herhaal dat amptenare nie op die Kaapse mark mag handel dryf nie. Hulle is beveel om hul plase te verkoop. Dit was 'n reuse-oorwinning vir die burgers.

Burgers op die dorpie Stellenbosch het die nuus vroeg in Maart 1707 gehoor. Die landdros, Johannes Starrenburg, vertel van vier plaaslike jong mans wat een oggend vroeg soos "mal mense" in die straat afgejaag en "victorie" geskreeu het. Volgens Starrenberg was hulle aangeklam. Een was die 16-jarige Hendrik Biebouw.

By die Kompanjie se meul, naby waar die Kweekskool vandag is, het Starrenburg die jong burgers gemaan om te bedaar. Toe Biebouw nie wou luister nie, het die landdros hom met 'n rottang geslaan. Daarop het Biebouw geskreeu: " . . . ik wil niet loopen, 'k ben een Afrikaander al slaat de landrost mijn dood, of al setten hy mij in den tronk, ik sal, nog wil niet swygen."

Die landdros het Biebouw en sy maats in die tronk gestop en by die Kompanjie aanbeveel dat hulle verban word. 'n Maand later het drie in die openbaar lyfstraf gekry.

Teen 1707, toe hierdie voorval plaasgevind het, is vrygestelde slawe of slawe wat aan die Kaap gebore is, soms Afrikaners genoem. Biebouw se kreet was die eerste aangetekende geleentheid waar 'n Europeër homself 'n Afrikaner genoem het.

Wou hy aandui dat hy 'n boorling van Afrika is, teenoor Starrenburg, 'n goed geleerde Duitser wat waarskynlik weldra na Europa sou terugkeer? Wou hy sê dat 'n amptenaar soos Starrenburg nie 'n burger straffeloos kon afransel nie?

Al wat ons weet, is dat die landdros, die meulenaar en die skrywer van die verslag Europese immigrante was, terwyl die vier jong mans plaaslik gebore is.

Biebouw was van nederige afkoms. Sy pa was 'n Duitser wat nie sy eie naam kon skryf nie en baie arm. Voordat hy en Hendrik se ma, 'n Nederlandse weeskind, getrou het, het hy saam met 'n slawevrou gewoon by wie hy 'n dogter gehad het.

Dit is van belang dat Biebouw, met sy verstrengelde wortels, nie een van die bestaande identifiserings gebruik het nie. Hy het nie gesê: Ek is 'n Duitser of ek is 'n Christen of ek is 'n wit man nie. Hy het gesê: Ek kom van hierdie vasteland af, ek is 'n Afrikaner.

In die 1730's het nog 'n Europeër hom met die naam Afrikaner vereenselwig, weer eens 'n obskure persoon wat in verset was. Hy was Estienne Barbier, 'n Franse soldaat in die VOC se diens.

Barbier se opstand het teen die volgende agtergrond afgespeel: Jong burgers met onsekere vooruitsigte het soms die grens oorgesteek onder die voorwendsel dat hulle by die Khoi-Khoi vee wou ruil. 'n Groep Namas het op Stellenbosch kom kla en die landdros het hulle gelyk gegee. Die beskuldigdes het geen ag op die landdros se bevel geslaan om voor die hof te verskyn nie.

In hierdie tyd het Barbier, wat in die tronk was omdat hy 'n hoë amptenaar belaster het, ontsnap. Hy het by burgers in die Drakenstein-vallei naby die Paarl gaan skuil. Op 1 Maart 1739 het hy en sowat tien jong gewapende burgers die nuutste proklamasie oor veeruil van die Paarlse kerkdeur afgeruk.

Hulle het hul eie geskrif daar opgeplak waarin Barbier sy "Afrikaansche broeders" oproep in die stryd teen 'n owerheid van tiranne wat aan die Khoi-Khoi voorrang bo "Christene" verleen.

Min burgers het Barbier gesteun. Hy is gevang en in 1739 op 'n kenmerkend wrede manier tereggestel. Hy is op die kruis vasgebind en sy regterhand afgekap voordat hy onthoof is. Hy is daarna gevierendeel, waarna sy hoof op 'n pen by Roodezandkloof geplaas is en die vier dele van sy liggaam langs die vier hoofpaaie na die binneland. Dit moes die burgery en ander afskrik om nie gewapende verset teen die VOC te oorweeg nie.

Die volgende protes was van burgers uit 'n veel hoër stand.

Teen die 1770's was die boonste laag van die wynboere en Kaapse sakelui welvarend genoeg om sierlike Kaaps-Hollandse huise te bou. Sir Herbert Baker, argitek van die Uniegebou, het dit later as die "pragtigste huis-argitektuur ter wêreld" bestempel.

Die oudste bestaande gewel, met die datum 1756, is by Joostenberg naby die Paarl. Onder die beste voorbeelde is Morgenster naby Somerset-Wes (1786), La Provence naby Franschhoek (1800) en Schoongezicht by Stellenbosch (1814).

Burgers uit vooraanstaande Bolandse families het die sogenaamde Kaapse Patriot-beweging, wat van 1778 tot 1787 bedrywig was, gelei. Dit is deur die Patriotbeweging in Nederland geïnspireer, maar was in plaaslike omstandighede gewortel.

Weer het dit oor die voortdurende stryd tussen amptenare en burgers gegaan. Amptenare het op korrupte wyse groot winste gemaak. 'n Klein koterie van vryburgers het hieraan deelgeneem, maar die meeste burgers was sterk teen die korrupsie gekant. Dit was uit hul geledere dat die Patriotte gekom het.

Die Patriotte het na hulself verwys as "vrye burgers van 'n kolonie van die vrygevegte Nederlande" en as "onze Afrikaners". Hulle het hul teenstanders Mammelukke genoem wat net op eie belang ingestel was. Hulle het geëis dat die kolonie tot voordeel van die burgery ontwikkel word deur byvoorbeeld meer skole en kerke te bou. Daarby het hulle groter verteenwoordiging in die Kompanjie en 'n duideliker omskrywing van burgerregte gevra.

'n Afvaardiging, wat hulle as "verteenwoordigers van die hele burgerstaat" bestempel het, is na Nederland om hul klagtes aan die State-Generaal voor te lê. Daar het min van gekom en die hervormings was nie van sleutelbelang nie. Hul eis vir burgerverteenwoordiging in die Politieke Raad, die hoogste bestuursliggaam aan die Kaap, is verwerp.

Die Kompanjie kon nie die uitbreiding van die nedersetting keer nie. Hy moes noodgedwonge sy grense verskuif soos die boere wegtrek en het nog twee distrikte geproklameer – Swellendam in 1745 en Graaff-Reinet in 1786. Sewe gemeentes van die Gereformeerde Kerk het in die kolonie tot stand gekom. Maar buite Kaapstad en Stellenbosch was daar steeds geen ordentlike skole nie. Rondreisende onderwysers het van plaas tot plaas beweeg en die boere se kinders leer lees en skryf.

Boere, selfs ver van Kaapstad, het een keer per jaar hul vrou en kinders op die wa gelaai om in die Kaap negosieware soos koffie, suiker, sout en speserye te gaan koop. Dikwels het hulle ook 'n baba laat doop.

Die Kaap was nooit vir die Kompanjie winsgewend nie en het vinnig iets geword wat nooit beoog is nie. Dit was buitengewoon dat 'n handelsmaatskappy oor 'n gebied so groot soos die huidige Spanje regeer het.

Pleks van bloot 'n verversingspos te bly, het die Kaap 'n vestigingskolonie geword met 'n veel meer komplekse samelewing as wat die Kompanjie ooit voorsien het. Die burgers het nie Nederlanders gebly nie, maar tot 'n gemeenskap gegroei wat die vasteland se naam aangeneem het. 'n Reisiger het in 1802 geskryf: "Op die naam Afrikaan is hy trots; Kaapse is vir hom 'n grootse titel."

Vandag se Afrikaner kan 360 jaar ná die instelling van die vryburgers saam met die digter TS Eliot sê: "In my beginning is my end. In succession / Houses rise and fall, crumble and are extended."

Die Afrikaners as 'n minderheidsgroep word vandag weer nie geag nie deur 'n regering wat sy eie belange nastreef.

Teen 1795 was daar reeds 'n totale bevolking van meer as 60 000. Van hulle was 26 000 slawe sonder seggenskap en meer as 21 000 burgers. Die burgers was al meer ontevrede met 'n regerende elite wat hulself verryk en hulle min aan die algemene belang gesteur het.

Die Kompanjie het sy binnelandse burgers nie doeltreffend beskerm nie, maar hulle tog gedwing om rekognisiegeld (huurgeld) op hul plase te betaal. 'n Aantal vooraanstaande grensboere het aan die Kompanjie geskryf dat hulle dit as onwettig beskou om belastings te betaal op plase wat hulle op eie onkoste moet verdedig.

Die Kompanjie, wat in 'n al groter finansiële verknorsing geraak het, is in 1798 bankrot verklaar. 'n Vooraanstaande Kapenaar het geskryf: "Die Kompanjie het die mense se respek verloor. Almal wil bevele gee en niemand wil gehoorsaam nie."

Net toe die ontevredenheid op sy hoogste was, daag 'n Britse mag op wat die Kaap namens die Prins van Oranje oorgeneem het.

2

SLAWEBESITTERS: "MENSE WAT HUL EIE BASE WIL WEES"

Slawerny is al amper 200 jaar gelede afgeskaf, maar dit het 'n blywende invloed op die Afrikaner-gemeenskap uitgeoefen.

Van Riebeeck se opdrag was om die stasie vir die VOC te laat werk, nie om 'n grootliks vrye Nederlandse gemeenskap aan die suidpunt van Afrika oor te plant nie. In Mei 1652, 'n maand ná sy aankoms, het hy besef dat slawe nuttig sou wees. Die eerste slawe is in 1658 ingevoer, minder as 'n jaar nadat die eerste vryburgers begin boer het. Die gevolg was dat die Kaap nie in 'n vrye land sou ontwikkel nie, ook nie in 'n witmansland nie. Die burgers sou nooit selfversorgend in hul arbeidsbehoeftes word nie. 'n Eeu ná die stigting van die Kaapse nedersetting het 'n waarnemer geskryf: "Omdat slawe ingevoer word, word elke gewone Europeër 'n heer, wat verkies om bedien te word eerder as om te dien."

Hande-arbeid, veral as dit in diens van iemand anders was, is gou as slawewerk beskou. Hierdie houding het tot diep in die twintigste eeu voortgeduur.

Die ryker burgers het hul slawe gebruik om hul welvaart ten toon te stel. Henry Cloete, eienaar van Groot Constantia, het 'n spesiale slaaf, geklee in 'n uniform, gehad wat sy pyp vashou. Sommige welgestelde vroue het uitstappies onderneem met twee slawe in uniform wat hulle op 'n drastoel vervoer. By die huis het 'n slawekind haar nooi met 'n waaier koel gehou terwyl sy by 'n tafel werk.

Slawevroue het in die huise as kokke, kinderoppassers en soogvroue gewerk. Vertroude huisslawe het deel van die koloniste se "gesin" geword. Die woorde "minnemoer" of "mina" en "aiya" of "aia" het oorgebly as nalatenskap van 'n intieme verhouding.

Op baie wynplase was 'n sierlike slaweklok wat slawe soggens vir werk geroep het – en verskeie kere deur die dag om hul sopie te kom haal.

Sowat 'n kwart van die slawe is uit die res van Afrika ingevoer en nog 'n kwart van Madagaskar, waar die Kompanjie-skepe gewoonlik 300 op 'n keer gaan haal het. Die ander helfte was van Indië en Indonesië. Hulle is meestal ingebring deur amptenare wat in Oos-Indië gewerk het en hul slawe aan die Kaap verkoop het omdat slawe nie in Nederland toegelaat is nie.

Die slawe is dikwels in die hawe verkoop. Ander slawe is ná hul eienaar se dood op veilings verkoop. In die eerste halfeeu aan die Kaap het 'n slaaf sowat 100 riksdaalders gekos. Daarteenoor was die jaarlikse rekognisiegeld op 'n leningsplaas 24 riksdaalders. 'n Gemiddelde boer kon nie meer as een of twee slawe bekostig nie.

Teen 1750 het die helfte van die burgers minstens een slaaf elk besit. Die burgers het opsigters en toesieners geword pleks van self te werk. Slawe op plase naby Kaapstad waar wyn, koring, rog en gort intensief verbou is, het besonder swaar gekry. Hulle het die hele jaar deur hard gewerk.

Vir talle burgers was slawebesit ook 'n belangrike belegging. Die afskaffing daarvan sonder vergoeding sou hulle finansieel ruïneer.

'n Besondere kenmerk van die Kaap was dat daar feitlik geen polisie- of militêre mag buite Kaapstad was wat 'n slawe-opstand kon keer nie. Elke plaasboer moes self sy slawe beheer en vlytig laat werk.

Slawe-eienaars in die stad en op die platteland het saamgestem dat opstandige slawe genadeloos gestraf moes word. Strawwe was destyds uiters wreed, ook in Europa. Teen die einde van die agtiende eeu het die Britte, wat die Kaap in 1795 oorgeneem het, die Raad van Justisie (die hoogste geregshof) gevra of die doodstraf alleen nie voldoende was as afskrikmiddel nie. Nee, het die Raad geantwoord, die wrede marteling van slawe voor hul teregstelling was al doeltreffende afskrikmiddel.

Slawe se rûe is op die wiel gebreek, hulle is vermink, onder meer deur hul vleis met rooiwarm tange uit te trek, of hulle is stadig doodgewurg. Slawe is ook gebrandmerk. Teen 1727 was daar só baie met gebrandmerkte gesigte dat die Kompanjie besluit het dat hulle voortaan op die rug gebrandmerk moet word om veral swanger Europese vroue "nie te ontstel nie".

Slawebesitters aan die Kaap wou oor die algemeen nie hul slawe laat doop nie. Hulle het geglo dat sulke slawe moeiliker beheer sou word. Baie burgers het wel saam met hul huisslawe huisgodsdiens gehou. Gewoonlik het die slawe agter teen 'n muur gestaan of gekniel.

Die meeste predikante was ook nie gretig om slawe te doop nie. Hulle het hulle eers oor hul kennis van die Christelike geloof ondervra. Net dié wat bevredigende antwoorde gegee het, is gedoop of aangeneem.

So het die slawebesitters se kerk dus al witter geword.

Georganiseerde sendingwerk, meestal deur buitelandse sendelinge, het eers teen die einde van die agtiende eeu aan die Kaap posgevat. In 1799 het die burgers die Suid-Afrikaanse Genootskap in Kaapstad gestig met takke op die platteland. Binne vyf jaar het hulle 'n gebou in Langstraat opgerig en dit die Suid-Afrikaanse Gestig genoem.

Teen 1790 het sommige predikante wat hier gebore is hul stem verhef teen die versuim om die slawe te doop en aan te neem. Een, Michiel Christiaan Vos, wat in Utrecht, Nederland, gestudeer het, het in 1794 predikant in Roodezand (Tulbagh) geword.

In sy eerste preek was sy teks uit Markus: Gaan heen in die hele wêreld en verkondig die Evangelie aan alle mense. Vos het beklemtoon dat die opdrag slawe en bediendes insluit. Ná 'n aanvanklike ontsteltenis het slawebesitters al meer hul slawe gestuur, veral toe dit blyk dat van die bekeerde slawe meer beleefd, gehoorsaam en hardwerkend word.

In teenstelling met Vos was daar die gedugte ds. Meent Borcherds, wat die pragtige Kaaps-Hollandse huis La Gratitude in Dorpstraat, Stellenbosch, laat bou het. Hy het volgehou dat slawe eers hul kennis van die Christelike leer moes toon voordat hulle gedoop kon word. Nadat die Britte in 1806 die Kaap vir 'n tweede keer verower het, wou die goewerneur by Borcherds weet waarom so min slawe op Stellenbosch gedoop is.

Hy kan nie slawe doop wat nie die vereiste kennis het nie, het Borcherds gesê. Hy het verwag dat hulle die antwoorde uit hul kop moes ken. In sy woorde het hulle wel die "vreeze Gods" in hul harte gehad, maar was hulle te "stomp" om die vrae te beantwoord.

Die slawebesitters se kinders en die slawekinders was speelmaats, maar as volwassenes het die wit kind 'n baas geword, terwyl die slawekind 'n slaaf gebly het. Selfs volwasse slawe is as "jong" (seun) of "meid" (meisie) aangespreek. Slawevroue was dikwels baie lojaal aan hul "familie" en het dié se vertroue geniet, maar ook hulle het permanent kinderstatus gehad.

Baie slawebesitters het geglo dat nie net hulle nie, maar ook die slaaf by slawerny baat gevind het. Later sou hierdie ideologie totaal verwerp word of as paternalisme afgemaak word.

Daar is van die slaaf verwag om lojaal teenoor die "baas" of "nooi" te wees en dankbaar vir wat hulle vir hulle gedoen het. Die baas moes sy slaaf se gehoorsaamheid beloon, sy oortredings binne perke straf – soos met sy eie kinders – en hom te alle tye versorg. Maar elke slaaf het besef dat hy in sy eienaars se oë altyd 'n afhanklike kind sal wees.

Die slawebesitter het al sy slawe op die voornaam genoem. Daar was spotname soos Slim of Patat, name soos April of September, name uit die Ou Testament soos Salomo of Moses, klassieke name soos Kupido of Titus, en soms inheemse name. Die name van die eienaar of sy kinders is selde gebruik.

Daar was dikwels 'n spesiale verhouding tussen 'n boervrou en haar slawevrou wat in die huis gewerk, kinders opgepas en soms ook gekook het. 'n Waarnemer het geskryf:

> Hulle was die meesteres se gunstelingslawe. Hulle het alles gereël en ordelik gehou en is met alle waardevolle dinge vertrou – hulle was eerder die nooi se metgesel as haar slaaf; die nooi en die slaaf het egter nooit hul onderskeie stand vergeet nie, al was hulle in die privaat ook hóé vertroulik met mekaar.

Die Kompanjie se slawe was 'n gemeenskap op sy eie. Die meeste het in die slawelosie aan die bopunt van Adderleystraat gebly, wat later die hooggeregshof en nog later die Iziko-museum geword het. Die losie was feitlik 'n fort en is soos 'n militêre instelling bestuur. In 'n stadium het 500 tot 600 slawe vir die Kompanjie gewerk.

Min Europeërs het die losie vrywillig besoek, behalwe vir die een uur snags wanneer dit 'n bordeel vir die plaaslike garnisoen was. Daar was bykans ewe veel vroue as mans in die losie. 'n Paartjie kon toestemming kry om op die "huwelikslys" geplaas te word, maar die Romeins-Hollandse reg het nie slawehuwelike erken nie en die Gereformeerde Kerk het geen sê daaroor gehad nie. Eers in 1823 kon slawe in koloniste se besit trou.

Die Stellenbosse burger Louis Campher het die slawevrou Ansella van die Kaap in die slawelosie ontmoet en is later met haar getroud. Hulle het op die plaas Muratie in die Stellenbosch-distrik gaan woon. Ná sy afsterwe het sy die plaas geërf.

Feitlik alle lae van die Kaapse burgers het slawe besit, behalwe die heel armstes. Die meeste slawe was in die Kaap waar twee derdes van die burgers teen die einde van die agtiende eeu slawebesitters was. Sowat driekwart van die boere op Stellenbosch het minstens een slaaf elk besit.

In Kaapstad was slawe oral te sien – op pad na die mark of om 'n ambag, soos messelwerk, te beoefen.

Hulle het dikwels hul eienaars op uitstappies vergesel, soms bloot om 'n sambreel oor die dame van die huis te hou. Vir een besoeker het dit gelyk asof daar omtrent 20 swart mense vir elke Europeër op straat was.

Slawe wat pas ingevoer is, het hul eie taal gepraat, maar hoe langer hulle gebly het, hoe meer het hulle 'n lingua franca gebesig. Teen die einde van die Kompanjie-bewind was 'n geradbraakte Hollands of Afrikaans die vernaamste omgangstaal.

Slawe het die burgers se lewe vergemaklik, maar het ook 'n gevaar ingehou. Teen die middel van die agtiende eeu was daar drie keer meer manlike slawe as manlike burgers. Dit was 'n bron van kommer omdat daar geen gewapende mag buite Kaapstad was nie.

In Kaapstad het die fiskaal of staatsaanklaer slawe gebruik om mense in hegtenis te neem. Hierdie slawe is "kaffers" genoem, 'n Arabiese woord wat "ondankbaar" beteken het. Mense wat nie aan Allah geglo het nie, is ondankbaar genoem.

Op plase het die daaglikse kontak tussen base en slawe 'n soort skisofrenie in die hand gewerk. Daar was 'n groot mate van familiariteit tussen 'n gesin en hul slawe (veral huisslawe), maar tog wou die eienaars naarstiglik 'n skerp onderskeid tussen hulle en die slawe bewaar. Familiariteit kon daartoe lei dat slawe vir hulle te groot vryhede aanmatig, wat tot wrede straf kon lei.

'n Slaaf is swaar gestraf as hy sy meester aanval, sy huis aan die brand steek of 'n Europese vrou aanrand of selfs net te vrypostig met haar was. Dikwels het dit op teregstelling uitgeloop.

Vir mindere oortredings is die slaaf na die owerheid gestuur om lyfstraf te ontvang. Dit is deur die staatsaanklaer se assistente onder toesig toegedien. Om die owerhede werk te bespaar, het die Kompanjie meesters toegelaat om straf toe te dien wat van "'n huishoudelike aard" was. Daarmee is bedoel dat die straf nie erger mag wees as dit wat 'n vader aan sy kinders sou toedien nie. As die straf te swaar was, kon die meester voor die hof gedaag word.

Diegene in gesagsposisies se grootste vrees was dat slawe wat verby breekpunt gestraf is, tot opstand sou oorgaan. In 1776 het die Stellenbosse kollege van landdros en heemrade verklaar dat die mishandeling van slawe rampspoedig kan wees. Hoewel daar geen wetlike gelykheid tussen hulle was nie, kon slawe hul meesters aankla en teen hulle getuig. Europeërs kon nie op die Kompanjie se steun reken as hulle 'n slaaf vermoor of op buitensporige wyse gestraf het nie.

In 1782 het 78 boere van Drakenstein die Kompanjie gevra om onthef te word van 'n militêre oefening omdat hulle vir hul vroue en families se veiligheid gevrees het. 'n Sweedse besoeker het in 'n betroubare verslag geskryf dat die meesters baie onrustig oor hul persoonlike veiligheid was. Hulle het gevrees dat slawe handuit kon ruk en probeer om hul meesters te vermoor. "Almal in hierdie kolonie is verplig om snags hul kamerdeur toe te grendel en 'n gelaaide vuurwapen byderhand te hê uit vrees dat hul slawe wraak sal neem," het hy bygevoeg.

Hierdie fobies het die Afrikaner-gemeenskap in Suid-Afrika gekenmerk ook in die eeue wat sou kom.

Daar is nie veel gedoen om slawe te help om hulle met hul lot te versoen nie. Slawe kon nie hul eie gemeentes vorm nie en het selde as families saamgewoon.

Die burgers het minder as tien slawe per jaar vrygestel. Dit was meestal vroue wat 'n getroue slavin, wat amper lid van die huisgesin was, vrygestel het.

Brittanje het die Kaap tussen 1795 en 1803 bestuur. In 1806 het die Britte dit weer oorgeneem ná 'n tussenpose van drie jaar onder 'n Bataafse bewind. Die Britse bewind tot ongeveer 1825 was gekenmerk deur allerlei teenstrydighede.

Aan die een kant was die Britte, naas die Portugese, die wêreld se grootste slawehandelaars. Tussen die vyftiende en laat negentiende eeu het Britse skepe 2,6 miljoen slawe uit Afrika ontvoer en in ander lande verkoop.

In die 1890's het die romanskrywer en kommentator Olive Schreiner geskryf dat die Boere dikwels daarvan beskuldig word dat hul voorvaders slawebesitters was en dat dit hulle op 'n veel laer morele platform as die Engelssprekendes geplaas het. Maar, het Schreiner gevra: Wie het op die ou end die meeste slawe na die Kaap gebring? Tussen 1795 en 1825 was dit Engelssprekende handelaars wat met Engelse skepe en met Engelse bemannings meer slawe per jaar as ooit tevore na die Kaap gebring het en ook die grootste fortuin uit slawehandel gemaak het.

Aan die ander kant het die Britte die sterkste kritiek op slawehandel en slawerny as instelling gelewer. Die Britse regering het byvoorbeeld die Britse setlaars van 1820 verbied om slawe te besit.

Reeds in 1797 het die bevelvoerder van die Britse mag sy ongemak uitgespreek met sekere slawepraktyke aan die Kaap. Die Britte het die doodstraf behou, maar die gepaardgaande marteling afgeskaf.

Die Britse bevelvoerders het Willem Stephanus van Ryneveld, die fiskaal of staatsprokureur, ook gevra of die kolonie nie sonder die verdere invoer van slawe kon klaarkom nie. Van Ryneveld was 'n slawebesitter, maar ook een van die mees progressiewe denkers wat in die Kaap gebore is en grootgeword het. Hy het toegegee dat slawerny hard was en nadelige gevolge het. Dit het eienaar én slaaf in die greep van 'n gebalde vuis gehou en die koloniste lui, hoogmoedig en wreed gemaak. Van Ryneveld wou egter nie dat die invoer van slawe gestaak word nie omdat hulle onontbeerlik vir die verbouing van koring en wyn was. Om slawerny te beëindig, was volgens hom nie die werk van jare nie, maar van eeue.

In Brittanje het die druk opgebou om slawerny as instelling af te skaf. Met die tweede Britse besetting vanaf 1806 is die slawehandel afgeskaf. Teen 1825 was dit duidelik dat Brittanje binne die volgende dekade slawerny in sy kolonies sou afskaf. Die Kaapkolonie was heeltemal onvoorbereid daarvoor met geen polisie- of militêre mag buite Kaapstad nie en met net een polisieman per duisend mense in 'n stad wat nie eens straatligte gehad het nie.

In hierdie klimaat het slawe in 1825 hul baas en verskeie van sy familielede op die plaas Houd-den-Bek in die Koue Bokkeveld vermoor. André P Brink het die plaasnaam later as titel vir 'n roman gebruik. 'n Slaaf, Galant, het glo gehoor slawe gaan tussen Kersfees en Nuwejaar vrygestel word. Toe dit nie gebeur nie, het hy die opstand gelei.

In die hofsaak het die aanklaer, ene Denyssen, iets van die slawebesitters se skok verwoord. Hy kon nie insien dat die slawe se sug na vryheid ook 'n rol gespeel het nie. Vir hom was dit 'n "sug na bloedvergieting, oorlog, verwarring en rampspoedige anargie".

In 1826 het 'n aantal vooraanstaande Stellenbosse burgers beswaar gemaak teen regulasies wat die lot van slawe wou versag en meer regte aan hulle gee. In 'n memorandum het hulle die vrees uitgespreek dat hul woonplekke verwoes en hul vroue en dogters verkrag sou word. Die verhouding tussen slawe en hul base het algaande versleg namate die spanning opgelaai het.

Die imperiale regering in Londen het min ag geslaan op die Kaapse burgers se voorstelle om slawerny geleidelik af te skaf deur alle slawedogters by geboorte vry te stel. Die eienaars moes in die onvermydelike berus.

In 1833 is besluit om slawerny af te skaf en die eienaars in Londen te vergoed. Slawe sou reeds op 1 Desember 1834 nominaal vry wees, maar was verplig om vir die volgende vier jaar ingeboekte arbeiders te bly. Hulle sou eers op 1 Desember 1838 werklik vry wees.

Vryheidsdag, 1 Desember 1838, het almal verstom. Pleks dat die hemel ingestort het, het dit sy sluise geopen: drie dae lank het swaar reën uitgesak wat riviere laat oorstroom het. Sneeu het die bergtoppe versier. Alle gelowiges het oor dié hemelse boodskap gegis. Vir party slawe was die reën simbolies van die trane van slawe wat dood is voordat hulle vryheid kon smaak. (Op Stellenbosch verwys boere vandag nog na reën in die middel van die somer as 'n "slawereëntjie").

Sommige slawe-eienaars het gemeen God het met die reën 'n ramp gekeer. Tulbagh se korrespondent van *De Zuid-Afrikaan* het geskryf dat die vrygestelde slawe "stil en vreedsaam is en hulle behoorlik gedra". Die berig lui verder:

> Ons het die weer as 'n bestiering gesien. Dit het verhinder dat groot getalle leeglêers bymekaarkom met al die gevolge wat daaruit sou spruit. Dit het ook onbehoorlike feesvierdery en dronkenskap gekeer waaruit baie euwels sou voortspruit.

Op Stellenbosch was die Rynse Sendinggenootskap se kerk dié dag met al drie dienste stampvol.

Die koloniste het 'n massiewe arbeidstekort gevrees, maar die harde werklikheid was dat die vrygestelde slawe moes werk of honger ly. Die regering het geen grond aan hulle gegee om op klein skaal te boer nie. Dus was die meeste verplig om plaaswerkers te bly.

Vryheid het wel subtiele veranderings meegebring. Die dae van volkome onderwerping was verby. AJ Louw, 'n welvarende boer van Koeberg, het gekla: "Hulle kom landerye toe nadat die son reeds op is en as ons daaroor suur is, gaan hulle weg sonder dat enige werk gedoen is."

Die burgers se vrees dat die landbousektor in duie sou stort, is nie bewaarheid nie. Teen die middel 1840's was die wyn- en koringplase terug op die vlakke van voor vryheidsdag.

Die vrees dat die kolonie nie sonder slawerny kon oorleef nie, was ongegrond. Meer as 150 jaar later, in die 1990's, sou Afrikaners ervaar dat die afskaffing van apartheid ook nie die einde van hul wêreld beteken het nie.

3

TREKGEES: "AFRIKA IS NIE GROOT GENOEG VIR DIÉ SOORT MENSE NIE"

Die VOC wou aanvanklik net 'n klein nedersetting aan die Kaap hê. Niemand het uitbreiding anderkant die berge voorsien nie. Dit is as feitlik onmoontlik beskou om sonder lewensgevaar met 'n wa oor die berge te kom. Die wa moes heeltemal uitmekaargehaal en anderkant weer aanmekaargesit word.

Teen die einde van die sewentiende eeu het Simon van der Stel sy seun en opvolger, Willem Adriaan, aangeraai om boere se versoeke ferm te weier om hul vee anderkant die vasgestelde grense te laat wei. Hy het gewaarsku dat "die hele Afrika nie groot genoeg sal wees om dié soort mense tevrede te stel nie".

Dié vrees was nie ongegrond nie. In die 1830's het 'n reisiger 'n bejaarde boer wie se trek reeds aan die walle van die Oranjerivier gestaan het, gevra tot waar die mense wou trek. "Tot die ander kant uit," was die antwoord.

In die geskiedskrywing word 'n onderskeid getref tussen trekboere, wat al dieper die binneland in getrek het sonder 'n bepaalde politieke motief, en grensboere, wat in die Oos-Kaap in 'n steeds groter konflik met die Xhosas betrokke geraak het. Die Voortrekkers van die negentiende eeu was meestal grensboere wat om politieke redes uit die kolonie getrek het.

Om die trekboere te verstaan moet ons na die vroeë agtiende eeu teruggaan. Die regering het 'n groot probleem gehad. Al die grond in die streek tussen die Atlantiese Oseaan en die eerste bergreekse was beset. Die Kompanjie moes óf die oortollige vryburgers weer in diens neem óf hulle toelaat om anderkant die bergreekse te gaan boer.

Hulle het besluit om leningsplase anderkant die berge toe te ken. 'n Boer kon self vir hom 'n leningsplaas van 2 420 hektaar (sowat 6 000 acres) uitmeet deur 'n perd 'n halfuur lank in elke rigting te laat stap. Die plaasopstalle was gewoonlik twee uur se stap van mekaar.

Die jaarlikse huurgeld was 'n skamele 24 riksdaalders en 'n boer kon sy plaas aan sy nageslag oordra. Net burgers kon 'n plaas kry, wat beteken het dat al die grond in die kolonie in wit hande gekom het.

Die Kompanjie het daarmee 'n belangrike veiligheidsklep geskep. Vir die oortollige burgers in die Wes-Kaap het dit die belofte ingehou van 'n veel beter lewe as dié van 'n gewone arbeider in die Kaap of 'n kneg op 'n wyn- of koringplaas. Die oudste seun het gewoonlik op 'n leningsplaas bly boer terwyl die jonger seuns weggetrek het om hul eie plaas te vind.

'n Klein getal boere met 'n groot vraag na grond en arbeid het oor 'n groot gebied versprei geraak.

Die Afrikaner-bevolking het vinnig gegroei. Die burgers het vroeg getrou en hul gesinne was gewoonlik groot. Schalk en Anna van der Merwe, stamouers van die bekende Van der Merwe-familie, het 'n verstommende 135 kleinkinders gehad. (Net voor sy dood het pres. Paul Kruger 156 kinders, kleinkinders en agterkleinkinders gehad.)

Teen 1800 was die kolonie se totale bevolking van burgers, slawe en Khoi-Khoi-arbeiders sowat 60 000. Die nedersetting het 286 000 km^2 beslaan – 'n gebied gelyk aan die helfte van die huidige Frankryk. Dit het tot by die Nuweveldberge in die noordooste gestrek en van daar langs die Tarka-, Baviaans- en Visrivier tot by die see.

Die leningsplase se groot nadeel was dat dit tot onplanmatige kolonisasie van die binneland gelei het. Die meeste boere het ver van kerke, howe en skole gebly.

Baie kinders het feitlik net hul plaas en die bure se plaas geken. In 1815 het 'n man wat aan die Slagtersnek-rebellie deelgeneem het, gesê: "Ek is 'n jong man wat nie weet wat 'n regering is nie, want ek was nog nie naby een nie." Kinders wat op 'n afgeleë plaas grootgeword het, sou waarskynlik voor hul mondigwording geen enkele amptenaar, polisieman of soldaat gesien het nie.

Die regering het in elke distrik 'n amptenaar aangestel wat 'n landdros genoem is en die bestuur moes behartig. Hy het drie of vier mense gehad wat as polisiemanne en boodskappers gedien het. Verder is hy bygestaan deur heemrade, wat almal vooraanstaande boere was.

Stellenbosch het sy eerste heemrade in 1682 gekry en daarna het Swellendam (1745) en Graaff-Reinet (1786) gevolg. Saam met die Kaapdistrik was daar nou vier distrikte.

Aansoeke om grond- en waterregte het voor die kollege van landdros en heemrade gedien. Hulle het kleiner strafsake aangehoor en ernstiger gevalle na die kolonie se enigste geregshof, die Raad van Justisie in die Kaap, verwys.

Voor 1786 moes boere aan die oosgrens lang reise aflê om hul kinders te laat doop en huishoudelike goedere te koop – soms ses of sewe weke lank. Die meeste boere kon slegs met moeite lees en skryf.

Boere het probeer om een of twee keer per jaar die kwartaallikse nagmaal by te woon as die kerk nie te ver weg was nie. Dit was baie keer die enigste geleentheid vir jong mense om moontlike huweliksmaats te ontmoet.

By gebrek aan skole het boere hul kinders deur rondreisende knegte laat onderrig, wat self nie baie geletterd was nie. Die onderwysers is dikwels minder as die plaasknegte betaal. Ouers wou slegs die mees basiese onderwys vir hul kinders hê. Hulle moes kon lees en skryf en die basiese Heidelbergse kategismus ken sodat hulle as lidmate van die kerk aangeneem kon word. Geletterdheid was nie 'n streng vereiste nie.

Omtrent al die boere anderkant die bergreekse het net met vee geboer. Vir die jonger geslag was dit 'n gegewe dat hulle eendag veeboere sou word.

Minder gegoede boere se kinders het dikwels bywoners by 'n ander boer geword. As hulle aktief met die veeboerdery gehelp het, het hulle gewoonlik die helfte van die kudde se natuurlike aanwas ontvang. Hulle kon ook hul inkomste met jag aanvul.

Van 1739 was boere verplig om kommandodiens te doen. 'n Bywoner het dikwels saam met die boer of in sy plek op kommando gegaan. Mettertyd het die praktyk ontstaan dat welgestelde boere hul Khoi-Khoiwerkers gestuur het om kommandodiens in hul plek te doen.

Op 'n keer het net een boer en tien Khoi-Khoi opgedaag toe 'n veldwagmeester 'n kommando uitgeroep het. Verontwaardig het hy aan die landdros geskryf: "Ek is nie aangestel om met Hottentotte uit te gaan nie maar met mense."

Van die Khoi-Khoi het beweer dat hulle op die gevaarlikste plekke moes veg en gewoonlik die kleinste deel van die buit gekry het.

Die Kompanjie het meeste van die tyd sy oë vir die kommando-stelsel se onvermydelike wanpraktyke gesluit. Hy het die verskaffing van ammunisie aan die kommando's beheer – die belangrikste vorm van regeringsbeheer oor die binneland. Niemand wou dit in die binneland waag sonder geweer en ammunisie nie.

Die boere in die dieper binneland het hul rug op Europa gedraai en wortel probeer skiet sonder om afvallig te raak van die Europese kultuur en beskawing.

Dis moeilik om die eensaamheid op die afgeleë plase uit te beeld. Vir die Duitse reisiger Hinrich Lichtenstein, wat vroeg in die negentiende eeu 'n uitgebreide reis onderneem het, was dit moeilik om te begryp hoe die boere so ver van die "plesier en voordele van vriendskap" kon bly leef.

Hul enigste dagtaak was om toe te sien dat hul werkers soggens met die vee uitgaan en dit saans veilig terugbring, skryf hy. Die gesin het die dag deurgebring met "beuselagtige huiswerkies" en huisgodsdiens wat "oor en oor gehou is". Dit was 'n eensame bestaan "sonder om iets te weet van die dinge wat die mensdom aangryp".

Die Sweedse reisiger Anders Sparrman het gevind dat die meeste huise slegs twee vertrekke het: 'n slaapkamer vir die gesin en 'n kombuis waar die Khoi-Khoi-bediendes en gaste op die vloer geslaap het. Hendrik Swellengrebel, 'n tipiese figuur uit die geleerde, gegoede stand in Nederland, het in die 1770's geskryf van die lewe in 'n eenkamerhuis waar mense op 'n "Hottentot-manier" almal op die misvloer slaap, "los en gemaklik".

Die boere het op groot skaal van die Khoi-Khoi se kultuur geleen en in die proses werklik deel van Afrika geraak. Soos die Khoi-Khoi het hulle melk in velsakke gehou, biltong geëet en velskoene en soms diervelle as klere gedra. Die uitdaging was om pragmaties in Afrika te oorleef.

Europese besoekers het getwyfel of die grensboere "beskaaf" sou bly en was geskok toe hulle van die trekboere in die dieper binneland ontmoet. In die destydse Europa was daar allerlei stereotipes oor Afrika as die "Donker Kontinent", die "land van Gam se geslag" waar die boosheid heers.

Predikante het gewaarsku dat sommige boere se lewenswyse 'n bedreiging vir die Europese beskawing gaan word. Swellengrebel het opgemerk "dat die meeste van die grensboere nie veel beter as die Hottentotte leef nie". Vir hierdie waarnemers was daar 'n werklike gevaar dat die grensboere 'n "heeltemal wilde nasie" sou word.

Die boere was bewus van dié vrese. 'n Groep boere van Graaff-Reinet sê in 'n versoekskrif van 1788: "As gevolg van die groot afstand [van die drosdy op Stellenbosch] het baie van ons hier al van God se bevele afgewyk en tot ons groot skade ongehoorsaam daaraan geword. Ons was tot dusver sonder onderwysers en predikante en die gevolg was dat baie mooi jong mense soos onkundige vee grootword."

Tog het die boere 'n merkwaardige vasberadenheid ontwikkel om wortel te skiet en as mense van Europese afkoms te oorleef. Geen reisiger het ooit aangeteken dat hulle ontevrede met hul lewe was nie.

Die boervroue was die sleutel tot die suksesvolle vestiging in die binneland. Hulle het saam met die mans getrek of hulle gou gevolg. Dit het moed geverg om op so 'n afgeleë plaas te gaan bly. 'n Reisiger gee 'n blik op dié harde lewe: "'n Soldaat wat tydens'n veldslag in 'n tent woon, is nie so sleg daaraan toe nie soos 'n jong paartjie wat hulle in 'n verafgeleë wildernis vestig, afgesonder van alle ander mense. Stel jou die situasie voor van 'n vrou wat swanger raak en geen bystand het nie behalwe dié van 'n Hottentot-vrou, wat sy nie eens verstaan nie."

Die vroue het die kerk as bondgenoot gebruik om die wildernis en hul mans te tem. Aanvanklik was die burgers nie baie kerkgebonde nie. In 1726 was net 20% van die burger-paartjies in die uitgestrekte Stellenbosch-distrik albei bevestigde lidmate van die Gereformeerde Kerk.

Die Hollandse amptenaar GW van Imhoff het in 1743, ná 'n reis deur die kolonie, met "verbasing en spyt" opgemerk "hoe min werk gedoen word met betrekking tot die openbare godsdiens". Die "traak-my-nie-agtigheid en onkunde in die grensdistrikte is sodanig dat hulle meer soos 'n versameling blinde heidene lyk as 'n kolonie van Europese Christene".

Iets merkwaardigs het egter in die loop van die volgende halfeeu gebeur. Die vroue het op groot skaal lidmate van die kerk geword en in die volgende geslag het die mans by hulle aangesluit. Teen 1770 was 90% van die volwasse wit vroue in die groot Stellenbosch-gemeente bevestigde lidmate teenoor sowat 30% van die mans. Teen die einde van die eeu was amper al die mans en vroue lidmate van die Stellenbosch-gemeente. Paartjies het groot afstande afgelê om aan die nagmaal deel te neem en kinders te laat doop. Waarnemers het die burgers van die buite distrikte nou as buitengewoon godsdienstig bestempel. Hinrich Lichtenstein, een van die bes ingeligte reisigers, bevestig dit:

> [Ons] het nooit uit die mond van 'n kolonis 'n onbetaamlike woord, kragwoord of verwensing van enige aard gehoor nie. Die manier waarop die koloniste hulle oral tot godsdiens gewend het, wat amper op dwepery neerkom, is dalk die hoofrede waaraan hul selfbeheer toegeskryf kan word.

Dit het die norm geword dat 'n Europese man wat wou trou 'n Europese maat gevind het. Hubare Europese vroue of hul ma's het klaarblyklik daarop aangedring dat 'n vryer in die kerk bevestig moes word voordat hy verlof kon kry om met die dogter te trou.

Getroude paartjies het aanvaar dat dit hul plig was om hul kinders te laat doop. 'n Nederlandse historikus wat die data vir die Stellenbosch-distrik noukeurig ontleed het, sê: "Dis moontlik dat godsdienstige mense 'n maat hoofsaaklik deur die kerk gesoek het, maar ons moet die moontlikheid ernstig oorweeg dat mense gelowig geword het nadat hulle getrou en 'n gesin gekry het."

Waarom het vroue soveel klem op lidmaatskap van die kerk gelê? Dit was feitlik al wat Europeërs in die kolonie onderskei het van slawe en ander arbeiders wat vir hulle gewerk het. Dit het hulle met die wyer Europese wêreld anderkant die kolonie se grense verbind. 'n Wit kerk was 'n belangrike stap tot 'n wit gemeenskap wat die status van wit vroue hoog ag en idealiseer. Vroue het dit geweet en daarvolgens beplan.

Veeboere wat teen die 1770's dieper in die binneland ingedring het, het sterk teenstand gekry van die gedugte Boesmans, vandag die San genoem, veral in die omgewing van die huidige Hanover en Richmond. Die meeste Boesmans het in klein groepies gewoon wat van jag en veldkos geleef het. Hulle het die Khoi-Khoi wat hul vee verloor het, in hul geledere opgeneem.

Die trekboere het nooit die Khoi-Khoi of die Xhosas probeer uitwis nie. Hul ekonomieë het, soos dié van die burgers, ook 'n belangrike plek aan vee gegee en die boere kon hulle as werkers gebruik.

Die stryd van 1770 tot 1810 tussen die Boesmans en die burgers was net so fel en genadeloos soos op enige ander plek waar veeboere en jagters gebots het. Boesmans het die burgers se vee doodgemaak of weggevoer en hul veewagters vermoor, terwyl boere die jagters probeer uitwis het.

Dit het daartoe gelei dat boere 'n groot deel van die Sneeuberg-wyk in die huidige Richmond-distrik verlaat het.

Die Kompanjie het in 1774 'n groot kommando onder leiding van kmdt. Godlieb Rudolph Opperman uitgestuur. Hulle moes die krisis vreedsaam besleg, maar as dit misluk, moes die Boesman-stropers – in die regering se woorde – "verdelg" word. Die kommando het uiteindelik 500 Boesmans doodgeskiet.

Sneeuberg was die toneel van 'n bloedige stryd. Volgens die amptelike syfers het die kommando's tussen 1760 en 1795 sowat 2 500 Boesmans doodgeskiet. Die Boesmans het 276 veewagters doodgemaak en 19 000 beeste en 84 000 skape weggevoer.

Die boere het dikwels klein Boesmantjies na hul plase geneem waar hulle lewenslank arbeiders geword het. Sommige grensboere het selfs van die Boesmankinders verkoop.

Veldkommandant JP van der Walt het aanvanklik verskeie kommando's gelei wat die Boesmans probeer uitwis het. Maar hy het gewetensbesware ontwikkel. Hy het die landdros gevra om te weier dat nog kommando's uitgaan en kinders vang, aangesien "die burgers ook alles sou gee as hulle van hul kinders beroof word".

Onder sy leierskap het die boere vee, tabak en krale aan die Boesmans uitgedeel om hulle te oorreed om in vrede te leef. Die veldwagmeesters van die Midde-Roggeveld en die Hantam het begin om skape en ander geskenke in te samel, wat van tyd tot tyd oorhandig is om die Boesmans te oorreed om op te hou steel.

'n Groot gesindheidsverandering het mettertyd by die boere ingetree. In 1809 het 'n goed ingeligte waarnemer verklaar dat die grensboere versoening met die Boesmans gretig nastreef pleks van hulle met terreur onderdanig te probeer hou.

Teen die 1750's het feitlik net die Khoi-Khoi en 'n klein klompie San in die streek tussen die Van Stadensrivier, wat by die huidige Port Elizabeth uitmond, en die Visrivier gewoon. Anderkant die Visrivier het die Xhosa gewoon. Hul gewasse het somerreën nodig gehad en hulle het dus nie ver wes van die Visrivier, waar die winterreënstreek begin, beweeg nie.

In die 1750's het van die heel westelike Xhosa-stamme die Visrivier oorgesteek en geleidelik tot naby die Boesmansrivier, sowat 50 km wes van die Visrivier, getrek.

Twee dekades later het trekboere leningsplase in die gebied tussen die Boesmans- en die Visrivier gevra. Die het as die Suurveld bekend geword.

Sommige van die boere wat in 'n nuwe gebied ingetrek het, het aanvanklik 'n goeie verhouding met die Khoi-Khoi gehad. 'n Boer op 'n nuwe leningsplaas het gewoonlik naburige Khoi-Khoi-krale gevra om mense te stuur om sy vee op te pas. Op sy beurt het hy die kraal beskerm teen wilde diere en teen Boesmans wat hul vee wou jag.

Hy het die Khoi-Khoi leer perdry en op kommando saamgevat. Die Khoi-Khoi het die boere gewys waar die beste weiveld is en hoe om dit te wissel, wat die beste raat teen veesiektes is, hoe om biltong te maak en hoe om klere uit wildsvelle te sny.

Die moeilikheid het begin wanneer boere 'n wyk vol beset het en die weiveld uitgeput geraak het. Sommige boere het die Khoi-Khoi dan verplig om hul veestapel minder te maak en voltyds vir hulle te kom werk.

Daar is aanduidings van groot wreedhede in die laaste twee dekades van die eeu op sommige plase. Honoratus Maynier, 'n amptenaar van 1789 tot 1795 op Graaff-Reinet, het die Khoi-Khoi aangeraai om base wat hulle mishandel aan te kla. Drosdy-verslae bevat prima facie-getuienis van kwaai strawwe en van sommige boere se weiering om hul werkers te laat gaan.

Die Khoi-Khoi is gou vasgevang in die toenemende mededinging om weiveld tussen die trekboere en die Xhosa aan die oosgrens. Van die 1780's af is daar toenemend berigte van Khoi-Khoi wat van 'n plaas gevlug en gewere en perde saamgevat het. Hulle het vee weggevoer of doodgemaak en gesaaides en huise afgebrand. Hulle is deur die Xhosas in die stam opgeneem.

Wit en swart het mekaar in die 1770's in die Suurveld en oos van die huidige Somerset-Oos ontmoet. Dit was die begin van 'n wit-swart-verhouding wat tot vandag gekenmerk word deur die feit dat hulle nie saam met mekaar kan leef nie, maar ook nie sonder mekaar nie.

Sommige boere het gebiedskeiding voorgestaan, ander het Xhosas as werkers in diens geneem en wou hulle nie laat gaan nie. Van die boere het geskille met loesings probeer oplos, maar anders as die Khoi-Khoi, was Xhosa-kapteins sterk genoeg om op te tree indien een van hul volgelinge mishandel is.

Die boerekommando's met hul gewere en perde het aanvanklik oorheers, maar het hul eie gebreke gehad. Weens die afsondering op leningsplase was daar min samehorigheid en dissipline. "Elkeen wil beveel en niemand wil gehoorsaam nie," was 'n opmerking wat in dié tyd dikwels gehoor is.

Die Xhosas het die getalle-oorwig gehad. Daarby het digte bosse die voordeel van gewere en perde geneutraliseer. Die grensboere het hul vermoë om die Xhosas oor die Visrivier te dryf aanvanklik heeltemal oorskat. In 1793 het 'n boerekommando misluk om dit te doen en in 1799 ook 'n Britse troepemag. Die Xhosas het telkens 'n teenaanval onderneem en op groot skaal vee gebuit.

In 1795 het opstandige boere die landdros op Graaff-Reinet en op Swellendam verjaag en 'n republiek uitgeroep. Op Graaff-Reinet het hulle die driekleurvlag van die revolusionêre magte in Frankryk rondgeswaai en hulself as "volksverteenwoordigers" bestempel met die reg op sitting in hul eie "nasionale konvensie" op die dorp. Op Swellendam het die rebelle ook "hul eie nasionale konvensie" gestig.

Die historikus moet hierdie gebeure nie op sigwaarde beoordeel nie. Die opstandiges het gebeure in Nederland nageboots waar Nederlandse burgers wat die Franse Revolusie ondersteun het die heerskappy van die regente omvergewerp het. Waarskynlik het halfgeletterde onderwysers in die Kaap die grensboere daarvan vertel.

Daar was ook nie onder die burgers 'n algemene drang na "volksverteenwoordiging" nie. Die boere van die noordwestelike wyke was in 'n meedoënlose stryd teen die San gewikkel en wou nie oorlog met die Xhosa hê nie.

Die eintlike drywers van die opstand was 'n aantal boere in die suidoostelike deel van die kolonie wat in konflik met die Xhosa was en wat twee landdroste, Honoratus Maynier en Abraham Faure, uit die pad wou hê sodat hulle die Xhosas oor die Visrivier kon dryf. Maar hulle was weerloos as die regering in Kaapstad nie ammunisie verskaf nie. En dit was presies wat gebeur het, eers deur die Kompanjiesbewind en toe deur die Britse gesag wat die Kaap die eerste keer in 1795 verower het.

Die Xhosas, bygestaan deur Khoi-Khoi, het 'n Britse mag se halfhartige poging in 1799 om hulle oor die Visrivier te verdryf, ontwyk en ver weswaarts plaashuise afgebrand en vee gebuit. Baie grensboere het ylings gevlug.

Anders Stockenström, 'n Sweed wat by die Kompanjie aangesluit het en Graaff-Reinet se landdros was, het die gebeure met stygende kommer dopgehou. Hy waarsku:

> In die Suurveld kan daar nie vrede of vriendskap tussen die boere en die Xhosas wees solank hulle dieselfde gebied bewoon nie. Die oorsaak is verweef met die karakter van die Xhosa, dié van die koloniste en die aard van die grondgebied.

Sir John Cradock, wat in 1811 as goewerneur oorgeneem het, was, anders as sy voorganger, 'n militêre man. Hy het sonder huiwering of magtiging van Londen besluit om tot kragdadige militêre optrede oor te gaan. In Desember 1811 het 'n mag van 440 Britse troepe, 431 Khoi-Khoi-soldate en 450 burgers onder bevel van kol. John Graham uitgetrek. Hy wou by die Xhosa "a proper degree of terror and respect" inboesem sodat hulle nie weer oor die Visrivier sou kom nie.

In die laaste maande van 1812 het die koloniale mag sowat 8 000 Xhosas uit die Suurveld oor die Visrivier verdryf en alles wat hulle gesaai het, vernietig. Vir die Xhosa was dit 'n traumatiese ervaring. Dit was 'n totale oorlog. Vir hulle was dit ondenkbaar dat soveel krygers kon sneuwel, dat 'n kaptein, Chungwa, in sy bed deur soldate doodgeskiet kon word en dat die nederlaag so verpletterend kon wees.

In 1813 is die jong Andries Stockenström op 21-jarige ouderdom as Cradock se adjunk-landdros aangestel. Sy pa, Anders, was Graaff-Reinet se landdros. In teenstelling met al die ander goed opgevoede Kaapse amptenare het Andries homself 'n "Afrikaner" en "Boer" genoem. Hy was 'n eerlike man met 'n vurige, onafhanklike gees wat oneerlikheid en skynheiligheid nie kon verdra nie. Sy ferme verbintenis tot orde, reg en geregtigheid vir almal, ongeag kleur, het uitgestaan. Terselfdertyd het hy geglo dat Afrikaners eerder vir die saak van hervorming gewen moes word as dat dit aan hulle opgedwing moet word.

Stockenström se eerste vuurproef was wat later as die Slagtersnek-rebellie bekend geword het. Die rebellie het vroeg in 1813 begin toe Freek Bezuidenhout 'n werker se lone terughou en hom aanrand. Hy het 'n dagvaarding van Stockenström om voor die hof te verskyn geïgnoreer. Op Stockenström se versoek het twee Britse offisiere en 12 Khoi-Khoi-soldate uitgegaan om Bezuidenhout in hegtenis te neem. Hy het hom verset en is doodgeskiet.

Freek se broer Johannes het wraak gesweer en saam met Hendrik Prinsloo manne vir 'n opstand gewerf.

Vir Stockenström was die rebellie 'n kritieke keuse tussen orde en anargie. Hy het alleen en ongewapen by 'n groep voornemende rebelle opgedaag en hulle oorreed om van hul plan af te sien. Dié optrede het welgestelde boere laat besluit om die regering te steun.

Die rebellie is afgeweer sonder dat enige skote gevuur is. In die hofsaak daarna is die doodstraf aan vyf van die leiers opgelê en hulle is gehang. In vier gevalle het die galgtou gebreek en moes die veroordeeldes weer gehang word.

In 1819 het 'n "groot Xhosa-mag" Grahamstad aangeval en die aanslag is naelskraap afgeweer. Daarna het die goewerneur, lord Charles Somerset, die gebied tussen die Vis en die Keiskamma tot neutrale gebied verklaar en die meeste Xhosas tot anderkant die Keiskamma teruggedruk. Die druk op grond vir die swart mense het genadeloos geraak.

Vrede het broos gebly. In 1835 het Xhosas die kolonie binnegeval en op groot skaal vee gebuit en plaasopstalle afgebrand. Baie grensboere het begin wanhoop dat daar ooit sekuriteit sou kom en het daaraan begin dink om in groepe te trek en ver weg 'n nuwe tuiste te probeer skep.

4

KONINGIN VICTORIA SE AFRIKANERS: "NIE GOED GENOEG OM BRITS TE WEES NIE"

Met die Britse verowering van die Kaap in 1795 en toe weer in 1806 het die burgers se status ingrypend verander. Hulle was nou 'n verowerde gemeenskap met die stigma wat aan so 'n status kleef. Hulle was "British subjects", Britse onderdane.

In 1814 is die Kaap ingevolge 'n verdrag deur Europese moondhede formeel tot Britse kolonie verklaar. Dit was nou deel van die Britse ryk – die wêreld se enigste supermoondheid.

Die nuwe heersers het die Kaapse koloniste, hul geskiedenis aan die Kaap en hul kultuur geringgeskat. Met die uitsondering van die Kaaps-Hollandse argitektuur was hulle nie beïndruk met enigiets wat hier geskep is nie. Daar was geen koerante, boeke, skilderye of gereelde musiekkonserte nie. In die Britse oë het die Kompanjie die plek swak bestuur of selfs wanbestuur. Daar was geen behoorlike onderwys- en regstelsel nie. Handel en private inisiatief is aan bande gelê. Die Khoi-Khoi is onderdruk.

'n Groot deel van die kritiek was geldig, maar die kulturele arrogansie daaragter het dit moeilik verteerbaar gemaak. WW Bird, die koloniale sekretaris, het dit bestempel as die Brit se houding dat "nothing can be right or proper that is not English, and to which he is unaccustomed". 'n Britse kommissie wat die Kaapse bestuurstelsel ondersoek het, het die koloniste beskou as die vernaamste struikelblokke vir vooruitgang weens hul "gebrek aan intelligensie" en hul "onverskilligheid teenoor daardie geriewe wat vir Engelse mense onmisbaar is".

Die nuwe bewindhebbers het probeer om Britse argitektuur, literatuur, kleredrag, sosiale etiket en gedrag in te voer en het Engels as die taal van vooruitgang en beskawing voorgehou.

Lord Charles Somerset, wat in 1814 goewerneur geword het, het outokratiese magte gehad. Hy het die mense op die regbank aangestel en was ook die militêre bevelvoerder.

Soos in die geval van die Kompanjiesbewind het die Britse bewindhebbers NG predikante aangestel en verplaas omdat die regering 'n groot finansiële bydrae tot die kerk gemaak het. Daar was spoedig 12 Skotte onder die 22 NG predikante. Hulle was oortuigde Calviniste en het in Hollands gepreek.

Engels het Hollands gou as regeringstaal vervang, maar die NG Kerk het vasgeskop teen druk dat Engels die kerktaal moet word.

In opdrag van die imperiale regering het 'n kommissie van ondersoek die Kaapse regeringstelsel van 1823 tot 1825 bekyk. Die regering het in 1828 die kommissarisse se aanbevelings uitgevoer. Dit het die kolleges van landdros en heemrade in die onderskeie distrikte afgeskaf en amptenare aangestel om dié funksies te behartig. Hulle was feitlik deur die bank Engelssprekendes. In Kaapstad is die gemeenteraad, 'n soort stadsraad, afgeskaf en deur amptenare vervang.

Weens die burgers se kleurvooroordeel moes diegene wat 'n regsberoep wou volg in die "Inns of Court" in Londen opgelei word, het die kommissarisse verklaar. 'n Ander rede was dat groot dele van die Engelse strafprosesreg en handelsreg (maatskappye, versekering, wissels) ingevoer is. Vir die privaatreg (soos kontraktereg en deliktereg) is die Romeins-Hollandse reg behou, maar ook dit is toenemend deur die Engelse reg beïnvloed. Ook die Engelse bewysreg is ingevoer. Die Romeins-Hollandse reg het nietemin die kern van die Kaapse regstelsel gebly en dit is saam met die latere trekkers die binneland ingeneem.

Van 1 Januarie 1827 was Engels die enigste amptelike taal in die howe. Getuienis in Hollands of Afrikaans is vertaal. Die Britse juriestelsel is ingevoer en jurielede moes goed Engels kon praat.

Brittanje se besluit om in 1820 sowat 4 000 Britse setlaars na die Kaap te stuur, was nie net om van die oortollige bevolking in Brittanje ontslae te raak nie, maar ook om die Kaap 'n sterker Britse karakter te gee. Die setlaars was nie ryk nie, maar het meer vaardighede as die eerste Hollandse koloniste gehad. In die dorpe en stede het hulle die ambagslui, professionele lui en handelaars en smouse geword.

Dit was die Britse setlaars wat op 'n vrye pers aangedring het. In 1824 het John Fairbairn en Thomas Pringle 'n koerant, *The South Afri-*

can Commercial Advertiser, begin. Die eerste Hollandse koerant was *De Zuid-Afrikaan*, wat op 9 April 1830 vir die eerste keer verskyn het. Die eerste uitgawe het die naam "Afrikaner" gebruik vir 'n nuwe gemeenskap van Hollands- en Engelssprekendes. Die hoofartikel lui: "Met die naam *Zuid-Afrikaan* hys ons 'n banier waaronder alle koloniste, sowel die ou koloniste as die nuwes, hulle kan skaar. Almal wat in die land woon en daaruit 'n bestaan put, is Afrikaners . . . Almal wat die land aanval, moet streng deur alle Afrikaners, sowel Engelse as Hollanders, teengestaan word."

Veral in Kaapstad en omgewing het die term Afrikaner lank 'n inklusiewe karakter gehad – enigiemand ongeag kleur of taal wat Suid-Afrika eerste plaas, was 'n Afrikaner.

Die Britte het burgerskap as 'n formele statusgroep ingevolge die wet afgeskaf, maar die burgers het die term informeel bly gebruik.

Baie van die ou amptenare van die Kompanjie het hul regeringsposte behou en hul lewenspeil het verbeter. Sekere families, soos die Cloetes, Van Ryneveldss en Van der Byls, het doelbewus besluit om te verengels. Hulle het bekend geword as die "Cape Dutch" of "Anglomanne". In 1831 het een van hulle, Henry Cloete, gesê die "Cape Dutch" het in werklikheid Engelse geword in hul maniere, gewoontes en taalgebruik.

Sommige burgers het teen die Britse houding van meerderwaardigheid geprotesteer. Advokaat Berrangé, 'n vooraanstaande regsgeleerde, het dit as 'n belediging bestempel dat Engelse amptenare aangestel is om die gemeenteraad in Kaapstad te vervang. Die Engelse, het hy geskryf, het teenoor die burgers opgetree asof hulle "'minderjariges, verkwisters of sinneloses" is.

Die negatiefste uitwerking van die Britse hervormings en veral die afskaffing van die kolleges van landdros en heemrade was aan die Oosgrens. Hier was swart, wit en bruin in 'n voortslepende konflik oor arbeid en grond vasgevang.

Vir baie van die burgers het die vraag ontstaan of die Afrikaners onder Britse gesag 'n politieke toekoms gehad het. Die amptenaar wat die burgers se posisie die beste verstaan het, was Andries Stockenström. Hy is aangestel as landdros van Graaff-Reinet, 'n pos wat ook sy pa beklee het.

Stockenström het van die hervormings wat in die tweede helfte van die 1820's ingevoer is, gesteun, maar dit was vir hom belangrik dat die burgers dit in die breë moes aanvaar. Hy het die regering se afskaffing van die kolleges van landdros en heemrade as 'n groot flater beskou omdat die regering dié liggame kon gebruik om die burgergemeenskap die heel beste te beïnvloed.

Hy het later geskryf dat die afskaffing daarvan die onderlinge vertroue tussen die regering en die burgers vernietig het. Ernstige misverstande het ontstaan wat tot groot euwels en vergrype gelei het. Die grondoorsaak was dat die regering in sy hervormingsywer nagelaat het om behoorlike kommunikasiekanale te skep om misverstande op te klaar.

In 1825 het Stockenström hom in 'n gesprek in Graaff-Reinet se drosdy oor die burgers se toekoms uitgelaat in terme wat vandag nog vir die Afrikaners geld. Sy gespreksgenote was dr. John Philip en dr. William Wright wat albei vir die Londense Sendinggenootskap gewerk het, en 'n Britse setlaar, Thomas Pringle, wat vir sy liberale oortuigings bekend was. Philip het aan sy boek *Researches in South Africa* gewerk wat drie jaar later sou verskyn. Hy het hom daarin uitgespreek teen wat hy genoem het die verslawing van die Khoi-Khoi en die Boesmans. In sy oë was dieselfde besig om met die Xhosa te gebeur.

Vir hom was die Xhosa vredeliewend, betroubaar, eerlik en geloofwaardig; die koloniste daarteenoor was vervul met "gierigheid en roofsug". Hoewel Britse soldate en setlaars aan patrollies deelgeneem het wat gebuite vee in Xhosa-krale gaan soek het, het hy die burgers blameer vir die wreedhede waarmee die patrollies dikwels gepaard gegaan het.

Philip se invloed het meegewerk aan die baie swak beeld wat in Londen van die burgers ontstaan het. 'n Voorbeeld hiervan was die artikel in die Londense tydskrif *The Spectator* (wat vandag nog gepubliseer word) waarin gesê word: "Die mishandeling van die inboorlinge is een van die donkerste en bloedigste vlekke in die bladsye van die geskiedenis en daar is kwalik een wat so 'n erge gruwel is soos die gedrag van die Hollandse Boere."

Piet Retief, een van die Groot Trek se leiers, het min hoop gehad dat die grensboere ooit as enigiets anders beskou gaan word as die wit uitvaagsels van die Britse ryk.

Philip het Stockenström as 'n gawe kêrel beskou, maar tog was Stockenström in sy oë verdag as iemand van Afrikaanse afkoms wat "natuurlik" die ou stelsel van onderdrukking sou steun.

Stockenström het geprotesteer teen die manier waarop Philip die Xhosa en Khoi-Khoi se veediefstalle oor die hoof gesien het. Ook dat hy die burgers onregverdig as skuldiges uitgesonder en die Britse soldate of setlaars se wandade geïgnoreer het.

Stockenström het erken dat die boere in die verlede wreedhede teen die plaaslike mense gepleeg het, maar daarop gewys dat hulle hul gesindheid verander het. Hy het dit beklemtoon dat ook die boere regte het, veral die reg op sekuriteit en op billike behandeling deur die regering.

Hy het drie keuses vir die grensboere uitgelig: "Ons moet óf weghardloop óf stil sit en ons kele laat afsny, of ons moet verdedig wat ons het."

Vir Stockenström was weghardloop nie 'n opsie nie. Tien jaar later sou hy die uittog wat as die Groot Trek bekend geraak het, verdoem. Hy het die opvatting verwerp dat die burgers nie die reg het om hulself te verdedig nie. Vir hom was al uitweg om "te verdedig wat ons het en om die beginsels neer te lê waarop daardie verdediging gegrond is".

Sekere sake het groot wrywing tussen Afrikaners en hul Engelssprekende landgenote veroorsaak. Een was die wyse waarop slawerny afgeskaf is en 'n ander was die stemregkwalifikasies vir die parlement wat in 1854 ingestel is.

Christoffel Brand, redakteur van *De Zuid-Afrikaan*, en John Fairbairn, redakteur van *The South African Commercial Advertiser*, het skerp oor die vrystelling van die slawe gebots. Fairbairn was die skoonseun van dr. John Philip, wat die Afrikaanse grensboere kwaai gekritiseer het.

Brand het in 1820 in Leiden gepromoveer met 'n doktorale proefskrif waarin hy redeneer dat die kolonies "dieselfde burgerregte, dieselfde wette, dieselfde instellings en voorregte" as die burgers in die koloniale moondheid se hoofstad in Europa moes hê. Brand se proefskrif was in Latyn en daar is gegis dat net dié feit verhinder het dat Somerset hom by sy terugkeer in die Kaap in hegtenis laat neem het.

Sedert die middel 1820's het die aandrang op die vrystelling van slawe in Brittanje momentum begin kry. Fairbairn het dit geesdriftig gesteun onder die ideologiese vaandel van "progress", wat vrye arbeid, die vrye mark, vryhandel en private onderneming verkondig het.

Maar hy het hoofsaaklik namens die Britse handelaars gepraat. Die Britse setlaars is verbied om slawe aan te hou en min Britse koloniste het slawe besit. Dit was die Afrikaanse burgers wat groot geld in die koop van slawe belê het. Die manier waarop slawerny afgeskaf en slawebesitters vergoed sou word, was vir hulle belangrik. Dertig jaar later sou Amerika se suidelike state bereid wees om 'n burgeroorlog oor dié kwessie te ontketen.

Brand het in *De Zuid-Afrikaan* aangevoer dat die koloniste nie die afskaffing van slawerny kon oorweeg voordat daar nie 'n parlement met 'n stelsel van verteenwoordigende regering was. Fairbairn het verteenwoordigende regering aanvanklik gesteun, maar het getwyfel of die Afrikaner-slawebesitters en *De Zuid-Afrikaan*, hul mondstuk, slawerny werklik wou afskaf. Volgens hom was alle progressiewe verandering in die kolonie die Britte se werk.

Brand het woedend gereageer. In sy oë was Fairbairn hooghartig en voorbarig. Hy het gemaak of hy persoonlik die vryheid van die pers in die kolonie bewerkstellig het en of sy koerant al onafhanklike koerant was.

Dit was onsin dat net die Engelse pers vry en onafhanklik was, het Brand geskryf. Sekere sendelinge, veral dr. Philip, Fairbairn se skoonpa, het die meeste onsin gepraat. Brand het uitgevaar teen diegene wat Afrikaners daarvan beskuldig dat hulle "venynige lummels" is. Die aanduidings dat vergoeding net in Londen uitbetaal sou word, het die slawebesitters laat vrees dat hulle groot finansiële skade sou ly.

Fairbairn het sarkasties gereageer. 'n Parlement beheer deur slawebesitters was 'n belediging vir die gesonde verstand, het hy geskryf. Volgens hom sou die despotisme van 50 Koebergse boere 50 000 keer erger wees as die outokratiese regering waaronder die Kaap toe gestaan het. Hy het uit sy "dream of confidence in the Afrikander" ontwaak en die gevaar van "Dutch domination" deeglik besef.

Die imperiale regering het die geskil tussen die twee wit gemeenskappe as só ernstig beskou dat hy selfregering aan die Kaap vir langer as twee dekades uitgestel het.

In 1837 het Brand in 'n Engelse tydskrif verklaar: "Engeland het omtrent alles van die ou koloniste gevat wat vir hulle dierbaar was: hul land, hul wette, hul gebruike, hul slawe en selfs hul moedertaal." Die burgers het alles gedoen om te bewys dat hulle Brits was, maar dit was nie genoeg nie. Die veroweraars het alles ingespan om hulle daaraan te herinner dat hulle Hollanders is.

Daar was groot druk op Afrikaners om nie net vlot in Engels te wees nie, maar ook alle ander simbole van die Engelse nasionalisme oor te neem – gedrag, kleredrag en etiket.

Die Hollandssprekende koloniste het al nader aan die Engelse kultuur beweeg. Ouers, veral in Kaapstad, wou hê dat hul kinders net in Engels opgevoed moet word. Selfs in die grensdistrikte is gemeen dat "beskawing" hand aan hand gaan met Engels se oorheersende posisie as taal.

De Zuid-Afrikaan het probeer wal gooi. In 1857 het hy erken dat 'n dag sal kom waar die Nederlandse nasionaliteit heeltemal verdwyn het. Die blad het dit betreur dat mense hul voorvaders se taal, sedes en uitkyk versaak in 'n poging om "beskaaf" te wees. Dit sou daartoe lei dat hulle hul godsdiens ook prysgee.

Engelse koerante soos die *Cape Argus* en *Monitor* het 'n strydlustige kulturele imperialisme aan die dag gelê. Die burgers het geen rede om oor die moontlike verlies van hul taal en nasionaliteit te treur nie, het hulle geskryf. Volgens die *Cape Argus* sou niks die kolonie se morele en maatskaplike vooruitgang méér bevorder nie as die vervanging van "Cape Dutch" deur Engels. Die land se toekomstaal was Engels, het die *Cape Argus* geskryf, en bygevoeg: "Let your language and your nationality go and you need not fear for your religion." Dit was 'n verwysing na die vrees, veral in NG Kerk-geledere, dat toenemend Engelse dienste mense afvallig van hul kerk sou maak.

Die burgers het van vroeg in die 1840's reeds druk begin uitoefen vir selfregering. Die imperiale minister van kolonies, lord Stanley, het dit verwerp. Hy wou nie die mag in die hande van die Hollandssprekende koloniste laat kom nie. Volgens hom was hulle "in alle opsigte behalwe getalsterkte" ondergeskik aan die Engelssprekendes.

In 1837 het die regering munisipale rade ingestel wat deur onderdane van alle kleure en met 'n lae stemreg-kwalifikasie verkies is. Dit is beskou as 'n eerste stap in die rigting van demokratiese regering. Leidende burgers het tot die politiek toegetree. Onder hulle was FW Reitz, 'n welvarende boer wat in Europa gestudeer en gereis het voordat hy hom in die Swellendamse distrik gevestig het. Daar was ook Brand en die sakemanne JH en JAH Wicht. Hulle het saam met Engelse sakelui aangevoer dat slegs 'n vorm van verteenwoordigende regering behoorlike aandag aan die kolonie se belang sou gee.

Teen 1850, toe dit begin lyk of 'n parlement in Kaapstad 'n werklikheid sou word, was die gemeenskap in twee groot kampe verdeeld. In die een was "die konserwatiewe party" bestaande uit Engelssprekendes, wat in die Oostelike distrikte sterk gestaan het. Hulle het op hoë stemkwalifikasies aangedring. Een van hul verteenwoordigers, Richard Southey, het geskryf dat die Engelse onder 'n demokrasie deur die "Hollanders en kleurlinge" oorweldig sou word. Hulle was só gekant teen die vooruitsig van 'n meerderheid, wat volgens hulle "onprogressief" sou wees, dat hulle die Kaap onder Londen se beheer wou hou.

Dan was daar die "populêre party" wat buite die Oos-Kaap die sterkste was – 'n losse bondgenootskap van Afrikaner- en Engelse sakelui en professionele mense, asook Afrikaner-boere. Andries Stockenström was een van die leiers. Afrikaner-boere en die "kleurlinge" van die Katriviernedersetting het hom gesteun. Die Britse setlaars aan die grens was, soos altyd, sterk teen Stockenström gekant.

Die populêre party het daarop aangedring dat die kolonie 'n nie-rassige stem gegrond op 'n lae kwalifikasie moes kry. "Waarom moet gekleurde mense nie stemreg hê nie? . . . Sal ons van hulle daardie vryhede weerhou wat ons self geniet?" het Christoffel Brand gevra.

FW Reitz het aan 'n gekleurde gehoor gesê hy onderskryf die gedagte dat "die eenvoudigste boer en die eenvoudigste Hottentot in staat is om te besluit wie hulle die beste kan verteenwoordig". 'n Afvaardiging van Clanwilliam het die goewerneur meegedeel dat hulle sidder by die gedagte dat onderskeid in politieke regte getref moes word "tussen die rykes en die armes, tussen wittes en gekleurdes". Vir hulle was die gekleurde man net so geregtig op burgerregte soos die wit man. (Stemreg vir vroue was wel ongehoord.)

Stockenström, wat so lank feitlik alleen in die openbaar as 'n liberale

Afrikaner gestaan het, skryf aan die afvaardiging "as 'n landgenoot en 'n boer soos julle" dat hy trots is op hul "edel grootmoedigheid" om die belange van die swakker, gekleurde rasse te beskerm. Dit ondanks wat Stockenström noem "die manipulasies en intriges van daardie mense wat altyd op hul meerderwaardige onderwys, liberaalheid en filantropie roem" – 'n klaarblyklike verwysing na die konserwatiewe Engelssprekende groep.

'n Merkwaardige verandering het in twee dekades plaasgevind. In die 1820's moes Afrikaner-leiers, onder wie Brand, wat omtrent almal slawebesitters was, hulle by Engelssprekendes soos John Fairbairn aanpas, wat die toon aangegee het in die stryd teen slawerny.

Nou, in die vroeë 1850's, het Afrikaners die nie-rassige stem bepleit en was dit Engelssprekendes in die oostelike distrikte wat die vernaamste remskoen was. Die goewerneur, sir George Cathcart, het na "the Dutch" as voorstanders van liberale beginsels verwys.

Hoewel die Afrikaners die nuwe liberale grondwet aanvaar het, het rassisme in verkiesings weer na vore gekom. In 1854 het *De Zuid-Afrikaan* krities na verkiesings verwys as "'n polariserende siekte", wat die "mense" teen die "gespuis" opgestel het. 'n Aantal jare later het die koerant geskryf dat "Maleiers, Hottentotte en Kaffers maklik deur ryk en ambisieuse politieke aspirante omgekoop word . . . Hulle het van verkiesings 'n klug gemaak en van verteenwoordigende regering 'n blote slagspreuk."

Afrikaner-politici in die Kaapkolonie het egter volgehou om die bruin en swart mense se stem te probeer wen. Hulle sou die gekleurde stem in 1908 en 1909 se konstitusionele debatte oor 'n grondwet vir Suid-Afrika sterk verdedig.

Die meerderwaardigheidsgevoel het deel van baie Britte se ingesteldheid gebly. Teen die einde van die negentiende eeu het die skrywer Olive Schreiner vertel dat sy as jong meisie aan die Oos-Kaap in die 1860's gedink het dit is onregverdig van God "om ons soveel beter te maak as al die ander nasies". Dit was vir haar onmoontlik om suiker te eet waaraan 'n Afrikaner-kind geraak het of tussen lakens te slaap wat voorheen deur 'n "Dutchman" gebruik is.

5

UITWYK NA "'N VERRE EN ONBEKENDE BINNELAND"

Tussen 1835 en 1845 het 'n geskatte 17 000 Afrikaners en 6 000 van hul werkers die kolonie op 'n georganiseerde wyse verlaat. Dit het as die Groot Trek bekend geword. Amper 10% van die Kaapse bevolking het van die Britse gesag padgegee. In vergelyking met vandag se bevolking sou dit beteken dat vyf miljoen mense skielik die land om politieke redes verlaat.

Die teoloog Johannes du Plessis, wat in 1868 op Cradock gebore is, gee 'n idee van die indruk wat die trek gemaak het op diegene wat agtergebly het.

> Die geskiedenis het nog selde 'n vreemder en aangrypender toneel aanskou as dié van welvarende boere, sommige nog heel jonk en ander reeds gebukkend onder die ouderdom, wat hul plase en huise verlaat, hul families met al hul huishoudelike goedere op logge ossewaens laai, hul kuddes en troppe voor hulle uitjaag en wegtrek na 'n verre, onbekende binneland.

Die trekkers het goed voorberei. Hulle het verkenners uitgestuur wat teruggekeer het met die nuus dat groot dele van die binneland onbeset was en dat veral Natal uitstekende vooruitsigte bied. Mense het hul vaste besittings verkoop, in die meeste gevalle teen heelwat minder as die markwaarde.

Waarom het só baie mense die plase wat hulle opgebou het en familie en vriende verlaat sonder enige plan om terug te keer?

Die Groot Trek het gevolg op sekere ontwikkelinge tussen 1825 en 1835 wat vir die boere heeltemal onaanvaarbaar was. Trek was al oplossing vir wat hulle as 'n bestaanskrisis ervaar het.

In die eerste plek het die Britte diskriminasie op grond van kleur afgeskaf. In 1828 is die wet afgeskaf wat bepaal het dat Khoi-Khois 'n vaste blyplek moes hê wat hulle nie sonder 'n pas mag verlaat het nie.

Khoi-Khoi-werkers het in groot getalle van die plase weggetrek. Sommige het op sendingstasies gaan bly en ander het in die grensdistrikte rondgeswerf en soms vee gesteel. Die Khoi-Khoi het nou veel meer as vroeër die reg gebruik om hul werkgewer in die hof aan te kla. Verskeie grensboere of hul vroue moes groot afstande aflê om in die hof te verskyn.

Tweedens het die regering in hierdie tyd van groot onsekerheid die amp van landdros en die kolleges van landdros en heemrade afgeskaf. In die vorige 50 jaar het landdroste dikwels vir die grensboere in die bresse getree. In hul plek is Engelssprekende amptenare aangestel by wie die boere dikwels geen aanklank kon vind nie.

In die derde plek het die regering versuim om bykomende polisiemanne of soldate in die grensgebied te ontplooi om teen veediewe op te tree. In baie distrikte was daar geen teken van 'n polisiemag nie terwyl talle hawelose mense deur die distrik geswerf het. "Dit is slegs in naam dat ons deur die wet beskerm word," het 'n grensboer geskryf. 'n Groep grensboere het geprotesteer: "Ons weet nie van 'n regering of van 'n wet nie. Ons veldkornette kan ons geen hulp verleen nie en hulle bly net soveel in die duister as ons. Ons is soos verlore skape."

Om alles te kroon het amptenare, sendelinge en koerantredakteurs dikwels die grensboere alleen verantwoordelik gehou vir onreg en onstabiliteit. Sommige berigte het hulle in 'n baie swak lig gestel. Onderliggend aan die kritiek was 'n sterk neiging by sommige Britse kommentators om die grensboere as lede van 'n minderwaardige ras te sien.

Die skrywer Olive Schreiner, wat 'n paar dekades ná die trek as goewernante op verskeie plase in die noordooste van die kolonie gewerk het, meen hierdie gevoel van vervreemding was die vernaamste rede vir die Groot Trek. Sy skryf dat die grensboere die meeste vervreem is deur "die koue onverskilligheid" waarmee hulle behandel is en die wete dat daar teen hulle opgetree word as 'n "onderworpe en minderwaardige ras". Sy voeg by: "Hul bitterheid het só erg geword dat groot getalle teen 1836 van die kolonie weggetrek het."

Vir baie boere was die grensoorlog wat einde 1834 uitgebreek het die laaste strooi. 'n Mag van 12 000 tot 15 000 Xhosas het oor die grens gestroom en in klein eenhede oor 'n groot gebied verwoesting gesaai. Hulle het 455 plaashuise afgebrand en duisende perde, beeste en skape weggevoer. Die verliese is op sowat £300 000 gestel.

'n Engelssprekende grenskolonis het in April 1836 gerapporteer dat die Afrikaner-boere min hoop vir die toekoms koester. Die hele grensgebied was in 'n staat van onrus en selfs paniek.

Die goewerneur, sir Benjamin D'Urban, het 'n militêre mag van Britse soldate en burgerkommando's gestuur wat die Xhosas teruggedryf het.

Die Britse offisiere het nie hul gevoel van meerderwaardigheid teenoor die burgers weggesteek nie. Ná afloop van die veldtog het hulle sommige burgers se perde opgekommandeer en hulle moes ver huis toe stap. Dit was 'n vernederende ervaring wat hul sin van burgerskap gekwes het.

Die boere se selfbeeld was gegrond op hul beskouing van hulself as mense van 'n burgerstand wat nie as minderwaardiges behandel mag word nie. Nadat hy reeds die kolonie verlaat het, skryf die Voortrekkerleier Hendrik Potgieter aan die Britse goewerneur in Kaapstad: "[Ons] beskou onsself as vrye burgers om te gaan waar ons verkies sonder om iemand te benadeel, aangesien alle nasies vry is en kan gaan waar hulle wil."

Gesagsdraers en invloedrykes se reaksie op die nuus dat 'n groot getal mense wegtrek, was amper eenparig negatief.

Andries Stockenström was die sterkste daarteen. As jong landdros van Graaff-Reinet het hy gehoor hoe van die ouer grensboere vertel hoe mense kon ontaard as daar geen doeltreffende wet en gesag oor hulle was nie. Hy het die regering aangeraai om enige grondruiltransaksies wat die trekkers met swart stamhoofde aangaan, te verwerp. Sulke transaksies sou grotendeels "die produk van geweld en bedrog" wees, het hy gesê. Gideon Joubert, 'n gesiene grensboer, het verwag dat die trekpartye óf oorval sou word óf in 'n staat "erger as dié van die heidene" sou verval. Die Kaapse sinode van 1837 het die trek afgekeur en die trekkers sou tot 1849 sonder 'n geordende predikant wees.

Christoffel Brand, redakteur van *De Zuid-Afrikaan*, het 'n ander noot laat hoor. Hy het aan die Voortrekkerleier Andries Pretorius geskryf: "Jy moet nooit vergeet dat ek 'n Afrikaner is en dus belang het by my landgenote wat geëmigreer het."

Van 1835 af het trekkers met hul kuddes vee uit die kolonie beweeg. Volgelinge van Moshweshwe, wat die Basoetoe-nasie uit vlugtelinge opgebou het, het oos en wes van die Caledonrivier gewoon.

In Natal was daar die Zoeloe-koninkryk onder Dingane.

Die eerste twee trekke, dié van die Tregardts en Janse van Rensburgs, het vroeg in September 1835 vertrek. Hulle is gevolg deur die trekke van Hendrik Potgieter uit die Tarka-wyk, Gert Maritz uit die distrik Graaff-Reinet en Piet Retief uit die distrik Albanie.

Die eerste rampe het die trekkers gou getref. Naby die Limpopovallei het vyandige stamme die Van Rensburg-trek uitgewis. Tregardt se trekkers het probeer om Delagoabaai te bereik, maar die meeste het onderweg aan die koors beswyk, ook Tregardt.

In Oktober 1836 het 'n Ndebele-leër van tussen 4 000 en 6 000 Potgieter se laer by Vegkop aangeval. In dié slag het 35 manlike trekkers die massiewe aanval met die verlies van twee lewens afgeslaan. Die Ndebeles het omtrent al die trekkers se vee weggevoer. In die Vegkop-laer was 'n jong seun met die naam Paul Kruger.

'n Kommando onder Potgieter en Maritz het in Januarie 1837 uitgetrek om Mzilikazi te straf. Hulle het sy stat by Mosega verwoes en 7 000 stuks vee weggevoer. Mzilikazi is gedwing om na die huidige Zimbabwe te vlug. Nou was daar geen ernstige bedreiging vir die trekkers op die Hoëveld-plato oor nie.

Die Voortrekker-leiers kon nie oor hul uiteindelike bestemming saamstem nie. Potgieter wou hom anderkant die Vaal vestig waar hy 'n de facto-onafhanklikheid van Brittanje wou verwerf. Retief wou hom naby 'n hawe vestig en wou dus na die Natalse kusvlakte trek. Hy het gemeen hy kon met die Britte oor onafhanklikheid onderhandel.

In April 1837 het die trekkers besluit om in twee rigtings te trek: een groep onder leiding van Retief, Maritz en Uys na die hawe Port Natal en die skynbaar ontvolkte, vrugbare Natalse kusvlakte; die ander onder Potgieter na die Hoëveld.

Retief wou met Dingane oor grond onderhandel. 'n Engelse sendeling wat Dingane twee jaar lank geken het, het hom gewaarsku, maar volgens oorlewering het Retief geantwoord: "Net 'n Hollander kan 'n swart man verstaan, nie 'n Engelsman nie."

Vroeg in Februarie 1838 het Retief by Umgungundlovu, Dingane se woning, opgedaag om met hom 'n ooreenkoms te bereik om 'n groot gebied aan die trekkers af te staan. Retief was vergesel van 70 wit trekkers en 30 bediendes. Op 6 Februarie het Dingane Retief oorreed om sy manskappe te beveel om hul wapens buite die stat te los. Hy het sy krygers daarna beveel om die hele Retief-geselskap met knuppels dood te slaan. Retief is laaste om die lewe gebring.

Daarna het Dingane 6 000 tot 7 000 Zoeloe-krygers uitgestuur om die verspreide trekgroepe op die Natalse vlaktes uit te wis. Hulle het sowat 300 trekkers en 200 werkers doodgemaak en tussen 20 000 en 25 000 stuks vee weggevoer.

In November 1838 het Andries Pretorius met 'n geselskap van 60 man opgedaag. Hy was een van die weiniges wat dit in hierdie tyd van groot onsekerheid gewaag het om Natal toe te verhuis. Hy was 'n uitstekende strateeg en organiseerder en die man wat ongetwyfeld die meeste tot die trek se uiteindelike sukses sou bydra.

Pretorius is as kommandant-generaal aangestel. Hy het die vroue en kinders agtergelaat en sy manskappe gelei op 'n sorgvuldig beplande kragmeting met Dingane se mag. 'n Paar dae voor die slag het Sarel Cilliers en die kommandolede 'n plegtige gelofte afgelê: as God aan hulle die oorwinning besorg, sou hulle en hul nageslag die dag altyd gedenk en 'n kerk bou.

Op 16 Desember het 468 trekkers, 3 Engelse en 60 swart mense by 'n tak van die Buffelsrivier meer as 10 000 Zoeloes ingewag. In 'n geveg van twee uur is sowat 3 000 Zoeloes doodgeskiet. Net drie trekkers is lig beseer. In wat bekend sou word as die Slag van Bloedrivier is Dingane se mag 'n nekslag toegedien. Christoffel Brand het aan Pretorius geskryf: "Die manmoedigheid en dapperheid van u manskappe het uitgeblink en die wêreld sal met agting en eerbied die naam van Afrikaanse Boer aanhoor."

Ná Dingane se nederlaag het sy halfbroer, Mpande, hom by die trekkers geskaar. Hy het 'n mag van 10 000 man gestuur om Pretorius in 'n opvolg-ekspedisie by te staan. Die bondgenootskap tussen Pretorius se Voortrekkers en Mpande se Zoeloes was betekenisvol. In Suid-Afrika se geskiedenis kon wit mense net die septer swaai terwyl swart mense verdeeld was en 'n taamlik groot swart faksie die wittes bygestaan het.

In 1839 het die trekkers die republiek Natalia uitgeroep – die eerste republiek in Afrika. 'n Volksraad van 24 lede het in Pietermaritzburg sitting geneem.

Die Voortrekkers se plase was klein eilandjies in 'n gebied wat van die huidige Durban tot die huidige Ladysmith gestrek het. Die gemeenskap het uit 600 mans en 3 000 vroue en kinders bestaan. Die getal Zoeloes in die gebied is op tussen 50 000 en 100 000 geskat.

Uit die staanspoor het die trekkers 'n probleem met arbeid gehad. Hulle het gou agtergekom dat dit moeilik was om swart mans te kry om op die plaas te werk. 'n Boer het voor 'n kommissie getuig: "Daar is net een manier om die swart mense te regeer en dit is deur vrees. Swart mense sal nie vir wit mense werk nie behalwe as hulle weet hulle sal gestraf word as hul weier."

Wat kon gedoen word om arbeid te kry?

In die loop van die agtiende eeu het die Kaapse regering die burgers toegelaat om hul Khoi-Khoi-arbeiders se kinders wat op die plaas gewoon het, "in te boek". Dit het beteken dat hulle tot volwassenheid vir net kos, klere en huisvesting moes werk.

Die burgers het in die laat agtiende-eeuse veldtogte teen die Boesmans aanvanklik kinders wie se ouers doodgeskiet is, saamgebring en ingeboek. Later is ook ander Boesmankinders ingeboek. Soms het inboorlinge wat na aan hongersnood was, boere gevra om van hul kinders in te neem.

Op die "Beeskommando" ná die Slag van Bloedrivier kon elke man vier Zoeloekinders saamvat, met geweld indien nodig. Pretorius het agt kinders tussen 5 en 13 jaar oud ontvoer. Hy het hulle eers vier jaar later by die Volksraad-sekretaris ingeboek, soos die regulasie vereis het.

Die Volksraad het in 1841 sy ontsteltenis uitgespreek oor 'n verslag dat ingeboekte Zoeloekinders verkoop word en het streng strawwe daarteen ingestel.

Die Voortrekkers se optrede teen veediefstalle was net so kontroversieel. Nadat kaptein Ncaphayi 'n aansienlike klomp vee van die trekkers gesteel het, het Pretorius gereageer soos die Britse offisiere gedurende die 1820's aan die Kaapse oosgrens. Hulle het 'n stam as sondebok uitgesoek en hulle hard geslaan. Dié intimidasie moes al die stamme in die omgewing van veediefstal afskrik.

Pretorius het 'n kommando na die suide gelei en Ncaphayi sonder waarskuwing aangeval. Hulle het 30 mense doodgeskiet, 17 kinders weggevoer en 3 000 stuks vee gebuit.

Sendelinge het dié nuus na Londen gestuur. Die imperiale regering het besluit om Port Natal se hawe te beset en 'n aantal soldate daar te stasioneer. Hulle kon dan die invoer van ammunisie verhinder en kommando's twee keer laat dink voordat hulle ernstige geweld teen die stamme pleeg.

Teen 1842 het die Britte Port Natal beset en die hele Natal tot Britse kolonie geproklameer. Voortrekkers het uit Natal na die huidige Vrystaat weggetrek. Die Sotho-opperhoof en Griekwa-kapteins het op 'n groot deel van die gebied aanspraak gemaak.

In 'n poging om stabiliteit te bewerkstelling het die Kaapse goewerneur, sir Harry Smith, vroeg in 1848 die gebied tussen die Oranje en die Vaal as die Britse Oranjerivier-soewereiniteit geannekseer.

Teen 1850 was daar goeie gronde vir die stelling dat die Groot Trek misluk het. Geen stabiele nedersettings is gestig nie en twis en tweedrag onder die trekkers was aan die orde van die dag.

Die eerste werklik stabiele Voortrekker-nedersetting het sedert 1838 in die Wes-Transvaal ontwikkel rondom die aantreklike en waterryke dorpie Potchefstroom, wat Hendrik Potgieter gestig het. Die Potgieter-gemeenskap het in 1844 'n burgerraad op Potchefstroom ingestel en 'n grondwet van 33 artikels aangeneem wat vir jaarlikse verkiesings voorsiening gemaak het.

Die gemeenskap was "besonder konserwatief en vroom" en is later die Doppers genoem. Hulle was oorspronklik van die Noordwes-Kaap, waar Paul Kruger in 1825 in hul geledere gebore is. Hy was, meer as elke ander Afrikaner-leier, nou verbind tot die konsep van 'n uitverkore volk wat, soos die Israeliete, 'n verbond met God het om 'n goddelike plan uit te voer.

In 1845 het Potgieter besluit om na die aanloklike Oos-Transvaalse bosveld te verskuif. Hier het hy die dorpie Andries Ohrigstad gestig. Dié skuif was rampspoedig. Die tsetsevlieg het vee by die duisende laat vrek. Baie trekkers het veeboerdery laat vaar en olifante gejag vir hul ivoor.

In bondgenootskap met sekere swart kapteins het 'n kommando onder Potgieter ander swart stamme beroof. Sy teenstanders onder die trekkers het hom daarvan beskuldig dat hy te wreed teenoor die swart mense was en te veel "na hul vee en na olifanttande smag".

Voortrekkers wat uit Natal padgegee en hulle op Andries Ohrigstad gevestig het, was onder Potgieter se sterkste politieke teenstanders. Hulle was bekend as die Volksraad-party en was ultra-demokrate wat hulle gou teen Potgieter se outokrasie verset het. 'n Verlammende konflik het uitgebreek. Elke kant het probeer om swart bondgenote teen hul opponente, wit of swart, te gebruik.

Toe 'n Zoeloe-aanval op Ohrigstad dreig, het Potgieter dit goed geag om die nedersetting te verlaat en Mzilikazi in die huidige Zimbabwe met 'n kommando die stryd te gaan aansê.

Hy kon sy vyand nie vind nie en kon ook geen buit terugbring nie. By hul terugkeer het hulle kaptein Langa en sy Transvaalse Ndebeles, wat op goeie voet met die Ohrigstad-Voortrekkers was, sonder aanleiding aangeval. Die kraal was baie groot en ryk aan vee.

Die Stellenbosse historikus prof. PJ van der Merwe beskryf dié afgryslike gebeure in kliniese taal. Langa het gehoor dat die boere hom wou skiet en het 'n afvaardiging van 20 man na Potgieter se laer gestuur. Die boere was kwaad oor Langa nie self gekom het nie en het almal doodgemaak.

Van der Merwe skryf: "Teen dagbreek die volgende oggend het die aanval [deur die Potgieter-kommando] begin. Die geveg het vier dae aangehou. Groot getalle beeste en skape is buitgemaak. 'n Enorme aantal mense, mans sowel as vroue, is om die lewe gebring en baie kinders is gevange geneem. Die stat was egter so groot dat dit nie moontlik was om almal dood te skiet of gevange te neem nie."

Op die vyfde dag is die vroue en kinders in die laer gejaag om hulle van mekaar te skei. "Op Potgieter se bevel is al die vrouens – sommige met kinders aan die bors – deur swart mense met assegaaie doodgesteek. Die kinders is later drie tot vier per man onder die kommandolede verdeel. Elke burger het 'n groot getal beeste gekry . . . "

In sommige gevalle het die kommandolede die kinders gehou om vir hulle te werk en in ander gevalle het hulle hulle geruil of vir tussen £7 en £15 per kind verkoop. Volgens 'n verslag het dit sommige kommandolede met weersin vervul en hulle het die kommando verlaat.

Op Ohrigstad het Potgieter hewige kritiek op die lyf geloop. Die Volksraadparty het oorweeg om hom te straf. Die Potgieter-faksie en hul teenstanders het selfs op mekaar geskiet.

Die Voortrekker-poging om 'n nedersetting in Noord-Transvaal te stig het skandelik misluk.

Andries Pretorius het op die ou end 'n beslissende rol gespeel om die meeste Transvaalse trekkers onder een gesag te bring en op dié grondslag met Brittanje oor 'n republiek te onderhandel.

Hy het in 1849 daarin geslaag om 'n Volksraad vir die hele Transvaalstreek in te stel. 'n Kommandant-generaal is in elk van die vier belangrikste streke aangestel. Die Volksraad het aan Pretorius 'n mandaat gegee om 'n politieke skikking met Brittanje te beding.

Maar daar was 'n skielike wending.

In Londen was die klem nou op besparing en die vermindering van regstreekse politieke betrokkenheid. Hulle het verkies dat die trekkers hul eie regerings in die lewe roep en 'n mate van beheer oor die binneland vestig. Al voorwaardes was dat hulle nie aggressief teenoor die swart mense is nie en slawerny verbied. Die trekkers het nie hawens gehad nie en moes hul ammunisie van Brits-beheerde winkels koop. Die Britte het gemeen dit sou vir voldoende beheer sorg.

Brittanje het die Sandrivier-konvensie van 1852 met verteenwoordigers van die Transvaalse trekkers gesluit om selfregering in die gebied in te stel. Twee jaar later is selfregering aan die trekkers tussen die Vaal- en die Oranjerivier gegee.

Die Zuid-Afrikaansche Republiek (ZAR) is in 1852 uitgeroep en twee jaar later dié van die Oranje-Vrystaat (OVS).

Net burgers het stemreg in die twee republieke gehad.

Die Vrystaatse gemeentes het by die Kaapkolonie se NG Kerk ingeskakel. Daardeur het hulle die beleid van nie-diskriminasie op grond van kleur of ras aanvaar. Die Transvaalse grondwet het egter kategories verklaar dat geen gelykheid tussen wit en swart in óf die kerk óf die staat toegelaat sou word nie.

Die Voortrekkers se vasberadenheid in die aangesig van rampspoed, teleurstelling en ontnugtering was kenmerkend. Hulle is nie deur materiële oorwegings aangevuur nie, maar deur 'n vasberadenheid om weg te kom van Britse beheer en onderdaanskap. Hulle wou hul eie gesagsinstellings vestig.

Die trek het die gevoel van gelykwaardigheid as burgers met dieselfde regte en verpligtinge versterk. Aanvanklik was daar 'n amper ekstreme individualisme wat dwarstrekkery in die hand gewerk het, maar algaande het 'n gees van gemeenskap ontstaan. Die trekkers het hulself nog nie as 'n nasie gedefinieer nie, maar hulle het geweet hulle was nie Britse onderdane nie.

Andries Pretorius het geskryf: "Ek wil my nie aan die Britte of enige ander moondheid in die wêreld onderwerp nie. Ek is geen Brit nie en ek hoop en vertrou dat ek nooit een sal moet word nie."

Die trek het die politieke aangesig van die gebied tussen Kaapstad en die Limpopo verander. Brittanje het nie meer oppergesag oor die hele gebied geniet nie. Nadat goud in die tagtigerjare ontdek is, het die ZAR onverwags 'n mededinger vir Brittanje geword in die stryd om Suid-Afrika en sy minerale rykdomme te beheer.

6

TWEE SOORTE AFRIKANERS: "EMPAAIER"-GESINDES EN REPUBLIKEINE

In 1860 het sowat 200 000 Afrikaners in die gebied van die huidige Suid-Afrika gewoon. Van hulle was 136 000 in die Kaapkolonie en tussen 27 000 en 30 000 in elk van die twee Boere-republieke. Afrikaners was verdeel tussen die kolonialers in die suide en die republikeine in die noorde, maar hul familiebande, Gereformeerde geloof en die feit dat die meeste boere was, het hulle gebind.

Wit Suid-Afrikaanse bevolking teen 1860

	Wittes	Afrikaners	Afrikaners as %
Kaapkolonie	181 592	ca., 136 000	75%
Oranje-Vrystaat	35 000	ca., 30 000	86%
Transvaal	30 000	ca., 27 000	90%
Natal	15 000	ca., 2 750	18%

Die meeste Afrikaners in die Kaapkolonie was lojaal teenoor die Britse ryk. Hul ervaring van die demokrasie is grootliks deur die Britse parlementêre stelsel gevorm. In 1853 het die imperiale regering 'n parlement in die Kaapkolonie ingevoer. 'n Goewerneur, wat deur die imperiale regering aangestel is, het egter nog die stelsel oorheers.

Alle mense ongeag kleur kon stem. Hoewel die kieskwalifikasies laag was, kon verreweg die meeste bruin en swart mense nie stem nie. Afrikaners se deelname was gering omdat die regeringstelsel min magte aan die burgers gegee het.

In 1872 het Brittanje verantwoordelike regering vir die Kaap ingestel, wat veel meer magte aan die kiesers toegeken het. Daar was nou 'n eerste minister en 'n kabinet, wat aan die parlement verantwoording moes doen.

Die ontdekking in die laat 1860's van Kimberley se diamantvelde het die kolonie se ekonomiese vooruitsigte baie verbeter. Sy skatkis het 'n veel groter inkomste ontvang. Met 'n grondwet wat meer magte aan die kolonie toeken, het politici die imperiale regering probeer oorreed om geld aan paaie en ander infrastruktuur in hul eie distrik te bestee, om buitensporige militêre uitgawes te besnoei en belastings te verlig.

Afrikaners het nou aktief aan die politiek begin deelneem. Die Afrikanerbond, wat in 1879 gestig is, het gou die grootste party in die parlement geword. Die leier, JH Hofmeyr, algemeen bekend as "Onze Jan", was egter gekant daarteen dat die Bond die meerderheid in die kabinet vorm.

Die Afrikaners kon min doen om die administrasie se toenemende verengelsing te stuit. Engels was van 1822 die enigste regeringstaal. Die Suid-Afrikaanse Atheneum, die enigste hoërskool in die kolonie, moes verengels en het die South African College geword. Van 1865 was alle onderrig in staatskole in Engels. Die voorste skole was bolwerke van Engelse kulturele invloede. Onder hulle was Stellenbosch Gimnasium, wat in 1866 gestig is en waaruit die Victoria College, wat later die Universiteit van Stellenbosch sou word, ontwikkel het. Die skool is later tot Paul Roos Gimnasium herdoop.

Die kerk, veral in die Boland, het vinnig verengels. Engels was al taal wat in die parlement toegelaat is. Hollands is in 1882 formeel as taal in die parlement erken, maar enige lid wat dit wou gebruik, was gou verplig om na Engels oor te slaan omdat baie Engelse lede nie Afrikaans verstaan het nie.

Hollandse koerante moes 'n Engelse weergawe hê. *De Zuid-Afrikaan*, die vernaamste Hollandse koerant, het teen die proses van verengelsing probeer wal gooi. Hy het vasgehou aan dit waarna destyds as nasionaliteit verwys is en wat ons vandag 'n maatskaplike identiteit noem.

In 1853 het *De Zuid-Afrikaan* geskryf: "Dit is 'n dwaling, wat ons reeds baie kere bestry het, dat ons as Britse onderdane verplig is om die Britse nasionaliteit ons eie te maak. Die koloniste van Hollandse oorsprong kan nie Engelsmanne word nie en moet ook nie Nederlanders wil wees nie."

Dertig jaar later het Onze Jan gesê dat hy nie bereid is om sy nasionaliteit te laat vaar nie. Hy stel dit so: "Ek is net so 'n lojale Britse onderdaan as enigiemand anders, maar, met dit alles is ek nie bereid om 'n Engelsman te word nie."

Nietemin was baie Kaapse Afrikaners trots daarop om deel van koningin Victoria se glorieryke "Empaaier" te wees. As iets hulle gegrief het, was hul eerste reaksie 'n petisie aan koningin Victoria. Die Afrikanerbond het daarby gehou dat enige toekomstige unie van al die kolonies in Suider-Afrika onder 'n Britse vlag moet staan.

Die tipiese Afrikaner van die Kaapkolonie het 'n dubbele lojaliteit gehad: aan die een kant teenoor die Britse ryk, beïndruk deur die Engelse taal en kultuur, en aan die ander kant, getrou aan die kolonie, aan sy gemeenskap en die grondwet.

In die ZAR se grondwet was die wetgewende gesag soewerein. Die leer van parlementêre soewereiniteit is tot die uiterste gedryf. In 1859 het die Volksraad besluit dat elke hof "Volksraadbesluite als Wet" moes eerbiedig. Nie net behoorlik aangenome wette nie, maar ook gewone Volksraad-besluite het dus regskrag gehad en howe kon nie hiermee inmeng nie. Geen wonder nie dat die Transvaalse Volksraad gedurende die 1890's so onwillig was om stemreg na "vreemdelinge" uit te brei.

Volgens die Vrystaatse grondwet het die uitvoerende en die regterlike gesag, net soos die wetgewende gesag, hul bevoegdhede van die grondwet ontvang, wat soewerein was. In 1885 het die hooggeregshof die reg gekry om die geldigheid van wette aan die grondwet te toets.

Die Vrystaatse grondwet maak voorsiening vir 'n akte van menseregte, wat uniek vir sy tyd was. Dit het die reg van vrye vergadering en die rig van 'n petisie aan die Volksraad gewaarborg. Almal was gelyk voor die wet (sonder verwysing na ras of kleur). Eiendomsreg, persoonlike vryheid en persvryheid was binne perke van die wet gewaarborg.

Politieke twiste en geldtekorte het die staat in die twee republieke amper lamgelê. Gedurende die 1850's en 1860's was daar in die Transvaal feitlik drie of vier republieke, elkeen met sy eie leier, wat met mekaar om die mag meegeding het. Daar was 'n wesenlike gevaar van burgeroorlog.

Met die veraf markte was dit vir die burgers moeilik om iets anders as 'n bestaansboerdery te hê. Hulle was onwillig om belastings te betaal omdat die staat so min dienste verskaf het. Baie het geweier om vir kommandodiens opgeroep te word. Dorpe en 'n gemeenskapsbesef het bitter stadig ontwikkel.

Paul Kruger, wat in 1863 as kommandant-generaal van die Zuid-Afrikaansche Republiek (of Transvaal) gekies is, het hard probeer om die burgers op hul pligte teenoor die staat te wys. Maar selfs hy was dikwels moedeloos.

Ook in die OVS was dit buitengewoon moeilik om die republiek op te bou. In 1866 het die Bloemfonteinse tydskrif *De Tijd* geskryf: "Ons het te doen met eenvoudige mense in 'n uitgestrekte land omring aan alle oorde deur vyande. Ons is sonder regters, sonder soldate, sonder geld, verdeel deur onkunde, uitgesuig deur geldskieters en bespot en geminag deur 'n kolonie langsaan."

Net wit mense kon in die twee republieke stem. Vrystaatse burgers het 'n president vir vyf jaar gekies wat die uitvoerende gesag behartig het, asook 'n verteenwoordiger in die Volksraad. In die Transvaal het die burgers die president én die kommandant-generaal gekies. Die Volksraad, wat op 'n kiesafdeling-basis verkies is, was die hoogste gesag. Die kommando was steeds die vernaamste instrument vir polisie- en militêre funksies.

'n Gemeenskapsgevoel het veral in die 1880's, toe Jan Brand president was, in die Vrystaat begin ontwikkel. Toe Jan Hofmeyr die Vrystaat besoek het, het hy 'n lewende gevoel van eenheid tussen die regering en die gemeenskap opgemerk, iets wat in die suide heeltemal afwesig is.

Brittanje het die twee Boererepublieke in die 1850's formeel erken, maar die gebiede steeds as deel van sy "informele ryk" beskou en die reg voorbehou om sy belange af te dwing.

Van die 1860's het die imperiale regering al meer gesag dieper die binneland in uitgeoefen. In 1871 het Brittanje die diamantvelde in en om Kimberley geannekseer ondanks die Vrystaat se sterk aanspraak.

Lord Carnarvon, wat van 1874 tot 1878 minister van kolonies was, het planne begin beraam om die Zuid-Afrikaansche Republiek onder Britse gesag te bring. Hy het dit beskou as die eerste stap om al die Britse kolonies in Suider-Afrika in 'n federasie onder die Britse vlag saam te voeg.

Die ZAR was in werklikheid 'n mislukte staat. Die president, Thomas Francois Burgers, voorheen 'n omstrede predikant, was 'n swak leier met slegs 'n klein groepie geleerde mense in Pretoria as ondersteuners. Buite Pretoria het die sentrale regering se gesag nie ver gestrek nie. In 1876 het 'n poging om die republiek se gesag oor die Pedi te vestig, misluk.

Oral in Suider-Afrika was daar tekens van swart opstandigheid. Wit stemme het opgegaan dat Britse militêre mag gesag weer moes afdwing op die swart bevolking.

In opdrag van Carnarvon het Theophilus Shepstone Pretoria vroeg in 1877 met 'n afdeling van 25 polisiemanne binnegery. Hy wou die Transvalers oorreed om hul onafhanklikheid prys te gee. Hy het later geskryf dat van die 3 000 mense met wie hy gepraat het, net Paul Kruger volstrek geweier het om in te willig tot enigiets wat die onafhanklikheid van die republiek sou aantas. Op 12 April 1877 het Shepstone die Transvaal as Britse gebied geannekseer.

Kruger het as jong seun die Groot Trek meegemaak. Hy was as 52-jarige bekend vir sy groot atletiese vermoë en moed, sy onbetwiste vaardigheid as militêre bevelvoerder en sy vermoë om met swart leiers te onderhandel. Goed opgevoede mense wou egter niks daarvan weet dat hy president word nie.

Hy het weinig formele onderwys ontvang, was aartskonserwatief en kru – en boonop 'n Dopper. Geklee in die Doppers se tipiese kort, swart baadjie, met sy pyp voor in sy baadjiesak of in sy mond en sy spoegery in die openbaar was hy 'n toonbeeld van die ruwe, ongekunstelde grensboer.

De Volksstem in Pretoria het geskryf dat dit 'n ewige skande sou wees as Kruger verkies word. In Kaapstad het die gedugte politikus John X Merriman hom 'n takhaar genoem. Later sou Joseph Chamberlain, minister van kolonies van 1895 tot 1903, hom as "ignorant, dirty and obstinate" tipeer.

Daar was wel mense wat 'n heel ander man gesien het. John Buchan, die later bekende Engelse skrywer, het na sy "gnarled magnificance" verwys. In 1897 het lord Bryce, later Britse ambassadeur in Washington, hom beskryf as "shrewd, dogged, wary, courageous, typifying the best qualities of his people". Hy het bygevoeg: Hy kan die staatsmanne van

Europa uitoorlê omdat sy geleerdheid nie op boeke berus het nie, maar op wysheid verwerf in 'n veelbewoë lewe.

C Louis Leipoldt, wat hom net voor sy dood ontmoet het, was vol bewondering vir die "ruwe, primitiewe ou heer met sy natuurlike hoflikheid, sy diep, kragtige stem en sy ryk woordeskat".

Die Britse anneksasie van Basoetoland in 1869, die diamantvelde in 1871 en die Transvaal in 1877 het baie Afrikaners oor die hele Suid-Afrika die harnas ingejaag. Hulle het openlik geprotesteer. Vir 'n kort rukkie het Afrikaners noord en suid mekaar as bondgenote beskou.

Sommige historici beskou dit as 'n teken van die ontwaking van 'n Afrikaner-nasionalisme, maar hierdie gevoel het weer verflou. Die Kaapse Afrikaners het nie probeer om politieke bande met die republikeinse Afrikaners aan te knoop nie. Vir hulle was dit in hul belang om binne die Britse ryk te bly.

Kruger het die verset teen die anneksasie van die Transvaal gelei. Met sterk oortuiging en passievolle toesprake het hy die boodskap by die Transvalers ingehamer dat hulle as volk net sou kon oorleef as hulle aan hul taal en godsdiens getrou bly en hul republikeinse onafhanklikheid bewaar.

Om die republikeine te paai, het die imperiale regering beloof om aan die Transvaal selfregering binne 'n Suid-Afrikaanse federasie te gee. Kruger het dit as 'n fatale lokval beskou. Hy het aan die burgers verduidelik hoe selfregering werk: "Hulle sê vir jou: 'Sit eers jou kop in die galgtou se strop sodat ek jou kan ophang; daarna mag jy met jou bene skop soveel jy wil.'"

Ook die Kaapse en die Vrystaatse leiers het daarop aangedring dat Brittanje eers die Transvaalse burgers behoorlik moes raadpleeg.

In Desember 1880 is op 'n monstervergadering van Transvaalse burgers besluit om die republiek te herstel. Die Britte se dunk van die Transvaalse militêre mag was só laag dat hulle oortuig was dat die Transvalers ná die eerste kanonskote uitmekaar sou spat. Dit was 'n fatale fout. Die Transvalers het nuwe gewere in die hande gekry en was knap skuts.

Die veldslae was kort, kragtig en beslissend in die Transvaal se guns. Op 27 Februarie 1881 is genl. George Pomeroy Colley se Britse mag, wat van Natal gemarsjeer het, vernietigend by Majuba verslaan. Dit was 'n groot vernedering vir Brittanje.

Carnarvon se federasieskema het aan skerwe gelê. Soos in Indië het Brittanje sy gesag grootliks met bluf afgedwing. In daardie stadium het die Britte net 3 500 troepe in die hele Suid-Afrika gehad. Nou kon Brittanje nie meer bluf nie.

Majuba was nie die eerste nederlaag nie. In 1879 is 'n Britse mag deur die Zoeloes verslaan en hoewel die nederlaag gewreek is, was die Zoeloes steeds gedugte vyande.

'n Nuwe politieke bewussyn het in die Transvaal na vore gekom. Soos JG Kotzé, wat kort tevore as regter aangestel is, opgemerk het: "Dit het 'n sterk nasionale gevoel onder die Boere tot stand gebring; dit het hulle verenig en almal het hulle nou agter die staat geskaar."

Die imperiale regering het die anneksasie beëindig en die ZAR se onafhanklikheid, onderhewig aan enkele beperkings, erken.

Kruger het in 1883 ondanks teenkanting wel president van die ZAR geword. Aanvanklik het hy gesukkel om die staat op te bou. Die geldsake was só benard dat Standard Bank geweier het om krediet aan die regering te verleen.

Plotseling was daar uitkoms: die ontdekking in 1886 van die Witwatersrandse goudvelde, ryker as wat enige mens kon droom. Dit het 'n agterlike, landelike republiek oornag dramaties en radikaal getransformeer.

Die Transvaal se goud was skielik op die wêreld se lippe. Goud het die grondslag geword van die nywerheidslande se finansiële stelsel. Die Witwatersrand se myne sou spoedig 'n kwart van die wêreld se goud produseer. Groot buitelandse beleggings het van 1886 begin instroom, veral uit Engeland. Binne net 'n paar jaar het Johannesburg se bevolking tot 50 000 opgeskiet, net sowat 6 000 van hulle Transvaalse burgers.

Teenoor Pretoria se rustigheid en gemoedelikheid was Johannesburg groot, ru, kru, opwindend en plofbaar. Die mynhuise se base, die "Randlords", met hul fabelagtige rykdomme was aan die spits van Johannesburg se sosiale piramide. Die goudmyne het die briljantste ingenieurs en slimste beleggers gelok, maar ook die grootste skuim onder die wêreld se geldskieters, konkelaars en misdadigers.

Al dié buitelanders het in Johannesburg saamgedrom en gou die naam Uitlanders gekry. Omdat die sensus nog onbetroubaar was, het gerugte die rondte gedoen dat hul getalle voldoende was om 'n verkiesing te wen as hulle stemgeregtig sou word. As Kruger aan die Transvaalse vroue stemreg gegee het, was hy van 'n meerderheid verseker – maar hy het nooit daaraan gedink nie. Wêreldwyd het die eerste vroue eers in 1893 stemreg gekry en dit was in Nieu-Seeland.

Ook buite Johannesburg was daar ingrypende omwentelinge. Tussen 'n derde en die helfte van die landbougrond het in die besit van maatskappye onder die beheer van vreemdelinge gekom. Hulle het verkies om swart mense eerder as wittes op die plase te hê, waarop hulle selde self geboer het.

Kruger was vasbeslote om te sorg dat die skielike welvaart nie sy republiek wesenlik ondermyn nie. Selfs voor die ontdekking van goud het hy 'n plan aanvaar vir die vestiging van plaaslike nywerhede om die ekonomie selfversorgend te maak. Individue of maatskappye het deur sogenaamde konsessies die uitsluitlike reg ontvang om artikels soos drank, seep, bakstene, leer en dinamiet te vervaardig. Die staat het hoë invoertariewe gehef om plaaslike vervaardigers te beskerm.

Die meeste mynbase, wat hul koste so laag moontlik wou hou, was teen dié beleid omdat dit tot hoë spoorwegtariewe en dinamietpryse gelei het. Kruger se geneigdheid om konsessies aan onbekwame familielede en ondersteuners te gee het die ontevredenheid laat toeneem. 'n Nog groter grief was die staat se onvermoë om genoeg goedkoop swart arbeid na die myne te lok.

Die tekortkominge van Kruger se staat moet in perspektief beskou word. Geen pionierstaat sou dadelik gereed wees vir die massiewe instroming van duisende immigrante nie. Die Kruger-bewind het onder die omstandighede verbasend goed gevaar.

Die goudmyne was so 'n ontsaglik groot bate dat politieke teenstanders alles in die stryd sou werp om Kruger en sy bondgenote uit die kussings te lig. Onder die Transvaalse burgers was die sogenaamde "progressiewes" Kruger se sterkste teenstanders. Hul leier was Piet Joubert, die kommandant-generaal, en in hul geledere was knap, ondernemende burgers soos Louis Botha, die latere eerste minister, JH (Koos) de la Rey, later 'n beroemde generaal, en die joernalis Eugène Marais.

Die progressiewes wou die onbekwame Kruger-manne laat vervang, korrupsie en wanadministrasie uitskakel en stemreg hervorm. Die stemregdebat het veral gegaan oor 'n wet van 1890 wat bepaal het dat immigrante eers ná 14 jaar stemreg kon verwerf. Die Uitlanders het hulle daarteen verset.

Die stemregkwessie was die tou waarmee Kruger se grootste Britse teenstanders hom en sy republiek wou verwurg. Die eerste een was Cecil John Rodes, wat 'n fortuin uit diamante gemaak het voordat hy in 1889 die Kaapkolonie se premier geword het. Die tweede een was Joseph Chamberlain, wat in 1895 Britse minister van kolonies geword het. Die derde was Alfred Milner, wat in 1897 as Britse kommissaris in Kaapstad aangekom het. Hulle wou Britse beheer oor die Witwatersrand vestig en die Zuid-Afrikaansche Republiek as Brittanje se mededinger uitskakel.

Die eintlike rede hoekom die imperialiste Kruger uit die pad wou hê, was dat hy in soveel opsigte innoverend, pragmaties en soepel was. Met goeie amptenare soos Jan Christiaan Smuts, wat 'n briljante student aan Cambridge was en in 1896 staatsprokureur van die ZAR geword het, het die republiek in 'n dinamiese en doeltreffende staat ontwikkel. Dit was vinnig op pad om Suider-Afrika polities en ekonomies te oorheers – en Chamberlain, Milner en Rhodes wou betyds oorlog maak om dit te voorkom.

Kruger kon staatmaak op die steun van Marthinus Theunis Steyn, wat in 1896, net voor sy veertigste verjaardag, tot president van die Republiek van die Oranje Vrystaat verkies is. Hy was die eerste gebore Vrystater in dié pos. Sy pa se plaas was net buite Bloemfontein en hy het van vroeg af saam met sy ouers omgegaan met die hoofstad se hoofsaaklik Engelssprekende elite – die Brands, Fichardts, Fischers en Frasers.

In Nederland, waar hy in die regte studeer het, was sy Nederlands so swak dat hy sy studie eerder in Londen voltooi het. Hy het in die regsberoep in Bloemfontein gevorder en bekend geraak vir sy moed, sjarme, sterk karakter en gesonde oordeel.

Die liberale Kaapse politikus John X Merriman, wat die toenemende jingoïsme onder die Engelssprekendes verfoei het, het van Steyn gesê: "'n Mens kan 'n goeie Afrikaner en opregte republikein wees ongeag die taal wat jy praat." Steyn se kabinet het verskeie Engelssprekendes ingesluit.

Steyn het al meer aandag aan die kwessie van taal en kultuur gegee, wat hy as uitings van die Vrystaatse nasieskap beskou het. As die Hollandse taal kwyn, sou die nasie volg, het hy gesê. Mense wat vlot in Hollands was, het voorrang gekry by aanstellings in die staatsdiens. Sy regering het druk uitgeoefen op die skole, wat hoofsaaklik Engels as voertaal gebruik het, om Hollands in te voer.

Steyn het geweet wanneer om te veg. Aan Kruger het hy gesê dat hy nie die wapens sou opneem oor die gewraakte diamantkonsessie of oor die ZAR se stemregkwalifikasie nie. Hy het dit as strydig met die republikeinse en demokratiese beginsels beskou. Hy sou wel oorlog verklaar as Brittanje die stemregkwessie misbruik om die ZAR se onafhanklikheid te vernietig, wat noodwendig ook die einde van sy Vrystaatse republiek sou beteken. In 1897 het hy met die ZAR 'n verdrag gesluit waarin die twee republieke onderneem het om mekaar by te staan as een van hulle aangeval word.

Die Boere-republieke, en veral die Republiek van die Oranje Vrystaat, het inderdaad hoë lof van James Bryce, een van Brittanje se voorste grondwetkenners, ontvang. In sy boek *Impressions of South Africa*, gepubliseer in 1899, skryf hy:

> In the Orange Free State I discovered, in 1895, the kind of commonwealth which the fond fancy of the philosophers of the last century painted. It is an ideal commonwealth . . . Its constitution, like that of the ZAR, was the pure and original product of African conditions. It came closest to the philosophical ideal of free and independent persons uniting in an absolutely new social compact for mutual help and defense, and thereby creating a government whose authority has had and can have no origin save in the consent of the governed.

Brittanje het sy imperialistiese inmenging in liberale terme verdedig. In Kaapstad het Milner volgehou dat sy doel was om "'n hoër beskawing na 'n agterlike deel van die wêreld" te bring. Buite die Britse nasie het min mense dit geglo. In reaksie op die skrywer en digter Rudyard Kipling, wat die oorlog teen die Boere vurig in liberale terme verdedig het, het Joseph Conrad gesê: "As ek Kipling moet glo, gaan die oorlog oor demokrasie. Dit is om van uit te bars van die lag."

Dit het gegaan oor die minerale rykdomme en die groot strategiese voordeel wat beheer oor Suid-Afrika vir Brittanje gebied het. Dit het ook oor Brittanje se aansien gegaan in 'n wêreld waarin die grootste moondhede al meer in 'n magstryd betrokke geraak het.

Gedurende die 1890's het Transvaal die Kaap verbygesteek wat uitvoer betref en die Suid-Afrikaanse ekonomie begin oorheers. Rhodes, die aartsdobbelaar, het nou sy grootste waagstuk aangepak. Hy wou die ZAR omverwerp met Chamberlain se geheime instemming.

Op 29 Desember 1895 het Rhodes se groot vertroueling Leander Starr Jameson Transvaal aan die hoof van 500 man binnegeval. Die plan met die sogenaamde Jameson Raid was om genoeg politieke onrus te veroorsaak om 'n Uitlanderopstand in Johannesburg tot gevolg te hê. Daarna moes die Britse hoë kommissaris in Kaapstad Britse soewereiniteit oor die Transvaal uitroep met die skyn dat dit die vrede sou bewaar.

Die inval was 'n ramp. Die invallers is vinnig gearresteer en Rhodes moes bedank as eerste minister. Die Jameson-inval was klinkklare bewys dat Rhodes, die man wat Hofmeyr altyd voorgehou het as 'n bondgenoot van Afrikaners, hulle op 'n siniese en skandelike wyse bedrieg het.

FS Malan, lid van 'n jonger generasie van Afrikanerbond-leiers, het die Jameson-inval vurig in sy koerant, *Ons Land*, veroordeel. Dit het 'n "elektriese skok na die nasionale hart gestuur", het hy geskryf. Oor die hele land het mense 'n bitter stryd tussen die twee wit "rasse" sien kom.

Kruger het 70 geword in 1895, maar die Jameson-inval het nuwe lewe in hom geblaas. Hy het begin bewapen en 'n klein staande leër op die been gebring. Hy het knap jong Afrikaners in die staatdiens aangestel, onder wie Smuts – saam met Steyn van die eerste moderne Afrikaners.

Smuts is in 1870 op 'n plaas naby Riebeek-Wes gebore. Sy pa het die distrik vir die Afrikanerbond in die parlement verteenwoordig. Hy het aan die Victoria-kollege op Stellenbosch gestudeer en daarna in die regte aan die Universiteit van Cambridge. FW Maitland, een van die beroemde Cambridge-geleerdes, het Smuts bestempel as een van die briljantste studente wat hy ooit onderrig het.

Terug in die Kaapkolonie was Smuts eers 'n Rhodes-aanhanger, maar ná die Jameson-inval het hy die ZAR se staatsprokureur geword. Pres. Kruger het Smuts as 'n man met 'n "ysere wil" bestempel. Smuts sou 'n halfeeu later die studente op Stellenbosch vertel hoe skeppend Kruger se leierskap was.

Hy het gou die bynaam "Slim Jannie" verwerf, wat 'n hele paar betekenisse gehad het: baie intelligent, maar ook geslepe, slu en ontwykend. Hy was ongetwyfeld die vernuftigste wit politikus van die twintigste eeu, iemand wat verskeie kere daarin geslaag het om 'n nuwe politieke basis vir homself te skep.

Alfred Milner het 'n paar maande nadat Smuts staatsprokureur in Pretoria geword het, as goewerneur en Britse hoë kommissaris aangekom. Hy was'n briljante student in die klassieke aan Oxford en het daarna naam gemaak as uitstaande amptenaar in die Britse koloniale diens.

Milner het homself as 'n "British Race Patriot" bestempel. Die Britse ryk was vir hom die grondslag van Britse mag en glorie en hy wou hardnekkig aan enige Britse besitting vasklou. Terselfdertyd het hy geglo dat die Britse ryk enorm tot beskawing en progressiewe vooruitgang in die wêreld bydra. Hy het die Afrikaner-gemeenskap met kwalik verbloemde minagting bejeën.

Milner het hom nie daaraan gesteur dat die regering se inmenging sake kon vererger en menslike leed meebring nie. 'n Frase wat hy geskep het, het amper 'n eeu ná sy dood nog in die *Oxford Dictionary of Quotations* verskyn. Dit was "damn the consequences".

Ná hul eerste ontmoeting het Smuts aan sy vrou geskryf: "Milner is so soet soos heuning. Maar daar is iets in sy baie intelligente oë wat aan my sê dat hy 'n baie gevaarlike man is." Milner het geglo dat die Britse mag en aansien in Suid-Afrika en elders ter wêreld sou kwyn as hy die ZAR nie gou 'n vernederende nederlaag oor stemreg toedien nie.

Om druk op Londen toe te pas het hy die Uitlanders se griewe oor stemreg en ander kwessies opgeblaas. Hy het ook 'n prentjie geskilder van 'n verraderlike Afrikaanse gemeenskap in die Kaapkolonie wat Kruger sou help deur die Britse gesag te ondermyn.

Die Afrikanerbond-leiers het hul bes gedoen om Milner te oortuig dat daar geen landwye Afrikaner-sameswering teen Britse belange bestaan nie. Volgens JT Molteno, seun van 'n vorige eerste minister, was Milner met sy meerderwaardige Oxfordse houding aanhoudend besig om die Afrikaners te beledig en hul lojaliteit te bevraagteken.

Toe die Graaff-Reinetse tak van die Afrikanerbond in 1898 'n verklaring van lojaliteit oorhandig, was Milner se antwoord: "Of course you are loyal. It would be monstrous if you were not."

Verskeie mynmagnate was kop in een mus met Milner. Saam het hulle die Britse regering wysgemaak dat Kruger onder diplomatieke en militêre druk sou swig en aan alle eise vir stemreg sou toegee. Hulle het goed geweet dat die republieke sou veg, maar het die boodskap die wêreld ingestuur dat Kruger met 'n blufspel besig was.

Steyn het in Mei 1899 'n gesprek tussen Kruger en Milner gereël om 'n oorlog te voorkom. Steyn en Smuts, wat Kruger na Bloemfontein vergesel het, was oortuig dat Milner geen goeie bedoelings met die onderhandelinge gehad het nie. Hy sou dus nie in die betekenisvolle toegewings wat Kruger sou voorlê, belang stel nie. Kruger het voorgestel dat die stemregkwalifikasie van 14 tot 7 jaar verblyf verlaag word, maar Milner het op 5 jaar aangedring, met terugwerkende krag.

Nog 'n eis was dat Uitlander-lede van die Volksraad Engels mag gebruik. Met trane op sy wange het Kruger uitgeroep: "Dis ons land wat u wil hê." John Buchan, 'n lid van Milner se afvaardiging en later 'n bekende skrywer, het die toneel so beskryf: "There was a gnarled magnificence in the old Transvaal President, but [Milner] saw only a snuffy, mendacious savage."

Hofmeyr en ander Kaapse gematigdes het wanhopig probeer om oorlog te vermy, maar hul begeerte om hulle as lojale Britse onderdane te bewys, het oorheers. Hofmeyr en die Kaapse eerste minister, WP Schreiner, het op Milner se aandrang Steyn se uitnodiging na die Bloemfontein-konferensie van die hand gewys.

Die Britse eerste minister, lord Salisbury, en sy Unionistiese party het aan die bewind gekom as Britse superpatriotte en jingo's. Salisbury het hom laat oortuig dat die Britse aansien wêreldwyd op die spel is. Vir hom het alles oor 'n enkele kwessie gegaan: "Ons, en nie die Boere nie, is baas," het hy gesê.

Veral in Londen was daar 'n massahisterie dat die Britse eer met wapengeweld teen die onbeskaafde Boere verdedig moes word. George Bernard Shaw het die Boere beskou as "a small community of frontiersmen totally unfitted to control the mineral assets of South Africa".

Die Britte het die Vrystaat met intimidasie uit die oorlog probeer hou. Pres. Steyn het egter aan die Volksraad gesê dat hy eerder die land se onafhanklikheid met eer verloor as om dit in oneer en dislojaliteit te behou. Sommige mense het later die Boere die skuld vir die oorlog probeer gee omdat die republieke die ultimatum uitgereik het.

Teen Oktober 1899 kon die twee republieke 50 000 man in die veld stoot, terwyl daar net 27 000 Britse troepe toe in Suid-Afrika was. Die Boere kon net slaag as hulle blitssnel opruk na die hawens om troepeversterkings te keer. Brittanje het uiteindelik sowat 300 000 manskappe in die veld gestoot in 'n oorlog wat hom meer as £230 miljoen gekos het.

Op die vraag hoekom hy dié oormag die stryd aangesê het, was pres. Kruger se antwoord eenvoudig maar treffend: "'n Man sal nie 'n leeu met net 'n mes in sy hand aanval nie, maar net 'n lafaard sal hom nie met alle mag verset as die leeu hóm aanval nie . . . Die riem is om my nek, ek moet veg."

Smuts, diep bewus van die oormag, het geskryf dat 'n verskriklike bloedbad wag. Die Afrikaners sou uit die vuurproef kom óf as houthakkers en waterdraers vir 'n gehate ras óf as oorwinnaars en die grondleggers van 'n verenigde Suid-Afrika.

7

DIE ANGLO-BOEREOORLOG: "ALLEEN TEEN DIE MAGTIGSTE RYK"

Verskeie politici het in die maande voor Oktober 1899 desperaat probeer om 'n oorlog af te weer, maar Alfred Milner was vasbeslote om Brittanje as die onbetwiste oppergesag in Suider-Afrika te herbevestig. Neal Ascherson, 'n briljante Skotse joernalis wat verskeie boeke oor Europa in die twintigste eeu geskryf het, meen dat Milner en Adolf Hitler met mekaar vergelyk kan word. Albei het wêreldoorheersing deur hul eie "stam" in die wit ras nagestreef. Albei het oorlog aangestig om die doel te verwesenlik.

Onderhandelings is uiteindelik laat vaar en die eerste skote het op 12 Oktober geklap. Vir die Boere was al hoop op oorwinning die afseël van die Durbanse hawe om Britse versterkings van oorsee te stuit. Hulle moes terselfdertyd die Kaapkolonie binneval in die hoop dat groot getalle Kaapse rebelle by hulle sou aansluit.

Die Boeremagte het aanvanklik goeie oorwinnings behaal en Ladysmith in Natal, Kimberley en Mafeking beleër. Maar 'n oorlog deur beleg was 'n fatale flater, want dit het Brittanje geleentheid gegee om versterkings van ander dele van die Britse ryk te bring.

Tydens die beleg van Ladysmith het die jonger geslag Boere-offisiere by hul ouer kommandant-generaal, die 68-jarige Piet Joubert, aangedring dat hy die Durbanse hawe beset. Joubert het geweier. Hy wou ook nie die Britse troepe met dinamiet uit hul verskansings dwing nie, want dit was vir hom onchristelik. Smuts sou later melding maak van die ouer geslag generaals se "konserwatiewe kortsigtigheid" wat "die goue geleentheid" van oorwinning laat glip het.

Genl. Louis Botha se mag het einde 1899 indrukwekkende oorwinnings by Colenso en Spioenkop behaal. Vroeg in die nuwe jaar het Boeremagte verskeie kleiner dorpe aan die Kaapkolonie se noordgrens ingeneem, maar dit was nie strategies belangrike plekke nie.

Genls. JBM Hertzog en PH Kritzinger se kommando's van 2 000 man elk het ver in die noordoostelike en noordelike distrikte van die kolonie ingedring, maar die yl bevolkte gebied het min steun van die Kaapse Afrikaners opgelewer.

Die Boeremagte kon nie altyd vinnig beweeg nie omdat familielede met hul besittings op waens of perdekarre by die laers opgedaag het. Daar was ook 'n deurlopende gebrek aan dissipline en toegewydheid. Een kommandant het met net drie man by die slagveld opdaag. "Dié een was siek, die ander een moeg, maar die werklike rede was dat die meeste nie so vroeg wou opstaan nie," was sy verduideliking. Denys Reitz vertel van 'n senior Vrystaatse offisier en sy manne wat op 'n dag nie wou gaan veg nie omdat hulle na 'n veeveiling wou gaan.

Intussen het groot getalle Britse troepe Suid-Afrika deur Kaapstad en Durban ingestroom en die Boeremagte oorweldig. 'n Britse mag het genl. Piet Cronjé en sy 4 000 man by Paardeberg verslaan en Bloemfontein op 13 Maart ingeneem. In die herfs van 1900 het tussen 12 000 en 14 000 burgers, amper 'n kwart van die Boeremagte, oorgegee.

Genl. Roberts, die Britse opperbevelvoerder, het beloof dat Boerekrygers wat 'n eed van neutraliteit aflê, na hul plase kon terugkeer. In die dekade of twee voor die oorlog het baie van die ryker boere nie op kommando gegaan nie. Diegene wat 'n eed van neutraliteit afgelê het, is "hendsoppers" genoem. Boeregevangenes wat geweier het om die eed af te lê, is as krygsgevangenes na Ceylon (vandag Sri Lanka) of St. Helena weggestuur.

Dan was daar die "joiners" – mense wat by die Britse magte aangesluit het en meestal as spioene gebruik is. Teen die einde van die oorlog was daar 'n geskatte 5 000 "joiners" in die Britse magte.

Omstandighede het dikwels die armste "joiners" se optrede bepaal. Baie was bywoners of arm boere wat teen baie lae besoldiging in die plek van die ryk boere op kommando gegaan het. Hulle is uitgebuit of geminag en het gehoop op 'n beter bedeling onder 'n Britse bewind.

Die "hendsoppers" en "joiners" sou ná die oorlog die prys betaal. Waar die bittereinders vereer is, is hulle gebrandmerk omdat hulle die republikeinse saak verraai het.

Op 21 Oktober 1900, net voordat die Britte hom kon vang, het pres. Kruger, oud en afgeleef, van Delagoabaai na Europa vertrek. Hy is meer as drie jaar later in Switserland dood. Steyn het tot die einde saam met die Vrystaatse guerrillavegters in die veld gebly.

Dit het ná minder as 'n jaar gelyk of alles oor was en die Boere 'n verpletterende nederlaag gely het. Op 24 Mei 1900 is Britse soewereiniteit oor die Oranjerivier-kolonie verklaar en op 1 September oor die Transvaal. Britse magte het die hele spoorwegnetwerk en ook die spoorlyn na Delagoabaai beheer. Die oorblywende 15 000 vegtende Boere was feitlik alleen in hul stryd.

Teen middel 1900 was die Boeremagte op die punt om oor te gee. Milner het aan 'n vriend geskryf: "I have saved the British position in South Africa and I have knocked the bottom out of 'the great Afrikaander nation' forever and ever."

As die oorlog toe sou geëindig het, sou mense die Boere gehoon het omdat hulle so onnosel was om die sterkste mag ter wêreld die stryd aan te sê. Die grootste heldemoed en die ergste gruwels en bitterste lyding sou egter nog kom.

Net ná die val van Pretoria in Junie 1900 het die Transvaalse krygsraad onmiddellike oorgawe aanbeveel om 'n ramp te voorkom. Pres. Kruger het 'n wanhopige kabel aan pres. Steyn gestuur.

Net daar het Steyn die kragbron van die republikeinse durf geword. Hy het woedend aan die Transvalers geskryf dat die ZAR die Vrystaatse burgers en Kaapse rebelle in 'n rampspoedige oorlog betrek het. Wou die ZAR nou 'n skandelike en selfsugtige vrede sluit omdat die oorlog sy grense bereik het? Hy het bygevoeg dat wat die ZAR ook al doen, die Vrystaters tot die bitter einde sou veg.

Smuts het later geskryf dat pres. Steyn die Transvalers met soveel woorde van lafhartigheid beskuldig het. In hierdie uur het hy die oorlog se mees heroïese figuur geword. Die Transvaalse leiers het besluit om die stryd voort te sit tot die "bitter einde" – totdat die Boeremagte heeltemal verslaan is of totdat onafhanklikheid herstel is. Die oorlog se laaste fase het tot Mei 1902 geduur.

In die Vrystaat het genl. Christiaan de Wet groot roem verwerf as guerrilla-bevelvoerder, en genl. Koos de la Rey in die Wes-Transvaal. In die Oos-Transvaal was dit veral Louis Botha wat hom onderskei het.

Voor die oorlog was die ou generaals, soms "die takhare" genoem, pres. Kruger se sterkste ondersteuners. Dit het gou geblyk dat hulle heeltemal onbevoeg was. Teen middel 1900 het die meeste van hulle die stryd laat vaar.

Die bittereinders was hoofsaaklik kommersiële boere en professionele mense. Dit is opvallend dat hul leiers voor die oorlog stemreghervormings bepleit het sodat Brittanje dit nie as 'n verskoning vir oorlog kon gebruik nie.

In September 1900 het 'n Boeregeneraal geskryf dat diegene wat steeds veg progressiewes is, wat net so sterk teen Kruger se beleid gekant was soos teen die Engelse. Hulle veg bloot vir hul onafhanklikheid, het hy gesê.

Die Kaapse liberaal John X Merriman het tot dieselfde gevolgtrekking gekom. Volgens hom was die bittereinder-leiers óf vooruitstrewende boere soos De la Rey, De Wet, Botha en Jan Kemp óf opgevoede dorps- of stadsmense soos Steyn, Hertzog, Smuts en ander. Hy het bygevoeg: "Die siel van die Boeremagte bestaan uit opgevoede jong manne en progressiewe boere, van wie baie welvarende en in sommige gevalle ryk mense is."

Die bittereinders het guerrillataktiek gevolg en in klein, beweeglike kommando's geveg. Hulle het treinspore gesaboteer, die Britse troepe se voorrade onderskep en gevegte uitgelok en dan weer gevlug. Brittanje moes toesien hoe 'n beweeglike en ontwykende vyand die oorlog uitrek – dit terwyl die wêreldmening teen hom begin swaai het.

Teen middel 1900 was die oorlog reeds duurder as enige ander konflik waaraan Brittanje sedert 1815 deelgeneem het. Genl. Horatio Kitchener, wat lord Roberts in November 1900 opgevolg het, was haastig om sy nuwe pos as Britse opperbevelvoerder in Indië te gaan beklee.

Hy het 'n beleid van verskroeide aarde gekies om die oorlog gou te beëindig. Plaasopstalle en die oeste op die lande moes afgebrand en veestapels vernietig word. Dit sou goedkoop en gou wees, maar genadeloos tot op die punt van terreur en totale oorlog.

Maar dit sou nie maklik gaan nie. By die bittereinders het 'n ysere wil ontstaan om so lank menslik moontlik te veg, al was die oormag hóé groot. Hulle was, in Smuts se woorde, vervul met 'n onblusbare hoop vir die toekoms en 'n kinderlike geloof in God. Hulle het vas geglo in 'n baie persoonlike God wat regstreeks in die lotgevalle van nasies ingryp, wat die sondiges straf en die getroues seën.

Verslae uit dié tyd getuig van hul onwrikbare geloof dat die Britse saak so klaarblyklik onregverdig was – ja, selfs sondig was – dat God die Britte nooit met 'n oorwinning sou beloon nie. 'n Amper kinderlike vertroue in die republikeinse saak en 'n geloof in God het een geword. Oorgawe sou nie net verraad teenoor die Boere se saak beteken nie. Dit sou, soos 'n Vrystaatse burger gesê het, "'n daad van ongeloof" wees.

Die Britte het nooit tot 'n totale oorlog oorgegaan nie. Hulle het nie gevangenes voor die voet geskiet nie, maar hulle na kampe gestuur. Hoewel dit die eerste oorlog was wat ook volskaals op die burgerlike bevolking gerig was, het die Britte wel tussen die vegtende en nie-vegtende Boere onderskei. Daar was gevalle van Boerevroue wat verkrag is, maar dié vergrype was waarskynlik heelwat minder as in latere oorloë.

Onder lord Roberts is die verskroeide-aarde-beleid op 'n beperkte skaal toegepas. Waar Boere 'n spoorlyn opgeblaas het, sou die Britte naburige plaasopstalle afbrand en vee doodmaak.

Kitchener het die beleid op groot skaal en met ongekende hardvogtigheid toegepas. Hy wou die kommando's se kosvoorraad en ander vorme van steun heeltemal afsny. Dit was een van Kitchener se berugte kortpaaie – ambisieus, eenvoudig en goedkoop.

Die konsentrasiekampe van die twintigste eeu het een ding gemeen: Mense is in kampe geplaas nie oor wat hulle gedoen het nie, maar oor wie en wat hulle was. Die gevangenes was lede van 'n kategorie mense wat as óf gevaarlik óf "oorbodig" of albei beskou is.

Die Britse vooroorlogse propaganda teen die Boere het die Britse politieke en militêre bevelvoerders só gekondisioneer dat hulle bereid was om onskuldige vroue en kinders onmenslik te behandel. 'n Britse skrywer het verklaar: "Ons het vir onsself 'n karikatuur geskep wat ons 'n Boer genoem het. Hy was 'n barbaarse wese, ongewas en onversorg, gewelddadig, skynheilig en die sluipmoordenaar van Engelse."

Met só 'n stereotipe gevestig was dit vir die Britse opperbevel nie moeilik om die Boerevroue en -kinders in skokkende omstandighede in kampe te plaas nie.

Van einde 1900 af het Britse troepe opstalle amper voor die voet afgebrand en vee uitgewis. Hulle het verwoesting en 'n chaos oor feitlik die hele Vrystaat en groot dele van die Transvaal gesaai. Amper alle plaasopstalle in die twee republieke is vernietig. Die Transvaalse boere het 75% van hul veekuddes verloor en die Vrystaat 60%. Baie klein dorpies is verwoes.

In September 1900 het genl. Smuts uit Noord-Transvaal aan 'n Britse korrespondent geskryf: "Waar die vyand verskyn, rig hy onbeskryflike verwoesting aan. Alle huise word afgebrand, alle landerye en tuine word vernietig, alle vee en voorrade word weggevoer en alle mans word gevange geneem." 'n Jaar later het hy op 'n reis deur die Vrystaat gesien dat die veld met dooie vee besaai en dat damme vol vrot veekarkasse is. "Die gruwels is onbeskryflik," het hy geskryf.

Maria (Tant Miem) Fischer gee 'n blik op die traumatiese gebeure wanneer Britse soldate by 'n plaas opgedaag het. Hul doel was om soveel verwoesting moontlik te saai voordat hulle die vrou en kinders na 'n kamp weggevoer het. "Dit was of daar soveel duiwels losgelaat is . . . alles word verwoes. Uit die stal en woonhuis word balke, kappe, deure en rame gesaag en geslaan en bome afgekap. Ek het nog 'n hen en kuikens in 'n kamer gehad; die ander was almal doodgeslaan."

Dit was 'n flater om die vroue en kinders in konsentrasiekampe in te dwing nadat hul plaasopstalle afgebrand is. Daar was wel 'n presedent. Tussen 1896 en 1898 het genl. Valeriano Weyler, bevelvoerder van die Spaanse troepe in Kuba, konsentrasiekampe vir burgerlikes gebruik om die verskaffing van kos, skuiling en ondersteuning aan die Kubaanse magte af te sny. Sowat 200 000 "reconcentrados" het in die kampe gesterf.

In die Anglo-Boereoorlog het Britse troepe meer as 130 000 Boerevroue, kinders en bejaardes na die kampe weggevoer. Meer as 4 000 vroue en 22 000 kinders het daar gesterf, baie weens swak voeding en gesondheidsorg en weens blootstelling.

Tussen 15 000 en 20 000 swart mense het ook in die kampe gesterf in omstandighede wat dikwels nog hagliker was.

Tant Miem Fischer se familie is in die middel van die nag na die Standerton-konsentrasiekamp geneem en daar by 'n sandhoop gelos. Hulle het hulle later in 'n tent bevind waarin 37 ander mense geprop was. Die verweerde tente het min beskerming gebied. 'n Britse offisier het geskryf: "Die families het min privaatheid of beskerming teen die elemente."

'n Boerevrou vertel van die uiterste lyding wat sy in 'n kamp aanskou het: "Onder ons was 'n mevrou Coetzee; sy het ag kinders gehad en nou was daar vier dood. Eendag gaan ek verby haar tent en daar op die grond op kakiekomberse sien ek drie seuntjies lê en die miere wemel oor hulle. Die moeder het kraamkoors gehad; haar pasgebore seuntjie was al dood . . . Om hul ellende te verhoog, was die tent vol kakieluise."

Die verskriklike lyding in die kampe sou vir baie vroue en kinders die res van hul lewe bybly. Toe 'n Engelse vrou mense in Fischer se kamp probeer oorreed het om 'n gees van vergifnis en liefde vir hul vyand te ontwikkel, het Fischer ferm geantwoord: "Wat my betref, is dit nie net onmoontlik nie, maar ook onwenslik."

Berigte van grootskaalse kindersterftes in die kampe het Milner in Desember 1901 bereik. Hy het aan 'n senior Britse offisier in die Vrystaat geskryf: "The theory that all the weakly children being dead, the death rate would fall off, is not so far borne out by the facts, I take it that the strong ones must be dying now, and they will all be dead by the spring of 1903."

"'n Baie donker kol," was sy kommentaar op die sterftes.

Met weinig uitsonderings was die Boerevroue onverbiddelik in hul aandrang dat hul mans en seuns vir onafhanklikheid moet voortveg, selfs tot die dood toe. Hulle het nie geknak as Britse troepe hul huise afbrand nie. Sommige het gesê hulle verkies om hul huise te sien afbrand eerder as dat hul mans oorgee.

'n Britse offisier het, nadat hy twee maande lank huise afgebrand het, verklaar dat die vroue sonder uitsondering gesê het hulle sal nie oorgee nie. Genl. Kitchener het opgemerk dat hulle veel meer verbitter as die mans is.

Die kampbewoners se toestand het vinnig verswak weens wanvoeding en die gebrek aan sanitasie. Baie het gesterf, veral aan buiktifus en masels. Die hoë sterftesyfer was deels daaraan toe te skryf dat die Boere, wat in isolasie op afgeleë plase gewoon het, nie immuun teen die siektes was nie. Sommige het outydse, onhigiëniese rate gebruik.

Die Britse militêre en kampowerhede was geneig om die mense se swak higiëniese gewoontes uit te sonder, maar hulle moet self 'n groot deel van die blaam dra. Baie kampe was swak geleë. 'n Noodsaaklike produk soos seep was dikwels nie beskikbaar nie en daar was nie geriewe om water te kook nie. Maar die belangrikste was dat die gevangenes weens gebrekkige kos liggaamlik gou verswak het en feitlik geen krag gehad het om siektes te beveg nie.

Die krisis in die kampe het katastrofale afmetings aangeneem. Teen Oktober 1901 het die sterftekoers tot 344 per 1 000 opgeskiet. Kinders onder vyf jaar oud het feitlik geen kans gehad om te oorleef nie. Dit was nie 'n volksmoord nie, maar die omstandighede in die kampe het ongetwyfeld die dodetal skerp opgestoot.

Die Britse publiek het eers daarvan bewus geraak toe Emily Hobhouse in Engeland verlof kry om die kampe te besoek.

Hobhouse, wat Engeland in Desember 1900 verlaat het, was met afgryse vervul oor wat sy gesien het. By haar terugkeer in Mei 1901 het sy die publiek geskok met haar onthullings en veral groot indruk gemaak op ondersteuners van die Liberale Party, wat pro-Boer was.

"When is a war not a war?" het Henry Campbell-Bannerman, leier van die Liberale opposisie, in die Britse parlement gevra. "When it is carried out by methods of barbarism in South Africa," was sy antwoord.

Sonder Hobhouse se bemoeienis sou die Britse militêre hoofde dalk die kampsterftes in die doofpot kon stop. Maar ná die openbare skandaal wat ontstaan het, moes die owerhede ingryp.

Jan Smuts sê in 1926, toe Hobhouse by die Vrouemonument in Bloemfontein begrawe is: "Ons het alleen in die wêreld gestaan, 'n klein volkie in 'n stryd gewikkel teen die magtigste ryk op aarde. En toe het 'n klein hand, die hand van 'n vrou, na ons uitgereik. In daardie donkerste uur, toe ons ras byna gelyk het of dit tot uitwissing gedoem was, het sy as 'n engel verskyn, 'n boodskapper uit die Hemel gestuur. Die eienaardigste van alles is dat sy 'n Engelse vrou was."

'n Kommissie van Engelse vroue wat oorlogsondersteuners was, het die kampe in die laaste maande van 1901 besoek. Hulle was amper net so geskok soos Hobhouse. Op hul voorstel is die rantsoene verbeter om groente in te sluit, en meer verpleegsters is uit Engeland na Suid-Afrika gestuur. Die sterftesyfer het daarna skerp gedaal.

Die Boere het geen hoop gehad om te wen sonder grootskaalse hulp van die Kaapse Afrikaners nie.

Die Kaapse goewerneur, sir Walter Hely-Hutchinson, het geglo dat die helfte van die wit bevolking (wat omtrent alle Afrikaners sou insluit) pro-Boer is en dat die grootste deel van die Kaapkolonie in 'n staat van half-onderdrukte rebellie is.

Dit was 'n growwe oordrywing. Die Kaapse Afrikaners was wel met afgryse vervul oor wat Brittanje gedoen het, maar 'n Kaapse burger wat vir die Boere gaan veg het, kon die doodstraf kry. Op die ou end het tussen 6 000 en 7 000 Kaapse rebelle vir die Boere gaan veg.

In Augustus 1901 het 'n kommando van 250 man onder genl. Smuts in 'n epiese laaste poging 'n inval in die Kaap geloods om 'n opstand te probeer uitlok. Denys Reitz, een van die kommandolede, beskryf dit treffend in sy boek *Commando*. Hulle het 'n baie groot gebied tussen die Oranje- en die Olifantsrivier beheer, maar was geen werklike bedreiging vir die Britse gesag en het nie baie rebelle gewerf nie.

Teen 1901 het die oorlog van 'n "blanke oorlog" tot 'n ware Suid-Afrikaanse oorlog uitgekring wat omtrent alle gemeenskappe ten diepste geraak het. Aan die Boerekant was daar van die begin af swart agterryers, gewoonlik ongewapen, wat allerlei take verrig het soos kos kook en perde oppas.

In die Britse leër in die noorde het tussen 10 000 en 30 000 swart mense as spioene, wagte en wadrywers gedien. Die Boere het dikwels gevange spioene sonder verhoor tereggestel. In die Kaapkolonie het die Britse magte tussen 2 000 en 3 000 bruin mense gewerf as Border Scouts, wat gespioeneer het. Op baie dorpe het bruin mense as "Town Guards", 'n soort aanvullende polisiemag, gedien.

Kommando's in Noord-Kaapland het hard teen die gekleurde bevolking opgetree. Hulle is gedwing om belastings te betaal en dienste te lewer en hulle is selfs verbied om Engels in die openbaar te praat.

In Kaapstad het die Sprigg-kabinet groot dele van die Kaapkolonie onder krygswet geplaas. Dit het die Kaapse Afrikaners ernstig vervreem. Daar was groot vraagtekens oor die regspleging. Die amptelike hoftaal was Engels, 'n taal wat die meeste plattelandse Afrikaners nie magtig was nie. Die howe het onbevoegde tolke gebruik en militêre offisiere met min kennis van die toetsing van getuienis is aangestel om die verdediging te behartig.

Groot onregte is dikwels gepleeg. CJ Langenhoven, 'n jong prokureur van Oudtshoorn, het 40 mense verdedig van wie almal behalwe een vrou veroordeel is. Hy was só ontnugter dat hy hom heeltemal aan die militêre howe onttrek het hoewel hy die geld bitter nodig gehad het. 'n Dekade later was hy een van die voorste skrywers in Afrikaans.

Militêre howe het aan meer as 1 000 Kaapse Afrikaners tronkstraf opgelê en 360 rebelle ter dood veroordeel, van wie 34 tereggestel is. Die familielede is verplig om die teregstellings by te woon, wat die trauma verdiep het. Een so 'n teregstelling het gedien as inspirasie vir C Louis Leipoldt se treffende gedig "Oom Gert Vertel".

Die finale jaar van die oorlog was vir die Boere in die veld die swaarste, omdat 'n nederlaag 'n voldonge feit was. Hul ammunisie was uitgeput en die manne was liggaamlik en geestelik gedaan.

Einde 1901 het Kitchener gelas dat vroue en kinders nie meer na die kampe gestuur moet word nie. Die naderende winter het vrese laat ontstaan oor hoe die vroue en kinders sou oorleef wat in die veld rondgeswerf het.

Swart mense het 'n groot deel van die plaasgrond beset. In Suidoos-Transvaal het 'n Zoeloemag wraak geneem oor vee wat van hulle gebuit is deur 'n Boerelaer aan te val en 56 burgers dood te maak. Die militêre vooruitsigte vir die Boeremagte het al hoe swakker geraak.

Begin 1902 het die Boeremagte gekrimp tot 10 000 Transvaalse burgers, 6 000 Vrystaatse burgers en 3 000 Kaapse rebelle, dus minder as 20 000. In die laaste vyf maande van die oorlog het die aantal "joiners" meer as verdriedubbel.

Pres. Steyn was totaal uitgeput. Hy het sy manne nietemin aangemoedig om aan te hou veg. "Onafhanklikheidstryde duur lank," het hy dikwels uitgeroep.

In die tweede helfte van Mei 1902 het 60 Boereleiers met Britse verlof by Vereeniging vergader om oor vrede te besluit. Die Britte het onverbiddelik op die prysgawe van republikeinse onafhanklikheid aangedring, maar om vrede te bespoedig, het die Britte 'n belangrike toegewing oor stemreg vir swart mense gemaak.

Smuts het die geleentheid gekry om 'n voorstel ter tafel te lê. Sy formulering was: "Oor stemreg vir swart mense sal eers besluit word ná die instelling van selfregering."

Die klein woordjie "ná" het 'n reuse-verskil gemaak. Die Britte het goed geweet dat daar geen kans was dat die Boere stemreg aan swart mense sou toestaan nie. Die imperiale regering het die Smuts-formule sonder enige teenstribbeling aanvaar. Die treffende kommentaar van Keith Hancock, Smuts se biograaf, was: "Surrender was not all on the Boer side."

Die 60 bittereinders se debatte op Vereeniging oor vrede of voortgesette stryd was dramaties en tragies.

Elkeen was 'n gevolmagtigde wat self kon besluit of hy en sy kommando sou aanhou veg of vrede sluit. Die Vrystaters was eenparig gekant teen vrede sluit. 'n Verslag lui: "Op die vergaderings is een stem, soos van donder, vir onafhanklikheid verhef. Die besluit was: 'Hou aan. Ons het alles feil gehad en het dit nog.' Geeneen het anders gepraat nie."

Botha, bygestaan deur Smuts en De la Rey, het die taak gehad om al die Vrystaters te oorreed om vrede te sluit. Botha se argument was dat die Boere moet oorgee voordat hul stryd hulself en hul volk vernietig. In die laaste jaar het die stryd "geen treetjie" gevorder nie terwyl 6 000 man gesneuwel het of gevang is. Die Kaap of Europa sou nie help nie, blokhuise en draadlinies beperk hul beweeglikheid al meer, die vroue en kinders in die kampe of in die veld is 'n steeds groter bron van kommer en die perde is uitgeput.

Wat is die bitter einde, wou Botha weet. "Is dit waar iedereen in sy graf lê of verban is? Doen ons dit en handel ons daarvolgens, dan word ons die oorsaak van die dood van ons volk. Is die bitter einde nie daar waar die volk gestry het tot hy nie meer kon nie?"

Die laaste debat was die middag van 30 Mei. Jan Smuts het 'n treffende toespraak gehou. "Ons moenie die Afrikaanse volk vir die onafhanklikheid opoffer nie . . . [Ons] moenie ons toekoms opoffer vir 'n blote idee wat nie meer verwesenlik kan word nie."

Hy het afgesluit met dié roerende pleidooi: "Die einde wat vir ons gekom het, het in 'n bitterder vorm gekom het as wat ons ooit gedink het. Vir 'n ieder van ons sou die dood 'n soeter en sagter einde gewees het as die stap waartoe ons nou sal moet oorgaan. Niemand sal my ooit oortuig dat die ongeëwenaarde opofferinge tevergeefs sal wees nie. Die vryheidsoorlog van Suid-Afrika is gestry, nie alleen vir die Boere nie, maar vir die ganse volk van Suid-Afrika."

Op die kritieke oomblik het Botha en De la Rey vir De Wet, wat in die plek van Steyn as Vrystaatse leier waargeneem het, oorreed om oor te gee. Dit is moontlik dat Botha daarop gesinspeel het dat hulle die militêre stryd sou kon hervat wanneer Brittanje eendag in die moeilikheid is.

Op 31 Mei 1902 het die vergadering met 54 teen 6 stemme besluit om die Britse voorwaardes te aanvaar. Daardie aand is die vredesverdrag in Pretoria onderteken. Kitchener het al die Boere-afgevaardigdes handgegee en gesê: "We are good friends now."

Die Bittereinde-fase van die oorlog het die gang van die geskiedenis verander. In 1899 was die Boere se reputasie op die spel. Milner het vas geglo dat hul eiendom vir die Boere veel belangriker is as hul liefde vir die republieke. En as die Boere die stryd in Junie 1900 laat vaar het, sou hierdie oordeel korrek gewees het.

Smuts het later in sy *Memoirs of the South African War* geskryf dat "every child to be born in South Africa was to have a proud self-respect and a more erect carriage before the nations of the world". Die Boere en in die besonder die bittereinders was die twintigste eeu se eerste vryheidsvegters.

Ná die oorlog moes die Boere uit die puin opstaan. Sowat 10% van die republieke se Afrikaners is dood. Hul huise is afgebrand en die meeste van hul veekuddes uitgewis.

In die Britse parlement het Campbell-Bannerman na die toneel op die platteland as 'n "kermende wildernis" verwys en Milner het dit beskryf as "feitlik 'n woestyn, met omtrent die hele bevolking wat in vlugtelingkampe langs die spoorlyne bly".

'n Berig uit Wes-Transvaal skets die toestand so: "Die nood en ellende van ons plattelandse bevolking is onbeskryflik groot. Baie voorheen welgestelde Boere moet hulle laat verhuur om vir hul daaglikse brood en 'n paar sjielings per dag te werk."

8

GEDUGTE BOERVROUE: "DIE GELYKE VAN HAAR MANLIKE METGESEL"

Die Afrikanervrou het 'n deurslaggewende rol in die twee sleutelgebeurtenisse in die Afrikaner-geskiedenis gespeel – die Groot Trek en die Anglo-Boereoorlog.

Terwyl die Groot Trek op dreef gekom het, het 'n Britse setlaar aan die Oosgrens geskryf: "Die trekkers verbeel hulle dat hulle onder 'n goddelike roeping staan" en bygevoeg: "Dit lyk of die vroue meer vasbeslote is as die mans."

Die Voortrekkervroue het nie die kolonie verlaat as aanhangsels van hul mans nie; hulle was deel van die besluit en het dit help uitvoer.

In die Anglo-Boereoorlog het die vroue hul mans en seuns op groot skaal teruggestuur om voort te veg. Die historikus GM Theal, wat in dié tyd geleef het, skryf: "Die vroue is die vurigste voorstanders van oorlog tot die bitter einde. Boervroue sal hul mans en die een seun ná die ander stuur om tot die laaste vir onafhanklikheid te veg."

'n Britse waarnemer het tot hierdie slotsom gekom: "Dit was die vrou wat die oorlog so lank laat aanhou het. In haar hart het patriotisme opgevlam tot 'n allesverterende vuur. Sy is die een wat niks vergewe nie en niks vergeet nie."

Grondige argumente kan aangevoer word dat die Boervrou die sterkste posisie in die gesin gehad het van alle vroue in die agtiende- en die negentiende-eeuse Europa en Europese kolonies. Ironies genoeg het die vrou se posisie in die Afrikaner-gemeenskap verswak nadat stemreg in 1930 aan wit vroue in Suid-Afrika toegeken is.

Waar kom die gedugte Boervrou van die agtiende en die negentiende eeu vandaan?

Die antwoord lê in die intellektuele bagasie waarmee die Nederlandse vrou na die Kaap gekom het.

'n Ondersoek moet begin by 'n bondige vergelyking tussen die Engelse en die Romeins-Hollandse erf- en familiereg tussen die sewentiende en die twintigste eeu.

Huwelike in die Engelse reg het veral oor eiendom gegaan, met die man wat die eienaar van die vrou se roerende bates geword het. Die vrou het alle aanspraak daarop verloor, al het sy die man oorleef.

Met eersgeboortereg, wat wyd in Engeland en sy kolonies voorgekom het, erf die oudste seun die meeste. In Engeland kon dogters erf, maar daar was 'n sterk neiging om seuns te bevoordeel.

Die Romeins-Hollandse reg wat aan die Kaap toegepas is, het verder gegaan as enige ander destydse regstelsel in sy erkenning dat alle vry mense – mans en vroue – gelyke regte het. Dié "gewettigde gelykmaking" het diepgaande sosiale en politieke gevolge gehad.

Man en vrou het saam gelyke dele van hul bates en laste besit, al het die man die gesamentlike boedel gedurende die huwelik bestuur. Met die een se dood het die helfte van die boedel na die oorlewende lid gegaan en die ander helfte in gelyke mate na hul kinders.

Aan die Kaap het vroue meestal hul mans oorleef. In welvarende gesinne het die weduwee beheer oor substansiële eiendom, veral grond en slawe, gekry.

Later is selfs gepraat van 'n "regering deur weduwees". 'n Vermoënde weduwee kon haar moontlikhede, byvoorbeeld nog 'n huwelik, sorgvuldig vanuit 'n finansiële oogpunt oorweeg. Baie Kaapse weduwees het etlike kere hertrou en so 'n klein fortuin bymekaar gemaak.

Die Romeins-Hollandse erfreg en die Gereformeerde Kerk het gesorg dat Europese vroue aan die Kaap veel groter beskerming geniet as in 'n Europese kolonie soos Brasilië waar die Rooms-Katolieke Kerk oorheers het. Kaapse vroue kon skei op grond van owerspel, kwaadwillige verlating en fisieke mishandeling. As die man skuldig was, het die vrou die helfte van die boedel ontvang. Sy kon ook enige eiendom wat die man aan sy minnares of houvrou gegee het, terugkry. Dieselfde het natuurlik gebeur as die vrou oor die tou trap.

'n Kaapse man se buite-egtelike kinders het nie in sy boedel gedeel nie. Hulle het net geërf as die pa dit spesifiek bepaal het. Dit het min, indien ooit, gebeur dat die man sy kind by 'n slavin laat doop of erf het.

Die Romeins-Hollandse reg het die vrou se posisie ook op ander gebiede versterk. Hulle kon ooreenkomste aangaan en notariële aktedokumente onderteken en 'n onderneming of beroep bedryf sonder hul man se toestemming. Hulle was nou betrokke by hul man se werk, veral as hy 'n sakeman of handelaar was, en het dikwels volle erkenning vir hul rol gekry.

Vroue aan die Kaap was aktief deel van die hawestad se besige handel en het lisensies gekry om onder meer gastehuise of tavernes te bedryf.

Die erflatingsreg het ook 'n ander belangrike gevolg gehad. Aangesien elke kind, ongeag geslag, sy "wettige porsie" moes kry, was ouers genoodsaak om die grond tussen hulle te verdeel. Die onderverdeling van plase in onekonomiese eenhede was dus wydverspreid.

Baie families het chronies in die skuld beland weens verbande wat hulle op die plaas moes uitgeneem om die jonger seuns en dogters uit te betaal. Dikwels is plase verkoop en die opbrengs verdeel, wat seuns gedwing het om nuwe grond elders te soek of bywoners te word.

Gerugsteun deur die Romeins-Hollandse reg en die Gereformeerde Kerk het dogters en vroue aan die Kaap gou 'n sterk en selfs onafhanklike posisie ontwikkel.

Dogters en seuns het grootliks as gelykes grootgeword. Op plase het hulle dieselfde primitiewe onderwys van rondreisende onderwysers ontvang.

In die loop van die agtiende eeu het die vrou 'n sleutelrol begin speel in die ontwikkeling van 'n kerkvaste burgerlike gemeenskap. Vroeëre historici het die rol van geloof in die eerste eeu van die nedersetting oordryf. Die burgergemeenskap was 'n groot deel van die Kompanjietyd geensins besonder godsdienstig nie.

Vroue het lank voor die meeste mans bevestigde lidmate geword. Eers aan die einde van die agtiende eeu het die mans bygekom. Waarnemers het nou vir die eerste keer die buite-distrikte se burgers as godsdienstig bestempel.

Huwelike tussen Europeërs en nie-Europeërs het ná 1730 skerp afgeneem, maar geslagsomgang buite die huwelik tussen Europese seuns of mans en slavinne was aan die orde van die dag. In sy skrywe oor die Kaap sê Mentzel dat Europese seuns dikwels by 'n slavin van die huishouding betrokke geraak het sonder dat hul ouers omgegee het.

Die pa moes by wees om 'n buite-egtelike kind deur die doop te laat legitimeer en hy moes in die openbaar erken dat hy die kind verwek het. Dit het min gebeur as die ma 'n slavin of vryswarte was.

Die meeste kinders uit buite-egtelike verhoudings tussen wit en swart ouers het in die slawegemeenskap opgegaan. In die treffende woorde van JS Marais, die groot historikus van die bruin gemeenskap: "Thus did the Boers keep their own race pure and bring into existence a race of half-breeds."

Die Britte, wat die Kaap vroeg in die negentiende eeu in besit geneem het, het slawerny hervorm. Hulle het slawe-invoer beëindig en die regering veel meer mag gegee om slawe te beskerm. In 1823 het die regering minimum standaarde vir kos, klere, werkure en maksimum straf neergelê en in 1826 het hy die aantekening van straf verpligtend gemaak en verdere beperkings daarop ingestel.

Slavinne kon nou klagtes indien by die nuut-aangestelde "beskermer van die slawe" en hul eienaar hof toe vat. Hierdie ontwikkeling was 'n nekslag vir die hele paternalistiese orde.

Behalwe vir kriminele rekords weet ons nie veel van wat gebeur het wanneer die verhouding tussen die vrou en haar slavin skeef geloop het nie. Die omvangryke dokumentasie daaroor in die Amerikaanse suide gee 'n goeie prentjie wat waarskynlik ook hier geldig was.

Eugene Genovese, 'n voorste Amerikaanse historikus, skryf oor dié verhouding: "As daar op die lande 'n botsing tussen 'n baas en 'n slaaf was, was daar uitkomkans. Die slaaf het gewoonlik sy kop laat sak, weggeskuifel en homself beheer. Dit was 'n ander storie in die kombuis waar die vrou en haar slavin daagliks skouers geskuur het. Die vrou het haar slavin goed genoeg geken om te sien wanneer sy haar opruk – miskien 'n stuurs kyk, 'n nors stemtoon of miskien net die ophaal van die skouers." Die vrou het miskien die slavin 'n klap gegee of iets ergers gedoen.

Kaapse slavinne kon voorheen op geen manier hul regte opeis nie, maar nou kon hulle gaan kla. Dit is moontlik dat die Boervrou se wrewel teenoor die Britse gesag begin het met wat sy beskou het as die regering se onbehoorlike inmenging in die verhouding tussen haar en haar slavin in die kombuis.

Die regering het ook in kerklike sake ingegryp. As deel van sy poging om gelykheid te bewerkstellig het hy aparte nagmaal vir wit en swart in 1829 afgeskaf.

Opvallend genoeg was dit 'n vrou, Anna Steenkamp, 'n niggie van Piet Retief, wat die sterkste geprotesteer het. Sy het gekla dat die "gelykstelling [van slawe] met Christene strydig was met die wette van God en die natuurlike onderskeid van afkoms en geloof". Die trekkers het hulle liewer aan die kolonie onttrek om hul "geloof en leer in suiwerheid te behou".

Die vroue was vasberade om nie na die kolonie terug te keer nie. Dit het gou vir maj. Samuel Charters, in 1838 bevelvoerder van die Britse mag in Durban, duidelik geword toe 'n geselskap trekkers daar ingetrek het. Onder hulle was gesinne wat vroeër "goed en gemaklik" gelewe het, maar nou in haglike "armoede en ellende" verval het, het hy geskryf.

Volgens Charters het hulle nietemin "met wonderlike vasberadenheid teen hierdie rampe gestry". Hulle het gemeen hulle is onregverdig en sleg deur die Kaapse regering behandel terwyl hulle onder sy jurisdiksie was. Veral die vroue het die Britse heerskappy sterk verafsku. "As van die mans uitsak of moed verloor, het die vroue hulle aangemoedig om voort te gaan en die gees van verset lewend gehou," het Charters bygevoeg.

In 1839 het hierdie trekkers die republiek van Natalia uitgeroep onder 'n Volksraad. Drie jaar later het die Kaapse regering 'n mag van 250 man na Port Natal gestuur om die gebied te annekseer. In hul geledere was Henry Cloete, 'n verengelsde Kaapse Afrikaner, wat die trekkers moes oorhaal om die besetting te aanvaar.

Cloete het 'n vuurdoop gekry toe 'n afvaardiging van Voortrekkervroue onder leiding van die gedugte Susanna Smit hom gekonfronteer het. Sy was die trekleier Gerrit Maritz se suster en vrou van Erasmus Smit, 'n Hollandse lekeprediker. Smit was bekend as 'n sukkelaar wat sy vrou met haar sterk wil moeilik beheer het.

Cloete het gerapporteer dat die vroue by monde van Susanna Smit "hul vaste voorneme" uitgespreek het om nooit voor Britse gesag te swig nie. Hulle sal eerder "kaalvoet oor die Draaksberg [Drakensberg] loop om vry te sterf, aangesien die dood vir hulle beter was as die verlies van vryheid".

Smit en die vroue by haar was ook vir hul mans kwaad. Hulle het langs die mans teen inboorlingstamme geveg. Volgens Smit het die mans aan hulle "'n stem beloof in alle sake rakende die stand van hierdie land". Tog het die Volksraad, wat net uit mans bestaan het, nou aan die Britte oorgegee, ondanks die vroue se protes.

'n Ontstelde Cloete het die vroue se toorn beskou as "'n skande" wat die mans oor hulself gebring het deur hul vroue "so 'n staat van vryheid te veroorloof".

Iets uitsonderliks het kennelik gebeur. Vroue aan albei kante van die Atlantiese Oseaan is tot laat in die negentiende eeu stemreg geweier omdat hulle óf geen eiendom besit het nie óf gebrekkige opvoeding gehad het óf weens 'n gewaande natuurlike onbekwaamheid om 'n sê oor openbare sake te hê. Dit was eers in 1893 toe Nieu-Seeland stemreg aan vroue gegee het dat 'n nasionale of koloniale staat vroue in nasionale verkiesings laat stem het.

Dis teen hierdie agtergrond dat 'n mens die radikale aard van Susanna Smit se optrede en Henry Cloete se ontsteltenis moet verstaan.

Vroue was ook aan die voorpunt van vroeë uitings van Afrikanernasionalisme. Die eerste was die opstand in 1880 en 1881 van die Transvaalse Afrikaners teen die Britse besetting van die republiek. Dit het tot 'n klinkklare Boere-oorwinning by Majuba en die Britse onttrekking aan die Transvaal gelei.

Die romanskrywer Olive Schreiner het in die vroeë 1890's geskryf dat dié opstand grootliks 'n "vroue-oorlog" was. Vroue het hul mans aangespoor om die Britse owerhede aktief teen te staan. "Selfs in die [Kaapse] kolonie honderde myle daarvandaan het Afrikanervroue hul seuns en mans gesmeek om hul noordelike broers en susters te gaan help. Hulle het oënskynlik 'n geesdrif vir die oorlog gehad wat dié van die mans ver oortref het."

Schreiner het haar beroemde prentjie van die "Boervrou" geskets. Die "Vrouebeweging" – soos sy feminisme in Brittanje en Europa genoem het – wou nog altyd niks meer en niks minder nie gehad het as dat die vrou haar man se volle mede-arbeider en gelyke in die huwelik moet wees. Die "Boer women" het hierdie ideaal reeds verwesentlik, het sy geskryf.

Met verwysing na die Romeins-Hollandse reg het sy verklaar: "Die fiksie van die gemeenskaplike besit van alle aardse goedere . . . is geen fiksie nie, maar 'n werklikheid onder die Boere en tereg so, aangesien die vrou net soveel tot die oorspronklike huishoudelike besit bydra." Op die plaas was al die huishoudelike reëlings haar gebied – slag, kook, klere maak, die kinders leer en onderrig in die Christelike geloof en die Boere-tradisies.

Schreiner het tot die slotsom gekom dat die Boervrou in volle beheer was van een helfte van die werkverdeling in die huwelik. Sy was nie van plan om op "enigiemand se nek te lê" nie, soos hoëklasvroue in Europa wat, in Schreiner se oë, 'n parasitiese lewe gelei het waarin sy "gevoed, geklee en onderhou is deur ander in ruil vir die blote uitvoering van haar dierlike geslagsfunksie".

Schreiner het opgelet dat daar geen kloof tussen die Boervrou en haar man bestaan het nie. Sy het 'n posisie geniet "van intellektuele gelykheid met die manlike metgesel". Dit was iets wat die hoogste ideaal in die verhouding tussen die geslagte verteenwoordig het. Die vrou het nie net 'n gelyke deel van materiële goedere tot die gemeenskaplike huishouding bygedra nie, maar – en Schreiner het dit oneindig belangriker geag – sy het "[ook] 'n kultuur van gelykheid in die gemeenskapslewe geskep".

Daar was volgens Schreiner min gemeenskappe waarin "die pligte en voorregte van die lewe so gelykop tussen die geslagte verdeel was" soos in die Boeregemeenskap. Die Boervrou het selfs sy aan sy met die man gestaan in die stryd teen vyande en saam die dood in die oë gestaar. Die Boervrou het "vandag [die 1890's] steeds 'n beslissende invloed op vrede of oorlog", het sy gesê.

In die Anglo-Boereoorlog, nege jaar ná Schreiner se geskrif, het Boervroue inderdaad 'n deurslaggewende rol gespeel. Die republikeinse magte het in die eerste jaar 'n paar rampspoedige neerlae gely en teen Junie 1900 was die Transvaalse burgers reg om oor te gee. Die Vrystaters wou tot die bitter einde veg. Baie Boervroue het die idee van oorgawe net so sterk verwerp.

Onder die Britse beleid van "verskroeide aarde" is Boerewonings op groot skaal afgebrand en veekuddes uitgewis.

In 'n stadium het 10 000 Boervroue en -kinders in die Transvaal rondgeswerf (en sowat 1 000 in die Vrystaat) om te verhinder dat hulle na die konsentrasiekampe weggevoer word. Hulle het in berge, bosse of rietoorgroeide riviere weggekruip, of het in sogenaamde "vrouelaagers"deur die land geswerf om nie gevang te word nie.

Die meeste vroue het daarop aangedring dat hul mans en seuns aanhou veg, selfs tot die dood toe. Die vroue se bereidheid om groot lyding en ontbering te deurstaan het die mans, Boer én Brit, verbyster.

Dat die Boere 'n verlore stryd gevoer het, het vroue net meer vasberade laat vashou aan hul kultuur. 'n Bloemfonteinse vrou se verontwaardiging oor die Britte se manier van oorlog maak het haar hardop laat wonder of sy haar kinders moet toelaat om Engels te praat. 'n Ander Vrystaatse vrou het op die vraag wat haar van die Engelse onderskei, geantwoord: republikeinsgesindheid, geskiedenis, taal en "haat vir die [Britse] ras".

Die Vrouemonument buite Bloemfontein is feitlik uniek onder oorlogsmonumente, hier en elders, deurdat dit hulde bring aan die vroue se opofferinge in die oorlog en die sterftes in die konsentrasiekampe gedenk. Die Boereleiers het 'n diepe erkenning van die vroue se lyding gehad. Dit het hulle genoop om die monument op te rig ná oorlegpleging met vroue soos RI (Tibbie) Steyn, oud-pres. Steyn se vrou.

Afrikaanse vroue het ná die oorlog die eerste organisasies gestig om Afrikaners te help om weer op hul voete te kom – die Afrikaanse Christelike Vrouevereniging (ACVV) in die Kaapkolonie, die Oranje-Vrouevereniging (OVV) in die Vrystaat en die Suid-Afrikaanse Vrouefederasie (SAVF) in Transvaal. Daar was gedugte vroue onder die leiers. Johanna Raath van die SAVF en Miemie Rothmann het besonderse bydraes gelewer.

Rothmann het die ACVV, die grootste en bes georganiseerde vereniging, se pogings gelei. Die leiers het voorrang verleen aan die stryd teen wit armoede, rasse-integrasie en die uitbuiting van wit vroue. Stemreg vir vroue was nie 'n prioriteit nie.

Die vroue se politieke aktivisme het nie getaan nadat 'n nuwe politieke stelsel, gegrond op die Grondwet van 1909, gevestig is nie. Genl. JBM (Barry) Hertzog, stigter van die Nasionale Party, het groot getalle Afrikanervroue in sy gehore opgemerk. Vroue het vas gestaan om "taal, lewe, morele waardes en tradisies" te handhaaf. Hulle "voel meer as die mans", het hy gesê.

Ná die Rebellie van 1914 en 1915 het Afrikanervroue opgeruk uit protes teen die tronkstraf wat aan genl. CR de Wet en ander leiers opgelê is en die groot boetes en skadevergoedingseise wat die rebelle in die gesig gestaar het. Sowat vierduisend vroue het na die Uniegebou gestap waar hulle 'n versoekskrif aan die goewerneur-generaal oorhandig het.

Die Afrikanervrou is baie nadelig deur erfreg-ontwikkelinge geraak. Ingevolge Romeins-Hollandse familiereg was sy op helfte van die boedel geregtig, maar in die laaste kwart van die negentiende eeu is huweliksvoorwaardes toenemend onder Engelse invloed gebruik om die materiële grondslag van die huwelik te reël. Die man en die vrou het elkeen die goedere behou wat hy of sy in die huwelik ingebring het.

Die vrou was meestal die armer een van die twee en het ondanks haar huwelik arm gebly. Haar man se dood het nie noodwendig 'n verskil gemaak nie, want onder die Engelse invloed het 'n erflater die vryheid gekry om sy boedel na goeddunke te verdeel.

Dit was ook nie meer verpligtend om die kinders gelykop te laat deel in die helfte van die boedel nie. Dogters het dikwels 'n kleiner deel ontvang as wat die geval onder die Romeins-Hollandse reg was.

Dit was die aristokratiese Engelse gemene reg se bedoeling om die groot landgoedere van Engeland onverdeeld in die hande van die oudste seun te laat oorgaan. In Suid-Afrika het dit die vrou se finansiële posisie verswak. Enkelvroue moes al meer na die dorpe en stede trek om 'n bestaan te maak.

Alfred Milner het dié stelsel ná die Anglo-Boereoorlog ook in die verslane Boere-republieke ingevoer ondanks die Afrikaners se aansienlike teenstand. Hulle was geheg aan die Romeins-Hollandse stelsel.

Die veranderde familiereg was waarskynlik die enkele belangrikste rede waarom die stem van die formidabele Afrikaanse vrou van die agtiende en die negentiende eeu nie in die twintigste eeu so duidelik gehoor is nie. Dit was eers in 1984 dat die wetgewer ingegryp het en teenmaatreëls, gegrond op die Romeins-Hollandse benadering, getref het.

Die stemreg-veldtog vir wit vroue het omstreeks Uniewording momentum gekry. Merkwaardig genoeg was Afrikanervroue feitlik afwesig in hierdie kampanje. Hulle het dit as 'n uitvloeisel van die imperialistiese ideologie beskou om moderne eise te inkorporeer sonder om imperialisme prys te gee.

In 1922 het MER geskryf dat Afrikanervroue geglo het daar was belangriker prioriteite as om stemreg te kry. Die stryd om die vryheid van Afrikaners as 'n "oorwonne volk" terug te kry was van groter belang, asook die taalstryd en 'n kampanje om "verarming en agteruitgang van Afrikaner-mense" om te keer.

Wit vroue het in 1930 stemreg gekry, maar dié belangrike stap is spoedig oorskadu deur die samesmelting in 1934 en die opkoms van 'n radikale nasionalistiese beweging oorheers deur mans. Mans het nou vir die bevordering van Afrikaans as openbare taal en die opheffing van die armes gestry. Welsynwerk en huishoudelike take is aan die Afrikaner–vroue oorgelaat.

Tussen 1934 en 1994 is minder as tien Afrikanervroue parlement toe en eers in 1989 is die eerste vroulike minister, Rina Venter, aangestel – die jaar waarin die mans in haar party besluit het om eksklusiewe wit mag te laat vaar.

9

ARMBLANKES EN STRYDLUSTIGE WERKERS

Suid-Afrika was ná die Anglo-Boereoorlog 'n verskeurde land en nasie. Geen leier, party, gemeenskap of land het werklik sy doelstellings in die oorlog verwesenlik nie. Die Britse Liberale Party het die regerende party in 1905 verslaan en was teen Alfred Milner se plan om Suid-Afrika se wit gemeenskap deur grootskaalse immigrasie oorwegend Brits te maak. Kitchener het geskryf dat die beste toekomstige bondgenote nie Milner se Afrikaner-"lojaliste" was nie, maar die Boerekrygers en hul ondersteuners.

In 1905 het Henry Campbell-Bannerman, eerste minister en leier van die Liberale Party, ná 'n gesprek met Jan Smuts besluit om dadelik selfregering aan die Transvaal en die Vrystaat te gee. Dit het beteken dat niks van Milner se plan sou kom nie.

Dié totale beleidsomkeer het Milner laat besef dat "it obviously would not have made the slightest difference what one did". "It was evidently hopeless from the first to try and make a good job of South Africa for the British people."

Swart mense was ontnugter omdat daar niks gekom het van die Britse beloftes van stemreg nie. Groot teleurstellings het ook op die bruin mense gewag. Die oorlog het verwydering gebring tussen Afrikaanssprekende wit en bruin mense in Kaapstad en op die groter Bolandse dorpe. Op Stellenbosch het pro-Britse bruin mense en pro-Boer wit studente handgemeen geraak. Tog het die pro-Britse Progressiewe Party wat ná die oorlog in die Kaapkolonie aan die bewind gekom het, verpligte onderwys net vir wit mense ingestel. Op die lang duur het dit bruin mense erg benadeel, veral toe wetgewing in 1922 bepaal het dat 'n vakleerling minstens standerd 6 (graad 8) moet hê.

Die meeste Afrikaners in die noorde was ekonomies platgeslaan. 'n

Verslag uit die Wes-Transvaal het gelui: "Die plattelandse bevolking se nood en ellende is onbeskryflik groot. Baie voorheen welgestelde Boere moes hulle gaan verhuur vir hul daaglikse brood en om 'n paar sjielings per dag te verdien."

Die Kaapkolonie se sowat 6 500 rebelle het bitter swaar gekry. Om alles te kroon was die land in die tien jaar ná die oorlog in een van die grootste ekonomiese depressies tot dusver.

In 1904 het Smuts en John X Merriman van die Kaapkolonie begin met aanvoorwerk vir 'n nuwe staat vry van Britse beheer. In 1909 is die grondwet van die Unie van Suid-Afrika aanvaar. Smuts wou hê mense moes droom van 'n "Unie van Boere en Britte" wat van Tafelbaai tot die Kongo en selfs verder sou strek.

Herbert Baker, die Uniegebou se argitek, het met Smuts oorleg gepleeg en 'n gebou gekonsepsualiseer waarvan die twee vleuels die twee wit gemeenskappe simboliseer. Dit moes ook die simbool word van 'n staat wat ook die Britse kolonies "van Rhodesië tot Kenia tot die Nyl se oorsprong" sou omvat. Van al die planne het niks gekom nie.

Met die totstandkoming van die Unie van Suid-Afrika was daar 6 miljoen mense van wie 4 miljoen swart was, 1¼ miljoen wit, 500 000 bruin en 150 000 Asiate. Afrikaners was net meer as die helfte van die kiesers.

Die Grondwet se grootste kompromis was die behoud van die vier kolonies se rassewetgewing. In die Kaapprovinsie sou die nie-rassige stem voortbestaan, terwyl dit in die ander drie provinsies tot wit mense beperk is.

Wit leiers was eensgesind dat Suid-Afrika 'n witmansland moes wees in die sin dat wit mense in beheer bly. Daar was terselfdertyd 'n sterk gevoel dat die wit gemeenskap die gesonde kern vorm wat die land in staat sou stel om die ander, veel armer gemeenskappe, op te hef.

Sowat 'n halfmiljoen swart mense was reeds verstedelik. In 1912 het die swart elite die South African Native National Congress (SANNC, later die African National Congress) in Bloemfontein gestig.

Dit wou 'n teenhanger wees vir die eksklusiewe wit nasie wat met die Unie se totstandkoming gebore is. Dit wou ook die etniese verdeeldheid in die swart bevolking oorkom.

Meer as net taal en politiek het die wit nasie verdeel. Teen 1910 was die Afrikaners se gemiddelde per capita-inkomste sowat 50% van die

Engelse wit gemeenskap s'n. Afrikaners was swakker as die Engelssprekendes opgevoed met net sowat 15% wat verder as standerd 5 (graad 7) geleer het. Engelssprekendes het 85% van die poste in die staatsdiens gevul. Baie van hulle was nie Hollands of Afrikaans magtig nie.

Die uitdaging om 'n werkbare oplossing vir swart mense se aandrang op verteenwoording te kry het die twee wit gemeenskappe se probleme oorskadu. Genl. Hertzog, minister van naturellesake in die eerste Unieregering, wou Suid-Afrika tussen wit en swart verdeel. "Ons moet aan die naturel sê: daar is jou gebied. Daar sal jy jou stemreg hê, daar kan jy ontwikkel soos jy begeer en wens," het hy gesê.

Hertzog wou groot reservate vir swart mense hê waar selfregering iets sou beteken. In 1912 het hy 'n swart afvaardiging te woord gestaan, onder andere Sol Plaatje, sekretaris van die SANNC. Hy het sirkels op 'n landkaart getrek om die swart gebied aan te dui, wat Plaatje later bestempel het as 'n "vast dependency of the Union".

Dit is moontlik dat Hertzog die inkorporering van Betsjoeanaland, Basoetoland en Swaziland in gedagte gehad het. Daar is verwag dat dit spoedig sou geskied. Vir Plaatje was die voorstel "a fair ground for discussion".

Swart reservate het in Suid-Afrika egter net 10% van die grondgebied beslaan. Die latere omstrede Wet op Naturellegrond van 1913 het twee heeltemal uiteenlopende oogmerke gehad. Dit wou deelsaaiery van wit en swart op wit plase in die Transvaal en Vrystaat vermy omdat dit as 'n soort rassevennootskap beskou is; en dit wou verhinder dat wit mense nog meer grond in die swart gebiede opkoop deur dié sogenaamde naturellegrond statutêr as swart gebiede af te pen. Dié wet het waarskynlik verhinder dat wit mense al die grond in die reservate opkoop.

Op die ou end is 13% van die grond aan swart mense toegewys. Plaatje het dit as "'n bespotting" van Hertzog se aanvanklike plan bestempel.

Die gedagte van 'n witmansland was grootliks 'n hersenskim. Teen 1912 was 'n derde van die stadsbevolking swart.

Jan Smuts, wat in 1919 eerste minister geword het, wou aanvanklik eiendomsreg aan swart mense in die swart stedelike gebiede gee en sorg vir behoorlike administrasie. Die Nasionale Party het egter teenstand gebied en gesê dat swart mense geen regte in die wit gebied kon eis nie.

'n Artikel in 'n wetsontwerp wat dit vir swart mense moontlik sou maak om eiendomsreg te kry, is geskrap. 'n Afvaardiging van die SANNC het dit skerp gekritiseer.

In 1923 het 'n swart leier, Selby Msimang, gesê swart mense sal tevrede wees as die Wet op Naturellegrond die helfte van die land aan hulle sou gee. Maar teen hierdie tyd het elke wit leier geweet dat dit hom suur sal bekom as hy sou voorstel dat swart mense die helfte of selfs 'n kwart van die land kry.

Die Unie van Suid-Afrika se uitdaging was om die twee wit gemeenskappe te versoen en werk en kos vir die vinnig groeiende bevolking te verskaf. Daar was min ware Suid-Afrikaners. Vir die meeste wit Engelssprekendes was die band met Brittanje net so belangrik soos Unie-burgerskap.

Baie Afrikaners het nog die republieke se nederlaag betreur en Brittanje verwyt vir die groot verwoesting wat hy aangerig het. Hulle het daarop aangedring dat hul taalregte en geskiedenis gerespekteer moet word. Dit was moeilik vir hulle om 'n Unie te aanvaar met "God Save the Queen" as volkslied, die "Union Jack" as landsvlag en die koning se beeltenis op posseëls. Die staande mag se uniform was kakiekleurig, wat herinner het aan die Britse uniform in die Anglo-Boereoorlog.

Vir nasionalistiese Afrikaners het dit gelyk of versoening net van een kant kom. Hulle het die eerste minister, genl. Louis Botha, en sy vernaamste adjunk, genl. Jan Smuts. verwyt dat hulle te ver gaan in hul versoeningspoging.

Afrikaners was die meerderheid in Botha se kabinet; tog het baie Afrikaners gemeen hulle was te gretig om die Engelssprekendes en Brittanje ter wille te wees. In 1913 het Hertzog 'n groot opskudding veroorsaak. Hy het gesê Afrikaners is baas in Suid-Afrika, ook oor fortuinsoekers wat nie Suid-Afrika se heil nastreef nie. Engelssprekendes was só ontsteld dat Botha hom uit die kabinet geskop het. Hertzog het toe die Nasionale Party vroeg in 1914 gestig.

In Julie 1914 breek oorlog in Europa uit en Brittanje raak onder meer met Duitsland slaags. As lid van die Britse ryk is Suid-Afrika outomaties betrek. Die Britse regering het Botha gevra om die radiostasies in Duits-Suidwes-Afrika te verower.

Hy het ingewillig, hoewel sy kabinet verdeeld was. Ontsteltenis het landwyd onder Afrikaners uitgekring. Oud-pres. Steyn het gesê hy sou nooit kon dink dat 'n Afrikaner-regering konsentrasiekampkinders sou aanwend teen Duitsland, wat die Boererepublieke gedurende die Anglo-Boereoorlog goedgesind was nie.

Genl. De la Rey, een van die helde van die Anglo-Boereoorlog, het verklaar dat hy gewetensbesware teen die aanval op Duits-Suidwes-Afrika het.

De la Rey was onder die invloed van Nicolaas van Rensburg, 'n "siener" van Lichtenburg. 'n Maand voor die oorlog het De la Rey burgers opgeroep na 'n vergadering om te luister na Van Rensburg se visie van hoe God die Boerevolk sou bevry.

Op 15 September 1914 het 'n polisieman De la Rey per ongeluk by 'n padversperring doodgeskiet. Skielik was die land vol gerugte dat hy op regeringsbevel geskiet is. 'n Geregtelike ondersoek het later bevind dat dit 'n ongeluk was, maar 'n rebellie het onafwendbaar geword.

Die rebellie het formeel op 10 Oktober 1914 begin toe genl. Manie Maritz, bevelvoerder van die basis op Upington, na die Duitsers oorgestap het. In die Vrystaat het 'n rebellemag onder genl. De Wet dorpe in die noorde van die provinsie beset. Wes-Transvaal was nog 'n kerngebied van die rebellie, terwyl daar ook in die Noord-Kaap woelinge was.

Die regeringsmagte het gou die rebellie onderdruk. Die laaste skermutselings was in Desember 1914 in die omgewing van Pretoria waar 'n aantal rebelle hardnekkige weerstand gebied het. Jopie Fourie, hul bevelvoerder, het versuim om vooraf uit die weermag te bedank. Hy is ter dood veroordeel en summier tereggestel. Dit was juridies korrek, maar sou Smuts polities duur te staan kom.

Sowat 11 400 man, onder wie 7 000 Vrystaters, het gerebelleer. Die rebellie was in wese 'n geveg tussen Afrikaners. Al die rebelle was Afrikaners en verreweg die meeste van die regering se magte was ook Afrikaners.

Tronkstraf en boetes is aan 281 rebelle opgelê. Genls. De Wet en Kemp het die swaarste tronkstraf ontvang. 'n Groot bekommernis vir die rebelle was siviele eise wat teen hulle individueel ingestel is omdat hulle proviand opgekommandeer het. Die eise in die noordelike Vrystaat alleen het meer as £200 000 beloop. Landwyd was die totaal £400 000.

Afrikanervroue het gemarsjeer uit protes teen die strawwe wat aan genl. De Wet en ander rebelle opgelê is. In Bloemfontein het 600 vroue by die administrateur versagting gevra en in Pretoria het 4 000 vroue na die Uniegebou gemarsjeer om 'n versoekskrif aan die goewerneur-generaal, lord Buxton, te oorhandig.

Ook in die rustige Wes-Kaap het die nasionalistiese gemoedere opgelaai. In Desember 1914 is 'n persmaatskappy, De Nationale Pers, gestig met die doel om 'n koerant te begin. Dit is finansieel veral moontlik gemaak deur Jannie Marais, wat vroeër 'n fortuin in Kimberley gemaak het en nou op die plaas Coetzenburg net buite Stellenbosch geboer het. Hy was die grootste aandeelhouer van De Nationale Pers en het ook genoeg geld nagelaat om die totstandkoming van die Universiteit van Stellenbosch in 1918 moontlik te maak.

Op 26 Julie 1915 is die eerste uitgawe van *De Burger* gepubliseer met dr. DF Malan as redakteur. Hy was voorheen predikant op Graaff-Reinet. Hy het sy eerste hoofartikel geskryf onder die wolk van 'n wêreldoorlog, 'n mislukte Rebellie, groot verdeeldheid onder Afrikaners en 'n al ernstiger armblanke-probleem.

Dit het begin met die woorde: "*De Burger* is 'n kind van smart en van hoop . . . Dit is donker in die wêreld. Die volkere het in die dal van die skaduwee van die dood gekom. Ook vir ons eie volk is dit die donkerste ure . . . [Ons] harte is geskeur . . . [en] ons drink die waters van Mara."

Maar, het Malan voortgegaan, *De Burger* was ook "'n kind van hoop". Ten spyte van die partyverdelings was daar iets wat bind. Daar was tekens "dat die nasionale hart weer begin klop".

De Burger het van die begin af polities meer gewig gedra as die ander Afrikaanse of Hollandse koerante en tydskrifte. Dr. Malan, wat tot 1924 redakteur was, het gesag in sowel intellektuele as kerkkringe afgedwing. Hy was 'n fel teenstander van imperialisme en 'n voorstander van Afrikaner-nasionalisme.

De Nationale Pers het ook *De Huisgenoot* uitgegee. Dit was gou 'n uitstaande blad wat as "die volk se universiteit" bekend geword het. Anders as *De Burger* was *De Huisgenoot* van die begin af finansieel suksesvol. Dit is vandag die grootste tydskrif in die land.

In 1915 se verkiesing het Hertzog se NP 27 setels verower, onder meer op een na al die Vrystaatse setels. Van die begin kon die NP staat maak op sterk steun van die meeste Afrikaanse koerante en tydskrifte. In die

Vrystaat het die Nasionale Pers-koerant *Die Volksblad* sterk ondersteuning gebied.

De Burger het DC Boonzaier, een van die briljantste spotprenttekenaars nog in Suid-Afrika, se werk uitstekend gebruik. Een van sy vernaamste teikens was gierige mynmagnate wat hy as die fiktiewe figuur Hoggenheimer voorgestel het. Hy het ook genadeloos met Louis Botha en Jan Smuts gespot. Hy het hulle as leiers voorgestel wat hulle bespotlik gemaak het in hul begeerte om die Britse ryk, imperiale belange en die mynbase te dien.

Boonzaier se beroemdste spotprent het onder die opskrif "Verhoogde Status" verskyn. Dit beeld 'n bobbejaan uit wat met 'n ketting aan 'n paal vasgemaak is. Op een beeld sit die bobbejaan op die grond en op die ander een sit hy hoër op 'n kassie, maar steeds vasgeketting. Dit steek die draak met genl. Louis Botha se siening dat Suid-Afrika op ewolusionêre wyse 'n steeds hoër staatsregtelike status aan die verwerf is.

Sowel *De Burger* as die Nasionale Party het groot voordeel getrek uit wat bekend geword het as die Helpmekaarbeweging.

Die Helpmekaarvereniging is in 1916 gestig met takke in al vier provinsies om die rebelle se boetes en skadevergoedingseise voor die afsnydatum, 10 November 1917, te betaal. Die bydraes het maar stadig ingekom totdat *De Burger* ingegryp het. Met sy verlede as kerkleier kon Malan nasionalistiese oproepe met beroepe op Christelike plig saamvoeg.

Die Helpmekaargeldinsameling het gou momentum gekry. Vroue op talle dorpe het basaars, konserte en dinees gereël. Dit was veronderstel om bo partypolitiek te wees, maar die NP het gou die leidende rol begin speel en die grootste voordeel daaruit getrek.

Die geld was belangrik, maar die suksesvolle insamelingspoging het ook 'n enorme sin van selfbemagtiging meegebring. Op 10 November 1917 skryf *De Burger*: "Die Helpmekaar was 'n sukses, die skuld is afbetaal en daar is nog geld oor!" Die Helpmekaarpoging het die amperse fiasko van die rebellie in 'n kragtige landwye mobilisasie van nasionaliste omskep.

Dit het gewys die tyd is ryp vir 'n grootskaalse mobilisasie van Afrikanerkapitaal. 'n Afrikaanse versekeringsmaatskappy was die eerste doelwit.

In 1918 het Willie Hofmeyr die voorsitter geword van die Suid-

Afrikaanse Nasionale Trust en Assuransie Maatskappy (Santam), wie se aanbod van 200 000 aandele van £1 elk gou opgeneem is. In dieselfde jaar het die maatskappy die Suid-Afrikaanse Nasionale Lewens Assuransie Maatskappy (Sanlam) gestig met 'n uitgereikte aandelekapitaal van £25 000. 'n Poging om ook direkteure te kry wat die SAP ondersteun, het misluk. Sanlam en Santam het hulle feitlik van die begin af met die NP vereenselwig.

Die maatskappye het hulself bemark as ware Afrikaner-volksinstellings. Sanlam se motto het geword "Gebore uit die volk om die volk te dien". Sanlam en Santam het bestendig gegroei. In 1925 het 'n tydskrif vir die assuransiebedryf Sanlam se opkoms as buitengewoon vinnig bestempel.

Sanlam en Santam se sukses was 'n aanduiding van die meer gevestigde boere se toenemende voorspoed. 'n Beweging het posgevat om die regering te kry om landbouprodukte se pryse te stabiliseer. In 1918 het die Koöperatiewe Wijnbouwers Vereeniging (KWV) in die Paarl tot stand gekom. Die koöperatiewe beweging het momentum gekry met die aanname van die Koöperasie-wet van 1922.

Maar vir die meeste Afrikaners was die jare tussen 1895 en 1935 uiters moeilik. Oor die hele land het bestaansboerdery, dikwels op onderverdeelde plase, 'n krisis beleef. Die Anglo-Boereoorlog was vir baie Transvaalse en Vrystaatse boere 'n finansiële nekslag.

Die gevolg was die snelle, chaotiese en dikwels traumatiese verstedeliking van Afrikaners. Teen 1890 was minder as 10 000 Afrikaners (2% of 3%) reeds verstedelik; 36 jaar later, in 1926, het 391 000 (of 41%) op dorpe en in stede gewoon. Teen 1936 was dit 535 000, sowat die helfte van alle Afrikaners.

In die stede was die taal Engels en die meeste Afrikaners daar het daarmee gesukkel.

'n Baie groot deel van die Afrikaner-gemeenskap was verplig om, soos die swart gemeenskap, lae lone en 'n eenvoudige lewenstandaard te aanvaar. Daarteenoor is die geskoolde wit vaklui, wat oorwegend wit Engelssprekendes was, beter betaal as in feitlik elke ander land ter wêreld. Ralph Bunche, 'n gerespekteerde swart Amerikaanse leier, het tydens 'n besoek gesê die wit lewenstandaard "was much too high for the poor white group to live under".

Vir die eerste generasie stedelike Afrikaners was toegang tot vakbonde dikwels onmoontlik weens hul gebrekkige onderwys. Hulle was sonder familie wat hulle kon help werk kry en ook sonder ondervinding van die vakbondwese. Vakbonde het geslote geledere gehandhaaf en dikwels nuwe lede net op aanbeveling van familielede toegelaat.

In die somber ekonomiese klimaat ná die Eerste Wêreldoorlog was die Witwatersrand se myne 'n politieke kruitvat. In die eerste tien jaar van die Unie het die proporsie van die wit mynwerkers wat immigrante was, skerp afgeneem. Op die gevaarlike goudmyne het Afrikaners die grootste groep gevorm onder die wit ondergrondse werkers.

Die Afrikaners was die radikaalste werkers wat die mynmaatskappye nog gehad het. In 1920 het die kloof tussen wit mynwerkers en die regerende party verdiep toe Jan Smuts se Suid-Afrikaanse Party die Unionistiese Party oorgeneem het. Dit was altyd die mynmagnate se party. Die mynwerkers het nou die regering en die mynbase as kop in een mus beskou.

Dit was teen hierdie agtergrond dat NP-leiers soos genl. Hertzog en dr. Malan simpatieke geluide gemaak het oor die kommunistiese revolusie wat die Bolsjewiste in 1917 in Rusland deurgevoer het. Hertzog het gesê: "Bolsjewisme as 'n idee dat mense die reg het om vry te wees, hulself te regeer en 'n vreemde veroweraar teen te staan, is uitstekend. Ons is ook Bolsjewiste as ons ons regte ook so uitoefen."

In 1920, slegs vyf jaar ná sy stigting, het die NP die meeste setels in die algemene verkiesing gewen. Smuts kon net aan die bewind bly deur sy koalisie met die pro-Empire Unionistiese Party.

Teen 1921 het 'n skerp daling in die goudprys 'n krisis op die goudmyne laat ontstaan. Die Kamer van Mynwese het op 'n roekelose wyse sy ooreenkoms met die wit mynwerkers eensydig opgesê om produksiekoste te sny. Hy het laat blyk dat daar grootskaalse besnoeiing van poste sou kom – hoofsaaklik wit poste. Hy het bygevoeg dat hy die bevoordeling van wit werkers as immoreel beskou. Dit het tot die bloedigste staking ooit in die Suid-Afrikaanse geskiedenis gelei.

Vroeg in Januarie 1922 het die werkers op die goudmyne begin staak. Die leiers was Engelssprekende sosialiste en kommuniste, wat 'n revolusie beoog het. Sommige wou "alle vorme van kapitalisme" uitwis. Rooi vlae en rooi rosette was opvallend in die optogte en die "Rooi Vlag", die kommunistiese lied, is gesing. Van die leiers het nie gehuiwer om kommunistiese en rassistiese propaganda in een brousel aan te maak nie. Die slagspreuk wat die beste onthou word, was op 'n banier: "Workers of the world unite and fight for a white South Africa."

Afgesien van die Engelse en Ierse leiers was die staking grootliks 'n geskil waar Afrikaners teen Afrikaners te staan gekom het. Die polisiemanne en die kommandolede wat na die Rand gestuur is, was hoofsaaklik Afrikaners.

Deneys Reitz, 'n minister, het geskat dat 90% van die stakers Afrikaners was; 'n kommissie het later van 75% gepraat. Sommige was vurige republikeine wat die Union Jack-vlag as 'n "vuil doek" bestempel en beloof het dat die Vierkleur weer oor die Transvaal sou wapper.

Afrikanervroue het in groot getalle deelgeneem. In Germiston was vroue te perd in die voorhoede van 'n optog van honderde stakers. Die goewerneur-generaal het aan Londen berig dat vroue opvallend is in aanvalle op die sogenaamde "scabs", werkers wat die staking ondermyn.

Op 10 Maart 1922, met die staking wat al twee maande gesmeul het, val 10 000 wit mynwerkers polisiekantore, spoorwegeiendom en myngeboue en -installasies in Johannesburg aan. Die aanvalle het na ander plekke aan die Rand uitgebrei.

Dit was 'n burgeroorlog in die kleine in een van die wêreld se rykste gebiede. Smuts het die kommuniste se prominente rol aangegryp om die staking voor te stel as 'n "rooi revolusie" met die doel om 'n Sowjetrepubliek te stig. Hy het krygswet uitgeroep en soldate gesteun deur vliegtuie, kanonne en tenks na Johannesburg gestuur. Hulle het die stakers se stellings in Benoni met masjiengewere bestook en hul vestings met vliegtuie gebombardeer.

Altesame 250 mense is dood voordat die staking uiteindelik onderdruk is. Die regering se optrede was 'n groot faktor in sy nederlaag in 1924 se verkiesing.

Die Smuts-regering het 'n wet gemaak om sulke bloedige stakings te voorkom. Dit het voorsiening gemaak vir 'n raad van vakbondverteenwoordigers en werkgewersverenigings in elk van 'n verskeidenheid van nywerhede. Die betrokke raad moes geskille in 'n bepaalde nywerheid eers self probeer skik voordat die werkers kon staak. Aan hul kant kon werkgewers die werkers uit die werkplek uitsluit.

Die wet het die wit vakbonde in 'n swakker posisie geplaas. 'n Skielike, onaangekondigde staking – die werkers se vernaamste wapen – kon nou nie sonder vooraf kennisgewing plaasvind nie. Die vakbonde kon nog grom, maar hulle was soos leeus sonder tande.

Aan die ander kant het die masjinerie van versoening wit, en in 'n mindere mate ook bruin, werkers bevoordeel deur "pasdraers" – dus alle swart werkers – van lidmaatskap van erkende vakbonde uit te sluit. Swart werkers het dus geen verteenwoordiging in die nywerheidsrade gehad nie. Die wit vakbonde het die grootste seggenskap gehad oor opleiding, lone en wie watter posvlakke beklee.

Die begrip "beskaafde arbeid" is in hierdie tyd gebore. Die Arbeidersparty het dit in die aanloop tot 1924 se verkiesing as leuse gebruik en die NP het dit gou oorgeneem. Dit het veral daaroor gegaan dat sogenaamde beskaafde arbeiders beskaafde lone moet kry. Aanvanklik was die bedoeling dat bruin werkers ook hierby moes baat vind.

Die NP het voor 1924 se verkiesing 'n pakt met die Arbeidersparty gesluit en 'n klinkende oorwinning behaal. Genl. Hertzog het eerste minister in die sogenaamde Pakt-regering geword.

Die helfte van die Pakt-kabinet was al in die tronk. Thomas Boydell, een van die Arbeider-ministers, het spottenderwys na kabinetslede as "republikeine en sondaars" verwys.

10

AFRIKAANS: "DIE ENIGSTE BAND WAT ONS AANMEKAARBIND"

In Mei 1902 het 60 bittereinders op Vereeniging bymekaargekom om te besluit of die Boere die oorlog teen Brittanje moes staak en die onafhanklikheid van hul republieke prysgee. Maar as die onafhanklikheid verlore was, wat het oorgebly as grondslag vir 'n verenigde volk?

Jozua Francois Naudé, 'n jong Afrikaanse onderwyser in Transvaal, het daarop aangedring dat "die regte van die Hollandse taal, wat van soveel betekenis vir die volk is en 'n kanaal waardeur die volk weer volk kan word", gewaarborg word.

Naudé en vyf ander het nie die vredesverdrag onderteken nie. Sestien jaar later sou hy medestigter van die Afrikaner-Broederbond word. Hy was Beyers Naudé, eers NG kerkleier en later anti-apartheidsaktivis, se pa.

Daar is 'n lang geskiedenis agter die belangrikheid wat Naudé aan taal as die grondslag vir 'n volk se voortbestaan geheg het. Ons moet die storie by die begin gaan haal.

Die Verenigde Oos-Indiese Kompanjie was een van die heel eerste internasionale handelsmaatskappye, maar het daarop aangedring dat sy handelstasies se besture 'n Hollandse karakter moes vestig. Aan die Kaap het die Kompanjie predikante, sieketroosters en onderwysers aangestel wat die burgers in die Gereformeerde geloof en die Hollandse taal moes onderrig.

Sy vermoë om korrekte en amptelike Hollands aan die burgers sowel as die hele bevolking op te dwing, was beperk. Die skole het 'n eenvoudige vorm van onderwys verskaf en is swak bygewoon. Die bewind was nog minder in staat om slawe en Khoi-Khoi-bediendes te leer om korrekte Hollands praat.

Kontak tussen Nederlanders en die inheemse Khoi-Khoi het reeds voor Jan van Riebeeck se koms die Hollands beïnvloed wat aan die Kaap gepraat is. Die gebruik van die woorde "more" en "gee" is byvoorbeeld voor 1652 opgeteken.

In die eerste 100 jaar van die verversingstasie het burgers, slawe, vryswartes en Khoi-San Afrikaans ontwikkel as 'n medium waardeur hulle mekaar verstaan het. Aanleerders het Hollands se basiese struktuur vereenvoudig. Heelparty Maleis-Portugese frases wat deur die slawe ingevoer is, is in die taal opgeneem. (Die uitdrukking "baie dankie" weerspieël die afwyking van Hollands en die leen van die Maleisiese "banja".) Die oudste geskrewe Afrikaans is in 1672 en 1673 uit die mond van die Khoi-Khoi opgeteken.

Die taal was dus die gesamentlike skepping van Hollanders en die Khoi-Khoi, wit en swart, base en slawe. Weens die gebrek aan skole en kerke het verskeie dialekte ontwikkel, soos Kaaps-Afrikaans, Oosgrens-Afrikaans en Oranjeriver-Afrikaans.

Die omgangstaal se grammatikale struktuur was reeds teen 1750 gevorm en was baie soos dié van moderne Afrikaans. Dit het van die begin af 'n verskeidenheid van sosiale en geografiese variëteite weerspieël. Die meer opgevoede burgers in en rondom Kaapstad kon dikwels nie korrekte Nederlands praat nie, maar het hul bes gedoen om suiwer Nederlands te skryf.

J du P Scholtz, 'n taalkundige, het geskryf: "Oral breek vorme en konstruksies uit hul spreektaal in hul skriftelike taalgebruik deur." Vroeg in die 1800's het 'n Engelse reisiger geskryf van die Nederlanders aan die Kaap wat 'n swak Hollands praat en hulle as 'n afsonderlike nasie beskou.

Maar Hollands is nie oral opsy gestoot nie. Dit is in die kerk gehandhaaf en baie burgers het die Hollandse Statebybel gelees en emosionele waarde daaraan geheg.

Die meeste slawe het nooit kerk toe gegaan nie. Die gevolg was dat talle hulle tot Islam gewend het. In 1825 was daar meer as 1 000 Moslems.

In Kaapstad het Moslems Afrikaans in Arabiese skrif in hul gebedeboeke gebruik. Die eerste gedrukte boek in Afrikaans, in 1856, was 'n Moslem-gebedsboek in Arabiese skrif. In die volgende dekades is minstens 11 Arabies-Afrikaanse gebedsboeke gepubliseer.

Die eerste sekulêre boek in Afrikaans was 'n politieke pamflet van 1861 oor die moontlike afskeiding van die Oos-Kaap van die Wes-Kaap. Die skrywer, Henri Meurant, het gevind dat die grensboere Afrikaans beter as Hollands verstaan. Vir 'n geruime tyd het meer opgevoede mense Afrikaans dikwels in koerante gebruik in 'n poging om snaaks te wees.

Engelssprekendes was geneig om te dink dat Afrikaans nie waardig genoeg vir 'n openbare taal was nie. Maar die grootste vyande van Afrikaans was die statusbewuste koloniale Afrikaners. In hul oë was dit 'n verarmde dialek, ontaarde Hollands, 'n onverstaanbare Kreoolse taal, of 'n "Hotnotstaal" sonder enige toekoms. Die kerk was aan die verengels. Gedurende die 1870's is 'n jong predikant op 'n sinodesitting uitgelag toe hy voorstel dat Hollands meer erkenning in die kerk moet kry.

In 1876 het John Henry de Villiers, wat later hoofregter sou word, die oortuiging uitgespreek dat Afrikaans nooit 'n literêre taal sou kon word nie. Die woordeskat was te beperk en die beskrywings nie presies genoeg nie. Afrikaners sou veel beter doen deur Engels – "that rich and glorious language" – te bemeester, wat volgens hom uiteindelik die taal van die hele Suid-Afrika sal word.

Die meer opgevoede Afrikaners in die Kaapkolonie het Hollands aanvaar in hul koerant, *De Zuid-Afrikaan*, en hul kerk, maar Engels was vir hulle die taal van die toekoms. Hulle het Engels in hul dagboeke en liefdesbriewe gebruik. In die Kaapkolonie was Engels die onderwystaal.

Afrikaans het ondanks sulke teenstand ontwikkel. 'n Vername rede was die besef onder geestelike leiers, Christen én Moslem, dat hulle die taal moet gebruik om die armer wit en bruin Afrikaanssprekers te bereik.

Tog was die lewenskragtige bestaan van Afrikaans oor alle klasse en kleure heen onmiskenbaar. In 1875 het die Nederlandse opvoedkundige Johannes Brill in Bloemfontein verklaar dat Afrikaans – hy noem dit "die Suid-Afrikaanse taal" – die amptelike taal is. Dit word nie geskryf nie, maar word van Kaapstad tot diep in die binneland gepraat.

In 1875 kom Stephanus Jacobus (SJ) du Toit op die toneel. Nog nie 30 jaar oud nie, word hy binne enkele maande die leier van wat later die Eerste Afrikaanse Taalbeweging genoem sou word. Du Toit se groot voorkop, deurdringende oë en fynbesnede gesig het aan hom 'n opvallende voorkoms gegee.

Om hom te verstaan, moet mens by sy Hugenote-afkoms begin. Hy is op Kleinbosch in die Daljosafat-vallei naby die Paarl gebore. Kleinbosch was teen 1875 al amper 200 jaar in sy familie se besit. Die eerste Du Toits het vroeg in die opstand teen goewerneur Willem Adriaan van der Stel betrokke geraak.

Hoogs intelligent, maar met swak oordeel, was hy geneig om in talle twiste te beland. 'n Seun het hom 'n moderne Ismael genoem: sy hand was teen almal en almal se hand was teen hom. Eers ná sy dood het groter waardering ontstaan. NP van Wyk Louw bestempel hom as een van die skerpsinnigste mense van sy tyd.

Du Toit het predikant geword toe dit gelyk het of die NG Kerk in 'n dolle transformasieproses vasgevang was. Die ideologie van moderniteit en sekularisasie is amper soos 'n godsdiens verkondig. Engels is voorgehou as die toppunt van progressiwiteit en fatsoenlikheid.

Staatskole het net sekulêre onderwys in Engels aangebied. In die kerk het leidende predikante 'n liberale teologie met die klem op rasionaliteit voorgestaan. Vir die meer konserwatiewe Afrikaners het dit gelyk of hul waardes op feitlik elke gebied beledig en bedreig word. Die Engelse koerante het minagtend na Afrikaans verwys en hul dunk van Nederlands was nie veel hoër nie.

Tussen 1830 en 1870 was ds. GWA van der Lingen, NG predikant in die Paarl, feitlik al persoon wat die evangelie van vooruitgang en verengelsing daadwerklik teengestaan het. Hy was 'n belese man met meer as 10 000 boeke in sy private biblioteek, maar hy was ook aartskonserwatief. Hy wou byvoorbeeld treinverkeer op Sondae laat verbied, maar het misluk.

Van der Lingen het in 1857 die Gimnasium-skool teen groot persoonlike koste in die Paarl begin as 'n private instelling met Hollands as voertaal. Dit was al skool in die kolonie wat Hollands as taal en kultuur bevorder het en wat die klem op die suiwer Gereformeerde leer geplaas het. SJ du Toit was een van die leerlinge.

Toe die Paarl-gemeente in die vroeë 1870's 'n opvolger vir Van der Lingen soek, was daar sterk steun vir 'n progressiewe predikant met moderne opvattings. Meer as 200 gemeentelede in Noorder-Paarl het toe afgestig omdat hulle eerder 'n opvolger met Van der Lingen se waardes wou hê. Du Toit word in 1875 hul predikant.

Sy standpunt oor Afrikaans was bekend. Hy het vroeër in 'n koerantbrief geargumenteer dat 'n moedertaal 'n persoon se kosbaarste besitting is. Hy het ook die groot skade betreur wat gedoen word deur Engels tot al openbare taal te verhef. Hy het die NG kerkleiers gekritiseer oor hul aanvaarding van Engelsmediumstaatskole. Vir hom was daar geen rede waarom Afrikaans nie as 'n volwaardige taal aanvaar kon word nie. Afrikaners moet geleer word dat Afrikaans hul moedertaal is. Hy het die vernaamste spelreël só geformuleer: "Ons skryf soos ons praat."

Sommige van Du Toit se standpunte was heeltemal verkeerd. Hy wou nie daarvan hoor dat Afrikaans deur wit, bruin en swart gemaak is nie. Volgens hom het die "Hottentotte" hul taal versaak en die wit mense se taal aangeneem. Vir hom was Afrikaans 'n witmanstaal, "'n suiwer Germaanse taal".

In 1875 het die Britse en Buitelandse Bybelvereniging Du Toit gevra om die moontlikheid van 'n vertaling van die Bybel in Afrikaans te oorweeg. Hy het 'n vergadering belê in die huis van Gideon Malherbe, Van der Lingen se skoonseun.

Op die vergadering, op 14 Augustus 1875, is besluit dat die tyd nog nie ryp was vir 'n Bybelvertaling nie en is die Genootskap van Regte Afrikaners (GRA) gestig. Die GRA se doel was om wit Hollands- en Afrikaanssprekendes te oorreed dat Afrikaans 'n belangrike rol in hul nasionale bewussyn kan speel. Hulle moes hulle as "regte" Afrikaners sien – Afrikaners met Afrikaanse harte. Du Toit was uit die staanspoor die leier en dryfkrag.

Du Toit se beweging het die naam Afrikaans vir die taal uiteindelik gestabiliseer. Hy het na Boere-Afrikaans verwys. Die naam van hul koerant was *Di Afrikaanse Patriot*; die naam van die beweging die "Afrikaanse Taalbeweging".

Di Afrikaanse Patriot se styl was onmiskenbaar anders as Hollands. Dit was helder, bondig en vars met eenvoudige sinne en woorde.

Die koerant het Engels se posisie as enigste ampstaal die stryd aangesê. Met verwysing na die Britse bewindhebbers se gehamer op al die vryhede wat die koloniste geniet, merk die blad sarkasties op dat dit seker ook insluit "dat ons kinders volgens wet in Engels geleer moet word; dat in ons parlement ons eie taal nie gepraat mag word nie; dat ons nie eens 'n telegram in ons eie taal kan afstuur nie".

Du Toit het amper op eie houtjie die beweging vir Afrikaans omskep in een met klassieke nasionalistiese doelstellings. Hy het 'n nasionalistiese geskiedenis gepubliseer waarvan hy die hoofskrywer was. "Die geskiedenis van ons land en die taal van ons volk" het die geskiedenis van die koloniale Afrikaners in heroïese terme geskilder.

Du Toit en sy bondgenote sou ook baie in Hollands publiseer, maar vir hulle was Afrikaans die taal van die wit Afrikaners. Du Toit was onvermoeibaar in sy ywer om Afrikaners te oorreed om Afrikaans te praat "vir hul taal en hul land". Afrikaans was vir hom die voertuig waarmee die Afrikaners moderne mense met hul eie siening van sake kan word.

Een van diegene wat Du Toit gehelp het om die Afrikaners polities bewus te maak, was "Onze Jan" – Jan Hendrik Hofmeyr. Hy het van die vroeë 1870's tot kort voor Uniewording groot politieke invloed uitgeoefen. Waar Du Toit opvlieënd en onvoorspelbaar was, was Hofmeyr oorwoë en strategies deurdag. Waar Du Toit meestal die term Afrikaners eksklusief gebruik het, het Hofmeyr dit inklusief en oorredend gebruik. 'n Goeie Afrikaner was ook 'n goeie patriot.

Die Afrikanerbond is in 1880 op Du Toit se voorstel gestig met takke oor die hele land. Dit wou 'n organisasie wees waarin alle Afrikaners hulle kon tuis voel. Afrikaners word gedefinieer as "almal wat Afrika as hul vaderland erken. . . al is hulle van Engelse, Hollandse, Franse of Duitse afkoms". Dit was Suid-Afrika se eerste moderne politieke party.

Onder Du Toit se leierskap het die Bond dit as elke Afrikaner se plig bestempel om nie geld by 'n Engelsman se winkel uit te gee as hy dit kan verhinder nie.

In 1882 het Du Toit die Kolonie verlaat om die hoof van die Transvaalse onderwysdepartement te word. Sy loopbaan het 'n kreeftegang gegaan. Hy was gou oorhoops met Paul Kruger en is waarskynlik later deur Cecil John Rhodes omgekoop.

Hofmeyr, wat Du Toit as leier opgevolg het, was veel meer gematig. Vir hom kon Engels- sowel as Afrikaanssprekendes Afrikaners genoem word. Onder sy leiding het die Bond die grootste party in die Kaapkolonie geword. Hy het nooit 'n kabinet gevorm nie, maar verkies om agter die skerms te werk, vandaar die gepaste bynaam "Die Mol". John X Merriman, wat hom dié naam gegee het, het 'n mol omskryf as 'n ywerige diertjie wat nooit gesien word nie, maar net af en toe 'n hoop grond uitstoot.

Hofmeyr wou 'n organisasie bou vir Afrikaners en Engelse, boere en handelaars. Hy was bang dat die Engelssprekende deel van die wit bevolking op hol gejaag sou word deur bewerings dat die Bond 'n radikale organisasie is. Hy was bekommerd oor die Hollandse kultuur, maar wou niks doen nie wat die indruk kon wek dat die Kaapse Afrikaners dislojaal teenoor die Ryk was.

Die sogenaamde eerste Taalbeweging onder leiding van Du Toit het teen 1890 doodgeloop. Dit het heelwat uitgerig en het byvoorbeeld 'n totale oplaag van 93 650 Hollandse en 88 000 Afrikaanse boeke gedruk.

Maar die beweging het té afhanklik van Du Toit geraak en hy het te veel vyande gemaak. Hy het 'n fout begaan toe hy 'n ultra-fonetiese vorm van spel gekies het. Hy het byvoorbeeld "oek" en "o'er" geskryf in plaas van "ook" en "oor".

Hofmeyr en sy Afrikanerbond het Hollands steeds probeer bevorder, maar dit was 'n opdraande stryd. In 1890 hy moedeloos uitgeroep: "Begin met die taal in u eie huis . . . Moenie regte in die parlement en skool vra wat u nie in eie huis wil hê nie. Die taalkwessie is 'n kwessie van lewe en dood. As u u taal misken, misken u u nasionaliteit. Eer u taal! Eer u nasionaliteit!"

In die loop van die 1880's het Hofmeyr dit reggekry dat Hollands ook in die parlement gebruik kon word. Kennis van Hollands is verpligtend gemaak vir sekere range in die staatsdiens en dit is in die howe toegelaat. Hollands is nou erken maar is nie afgedwing nie.

In 1890 het Hofmeyr die stigting van die Suid-Afrikaanse Taalbond ondersteun met die doel om die "volkstaal" en sterker nasionaliteitsgevoel te bevorder. Maar wat was die volkstaal? Die vergadering het met 'n klein meerderheid besluit om 'n vorm van Hollands eerder as Afrikaans as volkstaal te steun. Dit wou Hollands die volkstaal maak deur die spelling te vereenvoudig.

Maar dit was 'n onbegonne taak. Hollands was 'n sterwende taal in Suid-Afrika met al hoe minder mense wat dit behoorlik kon praat of daarvan gehou het. Pres. Kruger, wat Hollands as die ZAR se ampstaal gesteun het, het Afrikaans baie beter as Hollands gepraat. Toe hy in 1884 in Nederland in 'n toespraak van sy gebroke Hollands na Afrikaans oorslaan, merk 'n Hollandse verslaggewer op hoe vol "gloed, gees en lewe" sy taal skielik geraak het.

Afrikaans se toekoms was teen die eeuwending glad nie seker nie. 'n Waarnemer het getwyfel of die volgende geslag opgevoede Afrikaners in Kaapstad nog Afrikaans sou praat. Volgens hom was net die Moslems nog lojaal teenoor Afrikaans.

Maar in Moslem-geledere was daar in die eerste jare van die volgende eeu 'n leier wat gemengde gevoelens oor Afrikaans gehad het.

Dr. Abdullah Abdurahman, lid van 'n prominente Moslem-familie in Kaapstad, is in Brittanje as mediese dokter opgelei. In 1905 het hy die leier van die African People's Organisation geword, wat die bruin politiek 40 jaar lank oorheers het. Hy het sy volgelinge aangemoedig om vlot in Engels te word, "the most universal of all languages" en om op te hou om hulself in die "barbarous Cape Dutch" uit te druk.

Nietemin het die *APO*, sy organisasie se koerant, Afrikaans en Hollands op die agterbladsye gebruik omdat dit die gemeenskaplike taal van die Kaap se bruin mense was. Abdurahman was waarskynlik die skrywer van die rubriek "Straatpraatjies" wat tussen 1909 en 1922 in die *APO* verskyn het. Dit was in die spreektaal van die Kaapse werkers, wit en gekleurd. Engelse woorde is vrylik gebruik, asook "slang" en grappige uitdrukkings. Dit het die spot gedryf met die politici se skynheiligheid, veral dié van Afrikaner-politici.

Engels het bestendig vooruitgang gemaak. In die Groote Kerk is Engelse dienste saam met Hollandse dienste gehou. Die Engelse dienste is op 'n eienaardige manier beëindig. 'n Eksentrieke geldskieter, Jan Christoffel Hofmeyr, wat in 1897 gesterf het, het £20 000 in sy testament aan die gemeente bemaak op voorwaarde dat daar elke Sondag ten minste twee dienste in Hollands gehou word. Geld het gepraat en die Engelse dienste is afgeskaf.

In die Wes-Kaap het Engels en Britse simbole oorheers. In 1887 het Stellenbosch Kollege (voorheen Stellenbosch Gimnasium) sy naam na Victoria Kollege verander. Die voertaal was Engels en die eerste professore en lektore was almal Engelse of Skotte. In 1882 het die Paarlse Gimnasium verplig gevoel om staatsubsidies te aanvaar en hiermee het die poging om 'n private Hollandsmediumskool aan die lewe te hou, gesneuwel.

Ná die Anglo-Boereoorlog wou Alfred Milner Engels as die enigste amptelike taal en as enigste voertaal in skole in Suid-Afrika afdwing. In die onderrig van geskiedenis op skool moes niks wees wat 'n gevoel van wat hy "Afrikanerdom" genoem het, bevorder nie.

In sowel die Transvaal as die Vrystaat het predikante en onderwysers Christelik-Nasionale private skole begin met Hollands as voertaal en met 'n klem op die Afrikaners se geskiedenis. Teen 1905 het Milner bekommerd geskryf dat predikante en joernaliste die boodskap van nasionalisme oral op die platteland versprei.

Ook by Kaapse Afrikaners was daar 'n afkeer van die manier waarop Milner Engels wou afdwing. Al minder Afrikaner-leiers het die gedagte gesteun dat Engels al ampstaal in 'n verenigde Suid-Afrika moes wees. Maar die groot vraag was: Watter taal moes sy plek langs Engels inneem?

Voorstanders van Hollands was nie lief vir die taal nie. Die skrywer ME Rothmann, of MER, het dit later treffend uitgedruk: Hollands het altyd "nie-eie gebly, die taal van 'n ander wêreld as die praktiese, eie, alledaagse wêreld om ons". Nietemin was Hollands onontbeerlik as die beskermende omhulsel waarbinne Afrikaans kon ontwikkel.

In 1905 maak Hofmeyr 'n belangrike toespraak met die titel: "Is 't ons ernst?" Hy wys daarop dat kinders se Hollands so gebrekkig is dat hulle nie eers 'n brief daarin kan skryf nie. Hy vra of Afrikaners ernstig is oor die handhawing van hul taal.

In Pretoria het die joernalis Gustav Preller die geleentheid aangegryp om 'n bres vir Afrikaans te slaan. Hy vra: "Is dit ons erns – met Hollands?" En antwoord self: "Laat dit ons tog erns wees – met Afrikaans!" Die skryftaal moes Afrikaans word.

Daar was feitlik nog geen Afrikaanse literatuur van enige waarde nie. En toe, in 1905 verskyn die eerste werk wat die beeldende seggingskrag en skeppende vermoë van Afrikaans toon. Dit was die gedig "Winternag" van Eugène Marais.

O koud is die windjie
en skraal
En blink in die dof-lig
en kaal . . .

Preller het voorspel dat indien slegs 'n paar reëls van Afrikaans ná 'n eeu of meer oorleef, hierdie gedig onder hulle sal wees. In 2013 was "Winternag" inderdaad eerste in 'n kompetisie waarin mense vir die gewildste Afrikaanse gedig moes stem.

Ook C Louis Leipoldt, Jan FE Celliers en Totius (SJ du Toit se seun) se gedigte het die belofte ingehou dat Afrikaans tot 'n volwaardige literêre taal kon ontwikkel.

In 1909 het die laaste sitting van die Nasionale Konvensie, wat 'n grondwet vir 'n unie van Suid-Afrikaanse gebiede opgestel het, plaasgevind. Die meeste Engelse leiers wou Engels as enigste amptelike taal hê. Oud-pres. MT Steyn, beskryf deur genl. Jan Smuts as die grootste Boereheld, het op dramatiese wyse tot die debat toegetree.

Hy het, soos die gewoonte was, na die Boere en Britte as verskillende rasse verwys en die afgevaardigdes gevra om "die duiwel van rassehaat" wat die land reeds so lank teister, uit te wis. Om dit te doen, moet die twee tale op 'n volkome gelyke voet geplaas word – in die parlement, die howe, die skole, die staatsdiens, oral.

Die grondwet se argitekte, Smuts en John X Merriman, het stilgebly ná Steyn se toespraak.

Steyn het sy sin gekry. Artikel 137 van die grondwet het bepaal dat Hollands en Engels as amptelike tale op gelyke voet geplaas word en gelyke regte, voorregte en vryhede geniet. Albei tale moes vir alle amptelike dokumente, publikasies en parlementêre verslae gebruik word, asook vir alle wetsontwerpe, wette en kennisgewings van openbare belang. As kompromis is van Afrikaner-kant die toegewing gemaak dat eentalige Engelse amptenare hul werk sou behou.

Die stryd het om die gelyke erkenning van Hollands gegaan, maar verskeie Afrikaner-leiers het daarop aangedring dat dit ook vir Afrikaans geld.

Gustav Preller het in *The Star* geskryf dat die konkrete belofte om die twee tale op 'n voetstuk van "the most perfect equality" te plaas deurslaggewend was vir die Afrikaners se steun vir die grondwet.

Vandag word daar soms beweer dat Afrikaans as gevolg van "bevoorregting" sy sterk posisie in die twintigste eeu verwerf het. Dit is heeltemal foutief. Volle tweetaligheid sou die hoeksteen van versoening tussen die twee wit gemeenskappe vorm. Sonder daardie versoening sou die Suid-Afrikaanse staat nie gebou kon word nie.

'n Kardinale vraag het nou al dringender geword. Moet Afrikaans eers ontwikkel word voordat dit volledig die plek van Hollands neem of moet dit as ampstaal erken word sodat dit kan ontwikkel?

C Louis Leipoldt, een van die beste vroeë digters, was oortuig dat Afrikaans op sy eie nie gereed is om 'n ampstaal te word nie. Ook JJ Smith, wat redakteur sou word van die *Woordeboek van die Afrikaanse Taal*, het so gedink.

Die man wat die meeste gedoen het om die argument te wen dat Afrikaans spoedig 'n amps- en voertaal moet word, was Cornelis Jacob Langenhoven. Hy was 'n onbekende prokureur op Oudtshoorn toe hy sy stryd in die koerante begin voer het. Hy wou hê dat Afrikaans dadelik as voertaal in die skole ingevoer moet word sodat 'n situasie geskep word waar opgevoede volwassenes skaam raak as hulle die taal nie korrek kan skryf nie. Skrywers en digters kon dadelik begin om 'n literatuur in Afrikaans tot stand te bring.

Langenhoven was vol vertroue dat Afrikaans alle behoeftes van sy sprekers kon vervul. Teenoor diegene wat beweer het dat Afrikaans te plat is vir 'n skryftaal het hy geantwoord dat Afrikaans 'n vooruitgang op Hoog-Hollands is: "Afrikaans is ons eie; gemaak om te pas by ons Afrikaanse toestande en lewenswyse. Hy het saamgegroei met ons volkskarakter; hy is die enigste band wat ons as 'n aparte nasie aanmekaarbind, ons enigste volkskenmerk."

Ongelukkig het Langenhoven te ver gegaan. Hy het gesê Afrikaans is "die enigste witmanstaal wat nie onmiddellik oor die see kom nie". Hy het bedoel dat Europese koloniste nie eenvoudig die moederland se taal oorgeplant het nie, maar 'n eie taal ontwikkel het. Maar soos hy dit gestel het, het dit geklink of hy vir wit Afrikaanssprekendes al die krediet vir die ontwikkeling van Afrikaans gee.

Op die ou end was die Afrikaanse taalbeweging se grootste swakheid dat wit Afrikaanssprekendes al meer met Afrikaans omgegaan het asof dit hul eksklusiewe volksbesit was. Bruin en swart Afrikaanssprekendes is nie saamgeneem in 'n gemeenskaplike stryd om Afrikaans te vier en te bevorder nie.

Langenhoven self het dit later besef. Hy het saam met dr. FEJ Malherbe van Stellenbosch 'n voordragaand by 'n kollege vir bruin studente bygewoon. Alles behalwe die gedig "Slaap" van DF Malherbe het uit die Engelse letterkunde gekom. Aan die einde van die aand het Langenhoven ontsteld uitgeroep: "Daar is 'n miljoen, ja 'n miljoen potensiële lesers van *Die Huisgenoot*... en wat doen ons vir dié mense; wat is ons houding teenoor hulle, dat hulle aan hul moedertaal, Afrikaans, vashou en nie vervreemd raak nie?" Malherbe het later geskryf: "Selde het ek Langenhoven so ernstig sien reageer."

Toe Afrikaners in 1994 die mag verloor, was daar verstaanbaar min bruin of swart mense wat bereid was om vir Afrikaans te veg.

Afrikaans het tussen 1909 en 1925 met rasse skrede gevorder. Die Zuid-Afrikaansche Akademie vir Taal, Letteren en Kunste is in 1909 gestig. Sy vernaamste prys, die Hertzogprys, is uit die staanspoor aan Afrikaanse romans toegeken. In 1917 is die Akademie se *Woordelys en Spelreëls* gepubliseer.

In 1914 is Afrikaans as voertaal in die skole van die Kaap, Vrystaat en Transvaal erken. De Nationale Pers is gestig en sy koerante en tydskrifte het spoedig van Hollands na Afrikaans oorgeskakel. Die stigting van Sanlam en Santam in 1918 was 'n groot deurbraak vir Afrikaans in die sakewêreld. Afrikaans was reeds goed gevestig as voertaal in die tersiêre inrigtings op Stellenbosch en Potchefstroom.

In 1925 is 'n wetsontwerp goedgekeur wat bepaal het dat Afrikaans ook vir alle wette en amptelike dokumente van die parlement gebruik kon word. In 1933 is die volledige Bybel in Afrikaans gepubliseer. Sommige gemeentes het 'n eksemplaar vir elke kind bestel en skares het na die stasie gestroom toe die trein met die bestellings opdaag.

Hoekom het Afrikaans ondanks 'n beskeie begin oorleef en 'n veelsydige taal geword wat in al die funksies gebruik kon word?

Ten eerste het dit binne die kokon van Hollands ontwikkel. Tweedens het die armoede onder 'n groot deel van die Afrikaners opvoeders verplig om 'n onderrigmedium te gebruik wat alle kinders kon verstaan. Derdens het Afrikaans 'n simbool van sosiale identiteit geword vir Afrikaners wat hul eie unieke identiteit op ander maniere as in Engels wou uitleef.

In die jare dertig het NP van Wyk Louw en Dirk Opperman na vore getree as uitmuntende digters. In die regsgeleerdheid het JC de Wet se werke groot respek oor taalgrense afgedwing en so ook PJ van der Merwe met sy die historiese werk.

Toneelgeselskappe soos dié van Paul de Groot, André Huguenet en Hendrik en Mathilda Hanekom het deur die land getoer.

Afrikaans het tussen 1948 en 1994 onder die Nasionale Party-regering sterk gegroei, deels omdat die taalklousule in die staatdiens afgedwing is en omdat Afrikaners nou oorwegend na Afrikaanse opvoedkundige instellings gegaan het. Een van die onbedoelde gevolge van die noue band tussen Afrikaans, die Nasionale Party en die NP-regering is dat Afrikaans baie selde vir liberale, soiaal-demokratiese en sosialistiese publikasies gebruik is. Selfs die Verenigde Party se koerant *Die Suiderstem* het gesneuwel.

Tog bring nuwe navorsing aan die lig dat aktiviste links van die politieke spektrum dit nodig gevind het om Afrikaanse vertalings van belangrike beleidsdokumente te publiseer. Dit het onlangs aan die lig gekom dat die digter Uys Krige 'n Afrikaanse vertaling gepubliseer het van die Freedom Charter, wat die ANC in 1955 as sentrale beleidsdokument aanvaar het.

In die wêreld van boeke is die oppervlakkige indruk dat Engels dominant is. Dié indruk is egter toe te skryf aan die stroom van ingevoerde Engelse boeke. In 1999 is in 'n peiling gevind dat daar jaarliks gemiddeld drie keer meer literêre boeke (drama, poësie en fiksie) in Afrikaans as in Engels in die land gepubliseer word. NB-Uitgewers, 'n filiaal van Nasionale Pers, vandag Naspers genoem, is die grootste uitgewer in die land.

Onder die Suid-Afrikaanse media-maatskappye toring Naspers soos 'n reus uit. Waar die groot media-maatskappye teen 1994 ongeveer ewe groot was, is Naspers tans verreweg die grootste met 'n markkapitalisasie van sowat R950 miljard (in 2016) teenoor die naasgrootste, Caxton-CTP, met 'n waarde van sowat R5,3 miljard.

11

"'N REPUBLIKEINSE PARTY OM DIE NASIONALE GEES TE LAAT HERLEEF"

Tot 1930 was Suid-Afrika 'n arm Afrikaland met 'n ekonomiese profiel soortgelyk aan dié van talle onderontwikkelde Afrikalande 50 jaar later. Die Suid-Afrikaanse ekonomie het hoofsaaklik op landbou en mynbou berus. Die vervaardigingsektor, wat gewoonlik die beste vir groei en werkgeleenthede sorg, het 'n skrale 8% tot die bruto nasionale produk bygedra.

Genl. Hertzog se Pakt-regering van Nasionaliste en Arbeiders het in 1924 aan die bewind gekom en 'n beleid van beskaafde arbeid gevolg wat feitlik net wit werkers bevoordeel het.

Beskaafde arbeid sou geensins werkloosheid oplos nie, maar die Pakt-regering het wel 'n groot bydrae tot nywerheidsontwikkeling en werkskepping gemaak. Hy het staatskorporasies gestig wat yster, staal en elektrisiteit goedkoop verskaf het. In 1928 het die Yster- en Staalkorporasie (Yskor) tot stand gekom en kort daarna die Elektrisiteitsvoorsieningskommissie (Evkom). Later sou ander staatskorporasies, insluitende die Suid-Afrikaanse Steenkool-, Olie- en Gasmaatskappy (Sasol), bykom.

Waar die Engelssprekendes die stigters van die eerste groot private maatskappye was, was Afrikaners die grondleggers van die meeste staatskorporasies. Hulle sou 'n groot bydrae tot ekonomiese groei maak.

Die staatskorporasies het ook waardevolle geleenthede aan Afrikaners gebied om ervaring as bestuurders tot op die hoogste vlak op te doen. In die private maatskappye, meestal onder Engelssprekendes se bestuur en beheer, was daar min kans vir Afrikaners om tot hoër vlakke te styg. Die ontwikkeling van 'n Afrikaner-bestuurde openbare sektor was die belangrikste rede waarom die Afrikaner-nasionaliste nooit sterk op die nasionalisasie van nywerhede, soos die goudnywerheid, aangedring het nie.

Tussen 1929 en 1933 het Suid-Afrika sy ergste finansiële krisis ooit beleef. 'n Wêreldwye depressie het ontwikkel nadat New York se aandelemark in duie gestort het. Die Hertzog-regering het die krisis vererger deur aanvanklik verbete op die goudstandaard te bly en nie die Suid-Afrikaanse geldeenheid saam met dié van sy handelsvennote te devalueer nie.

Uitvoer het dramaties geval en kapitaal het uit die land gestroom. Daar was 'n wesenlike gevaar dat van die kommersiële banke gedwing kon word om te sluit.

Terselfdertyd het Suid-Afrika gebuk gegaan onder een van die ergste droogtes ooit. Talle boere het bankrot gespeel. 'n Kwart van alle Afrikaners (en 'n vyfde van die wit mense) het in omstandighede van akute armoede geleef.

In die tweede helfte van die 1920's het 'n NG predikantseun, EG Malherbe, die Carnegie-korporasie van New York se aandag op wit armoede in Suid-Afrika gevestig. Hy het vroeër in New York gestudeer. Die Carnegie-kommissie het dié kwessie in 1929 saam met die NG Kerk begin navors.

Dit was toe reeds 'n geruime tyd vir die politici 'n brandende kwessie. Malherbe het die konsensus soos volg saamgevat: Die armblankes is 'n bedreiging vir die selfbehoud en die aansien van die wit bevolking. Hulle was "die geraamte in ons kas wat allerlei vrae laat opduik het oor die blankes se vermoë om hul dominante posisie in die land te behou".

Die Carnegie-verslag, wat in 1932 gepubliseer is, het ook die weg gebaan vir 'n heeltemal nuwe begrip van die krisis van grootskaalse armoede. Akute armoede is in die eerste plek die gevolg van maatskaplike en ekonomiese prosesse waaroor die armes min beheer het.

Teen die 1930's was bestaansboerdery, waarvan die meeste Afrikaners langer as 200 jaar geleef het, nie meer 'n uitkoms nie. Teen die vroeë 1930's het Suid-Afrika nog nie veel van 'n vervaardigings- of konstruksiebedryf gehad wat werk kon verskaf nie.

Die Hertzog-regering het hard probeer om te verhinder dat 'n groot golf van verarmde boere verstedelik, maar gou besef dit is 'n onbegonne taak. Werkloses is tydelike werk by openbare korporasies soos Yskor gegee. Ander armes het werk gekry op bosbouplantasies, by besproeiingswerke en in die bou van paaie en spoorweë. Die regering het ook baie swart werkers op die spoorweë ontslaan spesifiek om vir armblankes werk te gee.

Suid-Afrika se ekonomiese krisis is opgelos deur drie ontwikkelings: Die regering het einde 1932 die goudstandaard gelos, die goudprys het met meer as die helfte gestyg en beleggers se vertroue is herstel deur die totstandkoming in 1933 van 'n koalisieregering onder genl. Hertzog, leier van die Nasionale Party, en genl. Smuts, leier van die Suid-Afrikaanse Party.

In 1934 het Hertzog en Smuts hul partye saamgesnoer in die Verenigde Party met Hertzog as eerste minister. Negentien NP-parlementslede, onder wie 14 van die Kaapprovinsie, het die "Gesuiwerde" Nasionale Party gestig met dr. DF Malan as leier.

Die Gesuiwerdes het hulle onderskei van die Sappe – soos die Afrikaners genoem is wat by die Verenigde Party aangesluit het. Hertzog het by tye die term Afrikaner inklusief gebruik. Dit kon Engelssprekendes insluit wat Suid-Afrika bo Brittanje lief het. Vir Malan was 'n Afrikaner 'n wit Afrikaanssprekende – iemand wat getrou aan sowel die Afrikaner-volk as Suid-Afrika was.

Die Gesuiwerdes het gestreef na 'n republiek en 'n strenger beleid van rasseskeiding as dié van die VP.

Dan was daar ook die Arbeidersparty, wat deur goed geskoolde werkers ondersteun is. Die geskoolde wit werkers is feitlik deur die bank besonder goed betaal. Hul vakbonde het gesorg dat hul vaardighede skaars bly. Baie vakbonde het Afrikaner-werkers se toegang tot geskoolde werk verhinder.

Handearbeiders was in die 1930's die grootste komponent van die Afrikaner-arbeidsmag – 'n hele 40%. Hul lone was veel laer as dié van die geskoolde werkers.

Hulle het meegeding met swart en bruin werkers wat dikwels bereid was om teen laer lone te werk. Sommige werkgewers het die Afrikaner-handearbeiders beskou as die militantste deel van die arbeidsmag, mense wat hulle met alle mag sou verset teen pogings om hulle deur swart of bruin werkers te vervang.

Die Carnegie-verslag was geneig om die bruin werkers oor een kam met swart werkers te skeer as 'n bedreiging vir ongeskoolde of halfgeskoolde wit werkers. Dr. Malan het in 1934 op 'n konferensie in

Kimberley gepleit dat wit mense hulle met die armblankes moes vereenselwig en hulle nie net as studieonderwerpe of liefdadigheidsgevalle moet beskou nie. Hulle moes gehelp word om uit die gemengde krotbuurte te ontsnap. Sy seun Danie het later vertel dat sy pa dikwels tot trane geroer is wanneer hy tuis oor die lot van die armblankes in die stede gepraat het.

Albertus Geyer, redakteur van *Die Burger*, het samesmelting en die stigting van die Verenigde Party as 'n noodlottige oordeelsfout beskou.

In 1933 het hy geskryf dat die konserwatiewe boere lankal saam met die myn- en finansiële magnate 'n koalisie wou hê ten einde die wit werkersklas onder beheer te bring. Volgens hom het die Afrikaner meer as ooit tevore 'n party nodig gehad wat sy lede se belange sou beskerm en sterk op die Afrikaanse kultuur en nasionaliteit sou aandring.

Die Burger se kampanje teen samesmelting was onverbiddelik. In een van sy spotprente skets Boonzaier die Shakespeare-karakter Hamlet wat die spook van samesmelting vra:

> *Be thy intents wicked, or charitable?*
> *Thou com'st in such questionable shape . . .*

Geyer het voorspel dat samesmelting verwerp sou word deur "die werkersklas, vir wie die regering se bondgenootskap met die mynmagnate geen heil inhou nie, deur die republikeinse Afrikaner en deur die Afrikaner-intelligentsia". Dit sou inderdaad die basis vorm vir dr. Malan se Nasionale Party, wat in 1948 die mag verower het.

Met die intelligentsia het Geyer onderwysers, lektore, joernaliste, predikante, politici en regsgeleerdes bedoel. Die vinnige uitbreiding van hoër onderwys het 'n intelligentsia na vore laat tree wat meer radikaal en selfversekerd was as die een wat Malan en Hertzog in 1914 en 1915 ondersteun het.

Nietemin het samesmelting en die idee van versoening tussen die twee wit gemeenskappe baie van die meer opgevoede Afrikaners aangetrek. In 1938 is geskat dat ongeveer ewe veel Stellenbosse dosente die VP en die NP steun. In daardie jaar se verkiesing het Henry Fagan, die VP-kandidaat, Stellenbosch met 30 stemme gewen. Hy het naam gemaak as joernalis by *Die Burger* en skrywer van Afrikaanse werke. Die verhouding tussen Afrikaners en Engelssprekendes in die Kaapprovinsie was gemakliker as in die noorde. Afrikaans het sonder 'n bitter stryd die voertaal in skole en aan die Universiteit van Stellenbosch geword.

In Johannesburg was die situasie heelwat anders. Die eerste Afrikaansenkelmediumskool was Helpmekaar, wat in 1921 tot stand gekom het. 'n Hele geslag Afrikaanse ouers het verkies om hul kinders in Engels te laat leer. Weerstand teen Afrikaans as amptelike taal was sterk. *The Star* het Afrikaans as "a national disability and at worst a national misfortune" bestempel. Die koerant het neerhalend opgemerk dat universiteitsdosente kunsmatig terme vir Afrikaans skep ten spyte daarvan dat dit 'n taal sonder 'n grammatika of 'n woordeskat is.

'n Aantal Afrikaners het die Afrikaner-Broederbond in 1918 in Johannesburg gestig om Afrikaans te bevorder. Die aanleiding was 'n vergadering wat dr. Malan, Kaapse leier van die NP, in 1917 in die Johannesburgse stadsaal toegespreek het. Suid-Afrika sou slegs selfstandigheid ontwikkel as 'n republiek uitgeroep word, het Malan gesê. 'n Groot vyandige skare, onder wie talle soldate, het die vergadering opgebreek en dit is in wanorde uiteen.

Die Broederbond se vereistes vir lidmaatskap het langer as 70 jaar grootliks dieselfde gebly: wit, Afrikaanssprekende mans van die Protestantse geloof wat hul Afrikanerskap wil handhaaf en Suid-Afrika as hul enigste vaderland aanneem. Broederbond-takke is afdelings genoem en elkeen kon lede keur voordat hulle genooi is om aan te sluit. Van 1929 was die verrigtinge en lidmaatskap streng geheim.

Dit was veral 'n organisasie vir die Afrikaner-intelligentsia. Die grootste proporsie lede was dosente en onderwysers. Al meer predikante sou later aansluit.

Van die begin af was dit 'n vraag of lede voordele uit hul lidmaatskap kon trek. Ernst Stals verklaar in sy historiese studie van die organisasie: Van vroeg af was die AB se doelstelling "om nie net die belange van die Afrikaners in die algemeen te bevorder nie, maar ook om die lede te help om in hul beroepe vooruit te kom".

Soms het die AB probeer intree wanneer Engelse firmas teen 'n Afrikaanse werknemer gediskrimineer het, maar in later jare was daar dikwels beskuldigings dat Broeders hul eie lede in Afrikaanse instellings

Bo: Die skrywer by die Hugenote-monument te Franschhoek ten tyde van die verfilming van die TV-reeks *Die Afrikaners. Foto: Marc Degenaar*

Onder: Duiwelspiek, Tafelberg, Leeukop en Vlaeberg wat 'n omskansing vir die Kaapse nedersetting bied, met skepies wat in Tafelbaai aankom.

Bo: In Jan van Riebeeck se termyn het hy en ander amptenare dikwels met Skiereilanders oor die uitbreiding van die nedersetting onderhandel. Die amptenare het aangevoer dat die Skiereiland nie groot genoeg vir almal is nie. Die Skiereilanders het gevra: "Wie moet nou eintlik padgee, die regmatige eienaar of die indringer van buite?" Van Riebeeck se antwoord is nie opgeteken nie.

Onder: 'n Uitbeelding van slawe in Langstraat, Kaapstad, in die laat agtiende of vroeë neëntiende eeu.

Bo: Die slawelosie in die Kaap, in 1679 gebou. Vandag is dit die Iziko Kultuurhistoriese Museum aan die bopunt van Adderleystraat.

Onder: Die Biebouw-herdenkingsklip aan die bopunt van Dorpstraat, Stellenbosch. Die formulering is foutief: Die term is tot ongeveer 1700 hoofsaaklik gebruik vir mense wat nie van Europese afkoms was nie. (Die spelling van sy van is ook verkeerd.) Hendrik Biebouw was wel die eerste persoon van Europese afkoms van wie opgeteken is dat hy die term Afrikaner gebruik het om homself te beskryf. *Foto: Marc Degenaar*

Regs: Anna de Koningh. Sy was die dogter van Angela van Bengale, Jan van Riebeeck se persoonlike slavin. Anna was met Oloff Bergh getroud en die eerste vroulike eienaar van Groot Constantia.

Bo: Veral van die laat agtiende eeu is boeregesinne gekenmerk deur hul Bybelvastheid en die gereelde hou van huisgodsdiens.

Bo: Britse setlaars kort ná hul aankoms in 1820. Met skamele besittings moes hulle hulself handhaaf teenoor die Xhosas, wat – soos die boere – op grond wes van die Visrivier aanspraak gemaak het.

Onder: Die hoeksteen van die eerste kerk op Stellenbosch is op 19 Oktober 1687 gelê, maar 'n brand het die gebou verwoes. Hier is 'n skets van die tweede kerkgebou, wat in 1723 voltooi is. Dit was geleë in die teenswoordige Kerkstraat op die erf waarop die ou Wium-losieshuis later gestaan het.

Bo: Die huidige moederkerk op Stellenbosch, met langsaan die kerkkantoor in 'n tipies Kaaps-Hollandse boustyl.

Onder: 'n Kunstenaar se voorstelling van hoe Voortrekkers oor 'n berg trek.

Links: 'n Sendeling se uitbeelding van 'n Transvaalse Boer in die neëntiende eeu.

Onder: Andries Stockenström, die grensadministrateur wat homself as 'n Boer en 'n Afrikaner beskryf het en sterk liberale beginsels nagevolg het. Hy was ten gunste van die idee dat die Xhosas hul land moet behou, eerder as dat koloniste dit oorneem.

Bo: Trekboere was van die begin van die agtiende eeu op die voorpunt van die Afrikaners se uitbreiding in die binneland. Selfs so laat as die 1930's was daar veeboere in die Noordkaap wat nie hul eie grond besit het nie, maar seisoentrekke onderneem het.

Regs: Emily Hobhouse, kampvegter vir die verbetering van toestande in die konsentrasiekampe.

Bo: Boere-krygsgevangenes op die eiland St. Helena, in die Anglo-Boereoorlog.

Onder: 'n Gesin in hul wa tydens die Anglo-Boereoorlog. Die skrywer se ouma was onder die ongeveer 2 000 Vrystaatse vroue en kinders wat in die laaste twee jaar van die oorlog in die veld rondgeswerf het om te verhoed dat hulle in een van die konsentrasiekampe beland.

Bo: Oudpres. MT Steyn, sy vrou, Tibbie, en genl. JBM Hertzog onderweg na die konferensie in Durban waar oor uniewording in 1910 ooreengekom is.

Onder: Generaals Koos de la Rey, Louis Botha en Christiaan de Wet ná die Anglo-Boereoorlog op besoek in Duitsland om geld in te samel vir die herstel van die verwoeste voormalige republieke.

Bo: 'n Plakkaat met die woorde van 'n telegram van oudpres. MT Steyn. Hy het dit gestuur ter ondersteuning van 'n kongres wat in September 1912 in Kaapstad gehou is om te protesteer teen die wyse waarop die SAP-regering toegelaat het dat Hollands as amptelike taal skromelik afgeskeep is. Die foto links onder is van genl. JBM Hertzog, wat kort daarna die Nasionale Party gestig het.

Links: Jan Smuts, staatsprokureur onder pres. Paul Kruger, wat Smuts as "'n man met 'n ysere wil" beskryf het. Alan Paton, die romanskrywer, het van hom gesê: "Even the great thought he was great."

Bo: Hendrik Verwoerd lewer 'n toespraak met DF Malan se woorde op die agtergrond. Verwoerd was eerste minister in die hoogty van apartheid.

Bo: 'n Besige Kaapstad met sy sterk Engelse invloed vroeg in die twintigste eeu.

Onder: Die ou Dorpstraat op Stellenbosch, met 'n koerantverkoper op die voorgrond.

Bo: Jan Smuts se geneentheid teenoor die Britse koningshuis het moontlik bygedra tot sy nederlaag in die verkiesing van 1948. Hier is Smuts (naaslinks) saam met, van links, prinses Elizabeth, koning George VI, koningin Elizabeth en prinses Margaret ten tyde van die koningsgesin se besoek aan Suid-Afrika in 1947.

Onder: CR (Blackie) Swart, die eerste president van die republiek Suid-Afrika, by die Voortrekkermonument in Pretoria.

Bo: Die ou Suid-Afrikaanse vlag in 'n vertoonkassie saam met 'n klippie van die maan. Die Amerikaanse Apollo-sending wat in 1969 die eerste maanlanding uitgevoer het, het Suid-Afrika en ander Westerse bondgenote in 'n hoflikheidsgebaar genooi om 'n klein replika van hul vlag op die sending saam te stuur. Daarna het die bondgenote die vlaggie wat na die maan gereis het, saam met 'n maanklippie teruggekry. Hierdie plaket word in 'n kamer in die Suid-Afrikaanse parlement uitgestal. *Foto: Parlement-argief*

Bo: ’n Kennisgewingbord wat waarskynlik opgerig is in die tydperk van segregasie, wat formele wetlike apartheid voorafgegaan het. Die term “natives” is destyds algemeen gebruik.

Onder: Nog ’n voorbeeld van segregasie: Parkbanke gereserveer vir (swart) kinderoppasters.

Hendrik Verwoerd illustreer op 'n kaart die tuislandbeleid aan sy kabinet. John Vorster, destyds minister van justisie, staan links voor. Nadat hy Verwoerd in 1966 opgevolg het, het hy met die tuislandbeleid volhard omdat hy sterk aan die Verwoerd-skema geglo het. *Foto: Parlement-argief*

Bo: Eugène Terre'Blanche, leier van die verregse Afrikaner Weerstandsbeweging, besig met 'n opruiende toespraak. Die vrees dat hy en sy beweging die onderhandelings oor 'n nuwe grondwet kon stuit, het oordrewe geblyk te wees.

Onder: PW Botha het as minister van verdediging die Suid-Afrikaanse Weermag in 'n formidabele en uiters parate organisasie omskep. Hier is hy in 'n Mirage-vegvliegtuig.

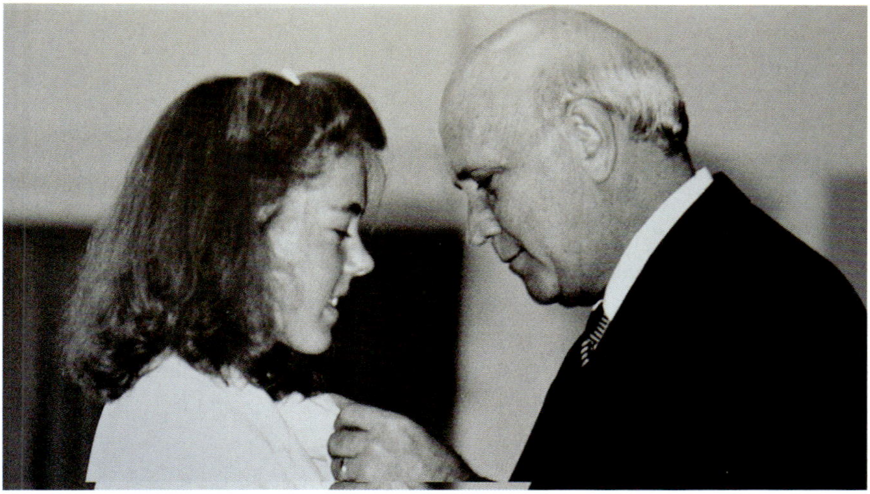

Bo: FW de Klerk, die laaste Afrikaner-president van Suid-Afrika, by 'n toekennings-plegtigheid.

Links: Frederik Van Zyl Slabbert as jong akademikus voor sy politieke loopbaan.

Van Zyl Slabbert (regs) en sy vrou, Jane (links), kuier saam met Breyten en Yolande Breytenbach.

Aartsbiskop Desmond Tutu, voorsitter van die Waarheids-en-versoeningskommissie, oorhandig die kommissie se verslag aan pres. Nelson Mandela. Die kommissie het van 1996 tot 1998 gesit om ernstige skendings van menseregte tussen 1960 en 1994 te ondersoek en amnestie te verleen aan diegene wat aan die vereistes voldoen het.

Die skrywer by die Vrouemonument in Bloemfontein terwyl die TV-reeks verfilm is. *Foto: Marc Degenaar*

bevoordeel het ten koste van ander Afrikaners wat beter gekwalifiseer was.

Teen die einde van die 1920's was daar net dertien afdelings met 263 lede, omtrent almal in die Transvaal. In 1929 het die Bond 'n groot deurbraak gemaak toe daar op sy inisiatief 'n konferensie in Bloemfontein gehou is wat deur amper 400 afgevaardigdes van kulturele verenigings oor die hele land bygewoon is. Daar is besluit om die Federasie van Afrikaanse Kultuurverenigings (FAK) te vorm.

Die FAK se doel was om Afrikaans op 'n gekoördineerde wyse te bevorder. Omtrent alle Afrikaner- kulturele organisasies het op die ou end by die FAK geaffilieer. 'n Nuwe soort Afrikaner is gebore: die "organisasie-Afrikaner", wat bereid was om die taalstryd op 'n georganiseerde en soms geheime grondslag te voer. In 1931 het die uitvoerende komitee van die FAK skriftelike riglyne vir die gebruik van Afrikaans in die handel en in vertoë tot staatsamptenare uitgereik.

Om Afrikaners sover te kry om in hul eie taal te sing, is die *FAK-Volksangbundel vir Suid-Afrika* gepubliseer. Dit het 'n groot aantal Duitse liedere met Afrikaanse vertalings bevat, asook liedjies wat plaaslik ontstaan het. 'n Paar het 'n Maleise oorsprong gehad. 'n Hersiene uitgawe word vandag nog gebruik.

Die FAK het ook Afrikaanse boekweke en jaarlikse vierings van 'n kultuurdag georganiseer. Hy het 'n kompetisie geborg vir die skryf van 'n volkslied, wat saam met "God Save the King" gesing kon word. (In 1938 het die regering ML de Villiers se toonsetting van Langenhoven se "Die Stem van Suid-Afrika" as volkslied gekies.)

Die FAK en die Bond het stemming gemaak vir 'n Afrikaanse radiodiens, wat in 1937 ingestel is nadat die regering staatsbeheer oor die radio gekry het.

Afrikaanse spoorwegwerkers het in 1930 hul eie organisasie, die Afrikaanse Taal- en Kultuurvereniging (ATKV), gestig. In 1936 het die organisasie meer as 11 000 lede en 46 takke gehad. Die ATKV het 'n entoesiastiese kampanje begin om Afrikaans as kommunikasiemedium in die spoorweë te bevorder. In 1938 het hy die baie suksesvolle ossewatrek georganiseer as deel van die Groot Trek se eeufeesviering.

Die Afrikaners het gedurende die 1930's sowat 55% van die wit bevolking uitgemaak. Maar dit was geensins 'n uitgemaakte saak dat die

NP die meeste Afrikaners by die stembus sou lok nie. Wat Albertus Geyer die "intelligentsia" genoem het, was nog klein.

Kantoorwerkers, onder wie die intelligentsia, was teen 1936 slegs 'n kwart van die Afrikaner-arbeidsmag. Hulle sou eers teen die 1960's die grootste groep word.

Handearbeiders was tussen die vroeë 1930's en vroeë 1960's die grootste groep in die Afrikaner-arbeidsmag. Hulle het op groot skaal by vakbonde aangesluit. Gedurende die 1930's was 80% van die wit vakbonde se lede Afrikaners. Met familielede ingesluit, was 500 000 Afrikaners – sowat die helfte van die Afrikaners – deel van die georganiseerde wit werkersklas.

Ondanks dié Afrikaner-oorwig is die vakbonde oorheers deur mense van Britse of Joodse afkoms, wat oorwegend sosialiste was. Net 18 van die 118 vakbonde het 'n Afrikaner as sekretaris gehad.

ES (Solly) Sachs, hoofsekretaris van die Klerewerkersunie, was baie krities oor die wyse waarop die vakbondleiers Afrikaner-werkers beskou het. Die vakbondorganiseerders sien "met minagting" op hulle en hul tradisies neer, het hy geskryf.

Sachs het geglo dat sy vakbond slegs kan slaag as hy die werkers se verskillende kulturele agtergronde erken en respekteer en alle rasse in 'n eenheid saamsnoer. Hulle moes saam veg vir beter werkomstandighede en vir lone wat alle werkers in staat sou stel om ordentlik te lewe.

Die bedryf se siekteverlof- en swangerskapreëls was buitengewoon hardvogtig. Die lewensomstandighede van sommige Afrikanervroue in die arbeidsmag was van die slegste ter wêreld, het Sachs gemeen. 'n Wit vrou se loon was veel laer as dié van 'n man.

In 1931 het Anna Swanepoel, 'n werker, getuig dat driekwart van die jong vroue hul families moes ondersteun en dit baie moeilik vind om op hul loon uit te kom. 'n Agtienjarige meisie moes 'n familie van agt op 'n loon van £1 2s 6d per week onderhou. "Ons moet baie sukkel om die huishouding bymekaar te hou. As ek saans tuis kom, voel ek asof ek te moeg is om enigiets op te tel," het sy gesê.

Sachs se Klerewerkersunie het daarin geslaag om werkomstandighede en lone aansienlik te verbeter. Afrikanervroue het doeltreffende vakbondlede geword. Anna Scheepers is in 1938 as president van die vakbond gekies en Johanna Cornelius het nasionale organiseerder geword.

Haar suster, Hester, sekretaris van die Germiston-tak, het 'n toneelstuk, *Die Offerhande*, geskryf. Dit het die Sowjetunie se deugde besing en Suid-Afrikaanse werkers aangemoedig om die kapitalistiese stelsel omver te werp.

Daar was ook kommunistiese aktiviste wat die Afrikaner-werkers geteiken en vir hul saak probeer wen het. Daan du Plessis, sekretaris van die Johannesburgse tak van die Bouwerkersunie, was een van die leidende Afrikaner-kommuniste. (Sy broer, Sand du Plessis, sou later 'n prominente NP-politikus en administrateur van die Vrystaat word.)

In 'n Afrikaanse pamflet skryf Du Plessis die werklike mag lê nie by die parlement of die kabinet nie, maar by die kapitaliste. Die kapitalistiese stelsel het rassehaat onder die werkers aangeblaas as deel van sy meedoënlose gejaag na wins, sê hy. Swart werkers se uiters lae lone het ook wit werkers se lone afgedruk. Du Plessis het die werkers opgevorder om die bestaande stelsel omver te werp en kommunisme in te stel.

Die bekendste Afrikaner-kommunis was Bram Fischer, kleinseun van die premier van die Oranjerivierkolonie. As 'n Bloemfonteinse student in die 1920's was hy 'n oortuigde Afrikaner-nasionalis, maar sy persoonlike kontak met swart mense het hom oortuig dat kleurvooroordeel irrasioneel is en segregasie onregverdig.

Fischer het in 1932 met 'n Rhodes-beurs aan Oxford gaan studeer en het waarskynlik daar by die Kommunistiese Party aangesluit. Hy het gesê dat die party die kleurslagboom deurgaans teengestaan het op grond van die 2 000 jaar oue geloof dat alle mense broers sal wees. Die groot depressie van die vroeë dertigerjare het hom oortuig dat die kapitalistiese stelsel op sterwe na dood is.

Die Afrikaner-nasionaliste het die sosialiste en kommuniste wat die Afrikaner-werkers georganiseer het as 'n groot bedreiging beskou, maar het ook groot bedenkinge gehad oor die kapitalistiese stelsel met sy skynbaar bandelose gejaag na wins. Die uitbuiting van die ongeskoolde en halfgeskoolde Afrikaner-werkers het hulle gegrief.

Maar ondanks sy ywer vir die Afrikaners was die Afrikaner-Broederbond nie gretig om werkers as lede te hê nie. Hy het daarop aangedring dat sy lede sosiale status moet hê en ook finansieel sterk moet wees. Albert Hertzog het dit betreur dat slegs 5% van die Bond se lede uit die werkersklas gekom het. "As u die Afrikaner-volk wil red, dan is dit hulle [die werkers] wat u moet red," het hy op die Ekonomiese Volkskongres van 1939 gesê.

Die Afrikaner-werkers is op die ou end deur 'n gebeurtenis buite die landsgrense na die NP gelok. Die oorlogsverklaring van 1939 het nie net die regerende Verenigde Party laat skeur nie, maar ook die wit werkersklas. Die VP en die Arbeidersparty het Brittanje en die Geallieerde Magte sterk gesteun in die oorlog teen Nazi-Duitsland. Toe Hitler die Sowjetunie binneval, het die Suid-Afrikaanse Kommunistiese Party net so 'n groot ondersteuner van die Geallieerdes geword.

Oor die algemeen was die Afrikaners, die werkers ingesluit, gekant teen Suid-Afrika se deelname aan die oorlog. In die 1943-verkiesing het Malan se NP vir die eerste keer 'n deurbraak onder Afrikaner-werkers gemaak.

Reeds in 1933, terwyl gesprekke aan die gang was oor 'n koalisie tussen Hertzog se NP en Smuts se SAP, het Eric Louw, een van die eerste Afrikaner-diplomate, aan Malan geskryf om hom daarteen te waarsku. "Ons moet die feit erken dat die Engelse seksie van die bevolking 'sterker' is as die Afrikaner-seksie. Op taalgebied is hulle sterker omdat hul taal 'n wêreldtaal is. Op ekonomiese gebied is hulle veel sterker omdat feitlik al die besigheid van die hele land in hul hande is . . . 'n Eg republikeinse party is die enigste middel om die ou nasionale gees te laat herleef. Ons volk moet 'n ideaal hê – iets om na te streef en iets om voor te veg."

Louw het sy vinger op 'n belangrike punt gelê. Wit Engelssprekendes het die ekonomie oorheers. In 1936, toe die toekomstige Afrikaner-sakeleier Albert Wessels in Johannesburg aankom, het hy slegs drie Afrikaanse ondernemings van betekenis gevind: die Afrikaanse Pers met sy sukkelende Verenigde Party-gesinde koerant, *Die Vaderland*; Volkskas-bank op die tweede verdieping van 'n ou gebou; en 'n winkel vir mansklere wat kort daarna bankrot gegaan het.

Die Afrikaners se opvoedkundige standaard was laag vergeleke met dié van Engelssprekendes. In navorsing van 1933 is bevind dat in 'n klas van honderd wat saam skool begin het, net agt matriek gehaal het. Minder as drie het universiteit toe gegaan.

Afrikaners was swak verteenwoordig in die meeste kantoorberoepe. In 1939 was net 3% eienaars of direkteure van maatskappye. Van die ingenieurs was slegs 3% Afrikaners, van die boekhouers net 4%, van die prokureurs en advokate 11%, van die dokters 15% en van die joernaliste 21%. Minder as 'n kwart van die senior staatsamptenare het Afrikaans as moedertaal gepraat.

Die inkomstegaping tussen Afrikaners en Engelssprekendes was baie groot. In 1935 was Afrikaners se inkomste net 60% van dié van wit Engelssprekendes.

Afrikaner-werkers het 'n swak selfbeeld gehad. *Kerk en stad*, 'n studie deur NG predikante JR Albertyn, P du Toit en HS Theron, skets die behoeftige Afrikaner wat hom pas in die stad gevestig het, só:

> Sy armoede, knegskap en verleentheid om te werk besiel hom met 'n gevoel van afhanklikheid en minderwaardigheid . . . Onder die indruk dat hy onwelkom is, is sy houding dan ook teen hom; hy doen hom swak voor, hy is sku, kom met die hoed in die hand en mis die selfvertroue van die Engelse werksoeker. Hy geniet geen invloed en voorspraak van beter-gesteldes nie; sy volk is arm en ondergeskik aan die wêreldmag wat die Engelse arbeider steun. Hy word deur ander nasies geringgeskat en verag.

Die nasionaalgesinde intelligentsia het geweet dat Afrikaners net aansien en selfrespek sou verwerf as voortreflike literatuur in Afrikaans gepubliseer word en hulle doeltreffend in die ekonomie en professionele lewe meeding.

Die Afrikaanse literatuur het aansien verwerf veral deur die werk van die "Generasie van Dertig", digters soos NP van Wyk Louw en Dirk Opperman, maar op ekonomiese gebied was deurbrake uiters moeilik. Hendrik Verwoerd, toe hy in 1937 redakteur van die Johannesburgse koerant *Die Transvaler* word, sê: "Ons is byna oorgeorganiseer op kulturele gebied en ongeorganiseer vir ekonomiese doeleindes."

Vroeg in die 1920's het die Potchefstroom-afdeling van die AB vir die eerste keer voorgestel dat 'n "Volksbank" opgerig word, maar daar is geoordeel dat 'n bank met uitsluitlik Afrikaner-kapitaal nie haalbaar is nie. In 1933 het die AB se Uitvoerende Raad besluit om 'n spaarbank te stig om die Afrikaners se kapitaal te monster om groter ondernemings te finansier en die Afrikaner-armes te help.

Die Tesourie was nie bereid om dit as 'n volwaardige handelsbank te registreer nie. Volkskas is toe in 1937 as 'n koöperatiewe onderneming deur die Bond se tesourier, JJ Bosman, en sowat 60 Broeders gestig.

Bosman was die dryfkrag agter die stigting en ook die eerste bestuurder. Volkskas het lank informeel as "Oom Bossie se bank" bekend gestaan. Sy visie was om 'n volledig toegeruste handelsbank te skep wat die beste dienste lewer. Volkskas het in die 1940's 'n gewone handelsbank geword. Vandag doen hy sake onder die naam Absa, die bankgroep met die grootste bruto inkomste in Suid-Afrika.

Maar hierdie sukses het ver in die verskiet gelê. Afrikaners het geen groot nywerheidsonderneming besit nie en ook geen beleggingshuis, bougenootskap, gewone kommersiële bank of verbruikersvereniging nie. Hulle het nie 'n enkele maatskappy op die Johannesburgse aandelebeurs besit of beheer nie.

Teen die einde van die 1930's het voorstelle begin opgaan dat Afrikaners hul kragte en kapitaal moet saamsnoer om 'n deel van die private sektor vir hul gemeenskap te verower. Sekere mondstukke wat die Engelssprekende mening weerspieël het, het vyandig gereageer. Die *Rand Daily Mail* skryf dat Afrikaners wat ekonomiese segregasie in die handel en nywerheid voorstaan die vlamme van rassehaat in Suid-Afrika aanblaas.

WH Hutt, miskien die mees prominente ekonoom van sy tyd in Suid-Afrika, het dit as "oorlog" teen die Brits-gebore deel van die gemeenskap bestempel en dus deel van die dekades oue geveg teen Uitlanders.

Hierteenoor het JL Gray, 'n akademikus van die Universiteit van die Witwatersrand, geskryf dat niks meer skadelik vir onderlinge begrip tussen die twee wit gemeenskappe kan wees as die geloof dat die Afrikaners geen legitieme ekonomiese griewe het nie.

12

“’N VOLK RED HOMSELF”: DIE EKONOMIESE VOLKSKONGRES

Sedert die begin van die Unie van Suid-Afrika was meer as die helfte van die kiesers Afrikaners. Hulle was potensieel ’n sterk politieke faktor, maar kon weens onderlinge verdeeldheid nie sterk politieke mag uitoefen nie.

Ná die samesmelting in 1933 en 1934 van Hertzog en Smuts se partye in die VP was Malan se Nasionale Party nie veel meer as ’n randparty met geen onmiddellike vooruitsig op die mag nie.

Sy slagspreuk was: “Bring bymekaar almal wat uit innerlike oortuiging bymekaar hoort.” Hy was inderdaad die eerste leier wat eenheid gesoek het op grond van sekere beginsels eerder as op grond van breë Afrikanersentiment. Dié uitgangspunt sou van 1939 tot 1945 tot groot voordeel vir die party wees toe Suid-Afrika in ’n wêreldoorlog betrokke was. Met sy beginselbenadering sou Malan die radikale bewegings isoleer.

Die Nasionale Party onder Malan, eerder as Hertzog se Verenigde Party, het daarin geslaag om voordeel te trek uit Afrikaners se pogings sedert die begin van die 1930’s om ’n groter deel van die ekonomie te kry.

Teen die einde van die 1930’s het Afrikaners sowat 80% van die landbou beheer. Hul aandeel in die entrepreneursfunksie van die ander ekonomiese sektore was uiters karig:

- 1% in die mynwese
- 3% in vervaardiging en konstruksie
- 8% in die handel
- 5% in die finansiële sektor

Sowat ’n kwart van alle Afrikaners het in uiterste armoede geleef.

Die Engelssprekendes sou Afrikaners slegs as ’n groep ag as hulle op eie stoom suksesvolle maatskappye opbou. Daar was geen kortpaaie nie. (Ek het dr. Anton Rupert eenkeer gevra of hy aan enige Afrikaanse onderneming kan dink wat deur 'n Engelse onderneming bemagtig is. Hy het lank gedink en toe gesê: "Ek kan nie aan 'n enkele geval dink nie en ek is baie dankbaar daaroor.")

Toe Afrikaners ekonomies begin mobiliseer, het dr. TE ("Eben") Dönges, 'n senior advokaat en later 'n minister, gesê dat hulle nie beplan om Engelse firmas te boikot nie. Hulle was ook te trots om ander te vra om hul ekonomiese redding te help bewerkstellig. Al wat hulle van Engelssprekendes gevra het, was om welwillend neutraal te bly totdat Afrikaners hul ekonomiese voete gevind het.

Geen etniese groep word vir politieke of ekonomiese doelwitte gemobiliseer sonder dat hy van sy histories gevormde identiteit bewus gemaak word nie. Tot die vroeë 1930's was daar 'n vreemde stilswye oor die Anglo-Boereoorlog. Die jonger generasie was onkundig omdat hulle in die skole feitlik niks oor die oorlog geleer het nie.

'n Nuwe geslag Afrikaners het aktief begin om hulle met sowel die heroïsme as die lyding van die oorlog te vereenselwig. Afrikaanse sakelui het beplan om ondernemings op te bou, nie net om meer wins te maak nie, maar om die grootskaalse armoede en gebrekkige werkgeleenthede onder Afrikaners aan te pak deur vir hulle werk te skep.

Die Afrikaanse Taal- en Kultuurvereniging het vierings vir die tweede helfte van 1938 georganiseer. Nege ossewaens het 'n trek van Kaapstad na die noorde onderneem. Een roete was na Pretoria, waar die Voortrekkermonument se hoeksteen op 16 Desember gelê sou word. Die ander was na die toneel van die geveg by Bloedrivier in Noord-Natal.

Die trekke het 'n golf van geesdrif ontlok wat saam met die waens van die een plek na die ander gespoel het. Mans en vroue, dikwels geklee in Voortrekkerklere, het die waens ingewag. Kranse is in plegtige seremonies op die grafte van Afrikaner-helde gelê. Strate is na Voortrekkerleiers hernoem. Vleisbraai het gewild geword onder dorpenaars en stedelinge in nabootsing van die Voortrekkers, wat hul maaltye in die veld bereid het.

"Die Stem van Suid-Afrika" was teen hierdie stadium prakties die Afrikaners se volkslied. Volksliedjies uit die FAK-bundel was nou deel van die populêre kultuur.

Die vierings se hoogtepunt was die byeenkomste op 16 Desember 1938. In Pretoria het 'n geesdriftige skare van meer as 100 000 by Monumentkoppie saamgetrek. Die briljante koerantman Schalk Pienaar, wat een van die trekke na Pretoria vergesel het, sou later vra: "Wat het met die feesvierings gebeur?"

Sommige kommentators het dit as "romantiese heimwee" afgemaak, maar Pienaar het iets diepers daarin gesien. Hy skryf: "Die waentjies het, soos Vader Kestell, die groot kerkman van daardie jare, dit ingeklee het, die volk van sy bestaan magtig bewus gemaak . . . Die hele volk is in die hart gegryp."

DF Malan het die massavergadering by Bloedrivier, ook op 16 Desember, toegespreek. Hy het die klem laat val op die armblankes wat in die stede en dorpe teen uiters lae lone met swart en bruin werkers moes meeding. "Die Afrikaner van die nuwe Groot Trek ontmoet die nie-blanke by sy Bloedrivier half of selfs geheel ongewapend, sonder skans en sonder rivierskeiding, weerloos op die ope vlakte van ekonomiese gelykstelling," het hy uitgeroep.

Die feesvierings het die prikkel gelewer vir die mobilisasie van Afrikaner-kapitaal om Afrikaanse ondernemings te stig. Sowel Malan as die Vrystaatse kerkleier JD ("Vader") Kestell het gesê dat die beste eerbetoon aan die Voortrekkers sou wees om die arm Afrikaners met 'n "reddingsdaad" te help. Hulle het dit beklemtoon dat min hulp van die staat of die sakewêreld verwag kon word. Kestell se slagspreuk "'n Volk help homself" het gou die verbeelding aangegryp.

Aanvanklik is 'n groot volksfonds voorgestel waarmee die Afrikanerarmes opgehef kon word. Die Broederbond het egter teen enige "liefdadigheidsplan" besluit. Hy het 'n plan voorgestel "om die koopkrag en kapitaalkrag van [die] volk produktief in belang van sy ekonomiese selfstandigwording aan te wend". Ondernemings sou die armes red deur hulle in diens te neem.

Die Afrikaners se finansiële bronne het veral in die tweede helfte van die 1930's toegeneem. In 1939 is geskat dat Afrikaners sowat £100 miljoen spaargeld het en hul koopkrag dieselfde bedrag behels.

Tog was weinig risikokapitaal beskikbaar. Die boere was geneig om hul wins in hul plase te belê. Die meeste surpluskapitaal was in verbande. Dönges het verklaar dat Afrikaners se kapitaal hoofsaaklik in verbande belê is en dat dit "van absoluut geen waarde" vir die opbou van Afrikaner-ondernemings is nie.

In Kaapstad het Sanlam besluit dat Afrikaner-surpluskapitaal gelok moet word vir beleggings wat sterk kapitaalgroei kan toon.

Tot in daardie stadium was daar min Broederbond-lede in die Wes-Kaap. Malan het in 1933 'n lid geword en is gevolg deur MS Louw, 'n invloedryke senior bestuurder van Sanlam, en Dönges.

In die Transvaal het baie Afrikaners Sanlam as 'n Kaapse onderneming beskou. Dit was nie oral gewild nie; tog het die meeste Afrikaners verkies om polisse by Sanlam uit te neem eerder as om hul spaargeld in sukkelende Afrikaner-ondernemings te belê.

'n Genootskap tussen Sanlam en die Broederbond was sinvol. Dit was Sanlam in die suide en die Broederbond in die noorde wat die sogenaamde Eerste Ekonomiese Volkskongres in Oktober 1939 in Bloemfontein gereël het.

Die kongres is deur politici, sakelui en akademici bygewoon. CGW Schumann, professor in ekonomie op Stellenbosch en een van die vernaamste sprekers, het die afgevaardigdes aangespoor om nie die armblankekwessie in isolasie te beskou nie. Die "gesonder" dele van die Afrikaanse gemeenskap moes eerder versterk word. Afrikaners moes oorreed word om Afrikaanse ondernemings te ondersteun, wat armer Afrikaners in diens kon neem.

Die Volkskongres het drie instellings geskep: Die Afrikaanse Handelsinstituut, wat tot onlangs as die AHI bekend gestaan het; die Reddingsdaadbond (RDB), wat hom sou toespits op 'n sogenaamde reddingsdaad; en Federale Volksbeleggings (FVB), wat 'n finansieringshuis was.

Die Afrikaanse Handelsinstituut was die sambreelliggaam van al die Afrikaanse sakekamers. Die meeste Afrikaanse ondernemings was nog klein. Hulle was in 'n stryd teen die Engelse maatskappye wat hul ondernemings op 'n veel groter skaal bedryf het en wat deur die regering se beleid van rantsoene en kwotas bevoordeel is.

Afrikaner-nasionaliste het gou sakebelange en boerebelange as gemeenskaplike Afrikaner-belange beskou. Boere en sakelui het saam groot maatskappye se pogings weerstaan om landboupryse af te druk.

Die AHI se president het aan die boere gesê dat hulle in Afrikaanse ondernemings moet belê. Sakelui het die boere se eis ondersteun dat die paswette verskerp moet word sodat swart plaaswerkers nie stad toe kan trek nie.

Teen 1947 het die Reddingsdaadbond 67 131 lede in 318 takke gehad. Elke skoolkind is gevra om maandeliks 6 pennies by te dra. Die RDB wou £500 000 insamel vir beleggings in Afrikaanse ondernemings en verskillende kulturele projekte. Minder as 'n derde hiervan is ingesamel. 'n Deel is in FVB-aandele belê, 'n deel het aan Afrikaanse organisasies gegaan en die res is vir studielenings gebruik.

Die RDB se belangrikste bydrae was om Afrikaners aan te moedig om Afrikaanse ondernemings te steun. Toe die oorlog uitbreek, was omtrent alle plattelandse ondernemings in die hande van Suid-Afrikaners van Britse, Joodse of Indiese afkoms. Teen die einde van die oorlog het Afrikaners baie van hierdie ondernemings, veral winkels en kafees, oorgeneem.

Verreweg die belangrikste uitvloeisel van die Volkskongres was die totstandkoming van FVB, wat deur Sanlam beheer is. Dit het die volgende doelstellings gehad:

- dit moes vir sy aandeelhouers wins maak;
- dit moes die vooruitgang van Afrikaners in die ekonomie bevorder en die posisie van die Afrikaner in die handel en nywerheid versterk; en
- dit moes Afrikaners help om van armoede te ontsnap deur hulle goeie betrekkings in Afrikaanse ondernemings aan te bied.

Afrikaners is gevra om aandele in gesonde Afrikaanse ondernemings te koop. Die Broederbond het ook sy lede aangemoedig om Afrikaanse ondernemings so te ondersteun. In 1941 het die Broederbond in omsendbriewe sekere ekonomiese take vir alle "regte Afrikaners" voorgestel. Een was om 'n polishouer in 'n Afrikaanse versekeringsmaatskappy te wees en spaargeld in 'n Afrikaanse onderneming te belê.

Teen 1943 is meer as £2 miljoen in Afrikaner-maatskappye belê, meestal in Federale Volksbeleggings. Teen 1945 het FVB groot belange in die vis-, hout-, staal- en chemikalieë-bedryf gehad, asook in die vervaardiging van landbougereedskap.

Een van FVB se eerste lenings aan klein Afrikaanse ondernemings was aan 'n maatskappy gestig deur 'n jong entrepreneur, Anton Rupert. Die eerste aandeelhouers was hoofsaaklik Afrikaanse tabak- en wynboere. Selfs tot 1945 was daar geen aandeel op die Johannesburgse Aandelebeurs waarvan die meeste direkteure of aandeelhouers Afrikaners was nie. In daardie jaar is die maatskappy Distillers Korporasie met Rupert as besturende direkteur genoteer. Hieruit sou die Rembrandt-groep as 'n konglomeraat ontwikkel met belange in tabak, die vervaardigingsektor, wyn en luukse goedere.

Rupert het homself in die klassieke idioom van die volksbeweging uitgedruk. Die Afrikaanse sakesektor wil "die vrymaking van ons volk bevorder en die Afrikaner help om sy regmatige plek in die nywerheid in te neem as toekomstige werkgewer en werknemer", het hy gesê.

In 1951 is 'n tweede Ekonomiese Volkskongres gehou. Die atmosfeer was positief – dit was amper of die deelnemers mekaar en hulself wou gelukgewens. Die armblankekwessie is opgelos en Afrikaners staan op sleutelpunte in die stedelike ekonomie, het LJ du Plesssis gesê.

Van 1938 tot 1975 het Afrikaners se aandeel in die ondernemersfunksie in die verskillende sektore sterk gestyg. In vervaardiging en konstruksie het dit van 3% tot 6% toegeneem en dit sou in 1975 op 15% staan. In handel het dit van 8% tot 16% gestyg en in die finansiële sektor van 5% tot 10% en tot 25% in 1975.

Maar die Afrikaner-aandeel in die mynbou was in 1955 steeds net 1%. Vroeg in die 1960's was daar 'n groot deurbraak. 'n Historiese kompromis is gesluit tussen die Anglo American Corporation, wat die Suid-Afrikaanse ekonomie oorheers het, en die Afrikaner-sakesektor.

Anglo American se hoof, Harry Oppenheimer, het besef dat dit belangrik is om Afrikaners se negatiewe houding teenoor sy sakeryk te verander. In 'n vernuftige skuif het hy in 1963 'n aansienlike aandeel in General Mining, 'n mynhuis onder sy beheer, aan Federale Mynbou verkoop.

Oppenheimer het nie vir die Afrikaners 'n mynhuis teen afslag gegee nie. Die transaksie het teen markpryse geskied en hy het 'n aansienlike slag geslaan deurdat Sanlam as deel van die transaksie van sy diamantbelange afstand gedoen het. De Beers, waarin Anglo American 'n meerderheidsbelang gehad het, kon daardeur sy diamantmonopolie behou.

Teen 1975 het die Afrikaner-aandeel in die mynbou van 1% tot 18% opgeskiet.

Teen 1970 het sakeleiers die Afrikaner se ekonomiese doelstellings heeltemal anders gedefinieer as in die 1940's. Sanlam se besturende direkteur, Pepler Scholtz, het gesê dit is beter om van die Afrikaner se bydrae tot die ekonomie te praat pleks van sy aandeel daarin. Die Afrikaners is nie op 'n aandeel geregtig omdat hulle bestaan nie. Hulle is slegs geregtig op daardie deel van die sakewêreld wat hulle deur hul eie vermoë en harde werk kan verower.

Suid-Afrika se reg om nie aan Brittanje se oorloë deel te neem nie, was een van die mees omstrede kwessies in die wit politiek. Die Engelssprekendes het volgehou dat Suid-Afrika se lidmaatskap van die Britse Statebond nie net voordele vir die land het nie, maar ook verpligtinge, soos om Brittanje in 'n Europese oorlog by te staan.

Die Afrikaner-nasionaliste het aangevoer dat Suid-Afrika nie werklik vry is as hy teen wil en dank in Brittanje se oorlog betrokke moet raak nie. Dit was die vernaamste rede waarom hulle op 'n republiek aangedring het, wat hierdie kwessie finaal sou besleg.

Nadat die Statuut van Westminster in 1932 aangeneem is, het Hertzog geglo dat Suid-Afrika se outonomie verseker is. In September 1938 het hy die kabinet tot 'n posisie van neutraliteit verbind as Brittanje oorlog verklaar.

Dit lyk of Smuts saamgestem het, maar met die Duitse inval in 1939 in Tsjeggo-Slowakye het hy sy mening verander. Hy het geglo dat Suid-Afrika verplig is om te help om Adolf Hitler se Nazi-Duitsland te stuit.

Oorlog het op 1 September 1939 in Europa uitbreek nadat Nazi-Duitsland Pole binnegeval het en Brittanje en Frankryk se daaropvolgende ultimatum geïgnoreer het. Hertzog het aan die kabinet voorgestel dat Suid-Afrika neutraal bly. 'n Meerderheid onder Smuts se leiding wou hê dat Suid-Afrika, as 'n bondgenoot van Brittanje, oorlog verklaar. 'n Skeuring in die Verenigde Party was 'n voldonge feit.

Hertzog het in die parlementêre debat gesê dat dit rampspoedig vir die verhouding tussen Afrikaners en Engelse sou wees as Suid-Afrika aan die oorlog deelneem. Malan het Hertzog onomwonde gesteun. Sy argument was dat as Suid-Afrika nie bande met Brittanje gehad het nie, hy nie in 'n oorlog betrokke sou raak weens 'n konflik in die verre Pole nie. As Suid-Afrika ingesuig moes word in elke oorlog waarin Brittanje betrokke raak, was die land nie werklik 'n land van vrye mense nie, maar van slawe.

Smuts het geargumenteer dat die lotsbestemming van die mensdom en die toekoms van die Westerse beskawing op die spel was.

Hertzog se mosie is met 80 stemme teen 67 verslaan, wat grootliks die taalverskille onder parlementslede weerspieël het. Die goewerneur-generaal het geweier om die parlement te ontbind en 'n algemene verkiesing uit te roep. *Round Table*, 'n gesaghebbende tydskrif, het dit as waarskynlik beskou dat 'n anti-oorlog-party so 'n verkiesing sou gewen het. Die goewerneur het Smuts gevra om 'n kabinet saam te stel en Suid-Afrika het tot die oorlog toegetree.

Hierdie besluit was 'n waterskeiding in die wit politiek. Op lang termyn het dit die einde van die Verenigde Party beteken en saam daarmee die aansienlike wit konsensus oor perke op rassediskriminasie. Die Nasionale Party met sy veel radikaler rassebeleid sou waarskynlik nie die bewind in 1948 oorgeneem het as dit nie vir die politieke polarisasie weens die oorlog was nie.

Afrikaner-nasionaliste was hoogs ontsteld oor die oorlogsbesluit. Die digter en essayis NP van Wyk Louw het hul gevoel weerspieël. Hy het daarna verwys as "'n groot nederlaag" en hom voorgeneem om "'n kompromislose geestelike Afrikanerskap" te probeer opbou. Hy skryf dat "die gemeenste ding op aarde is: om vir dié te veg wat jou mense verower het" en op aandag te staan vir "God Save the King", wat "met wapengeweld afgedwing is".

Die skeuring in die VP en die wegbreek van Hertzog en sy volgelinge het nie die Afrikaner-nasionaliste onmiddellik verenig nie; daar het inteendeel 'n skerper verdeling ontstaan. In Januarie 1940 het Malan en Hertzog se ondersteuners in die Herenigde Nasionale, of Volksparty, saamgesmelt met Hertzog as leier.

Malan het Hertzog geesdriftig gesteun, maar die radikaler nasionaliste in die noorde het Hertzog ondermyn. Hy was lou teenoor die idee van 'n republiek en het onomwonde planne verwerp wat die rondte gedoen het om Engels en selfs Engelssprekendes in 'n onderhorige posisie te dwing. Nadat sake op 'n partykongres op 'n spits gedryf is, het Hertzog verklaar: "Ek wil nie deel hê aan 'n politieke party wat nie absolute gelykheid aan Engels- en Afrikaanssprekendes gee nie."

Hertzog het hom onttrek en Malan het leier geword. Dertien van Hertzog se volgelinge in die parlement het die Afrikanerparty onder leierskap van NC Havenga, Hertzog se lojaalste bondgenoot, gevorm.

Hertzog het militante aksie teen die oorlogspoging ontmoedig. Toe Anton Rupert en ander studente hom kom raadpleeg, het hy hulle aangeraai om hul studie voort te sit: die Afrikaners sou ná die oorlog weer aan die bewind kom en hulle moes hulle vir hul loopbane voorberei.

Verskeie radikale randbewegings het gedurende die oorlog onder die Afrikaners veld gewen. Een was die Suid-Afrikaanse Christelike Nasionaal-sosialistiese beweging, bekend as die "Gryshemde". Die inspirasie was die groei van 'n gewelddadige anti-Semitisme en die politieke boewery van Hitler se stormtroepe, die "Bruinhemde".

Gedurende die vroeë oorlogsjare was daar twee ander organisasies wat openlik pro-Duits en pro-diktatuur was. Die een was die Nuwe Orde, wat in 1940 gestig is. Die leier was Oswald Pirow, 'n lid van Hertzog se kabinet voor die 1939-skeuring. Hulle het 'n Afrikaanse variant van die Nasionaal-sosialisme bepleit.

Verreweg die belangrikste anti-oorlog-beweging was die Ossewabrandwag (OB), 'n kwasi-militêre organisasie met kommandante en generaals aan die hoof. Die OB-leiers het in 'n stadium beweer die beweging het meer lede as enige ander Afrikaner-instelling behalwe die NG Kerk.

In 1941 het Hans van Rensburg, vroeër Vrystaatse administrateur, leier geword. Hy was 'n vurige ondersteuner van Nazi-Duitsland en het homself beskou as 'n man van aksie. John Vorster, 'n latere eerste minister, het lid geword en is in hegtenis geneem en na die interneringskamp by Koffiefontein in die Vrystaat gestuur.

Die Ossewabrandwag het gedurende die eerste jare van die oorlog 'n baie prominente rol in die Afrikaner-politiek gespeel. Van Rensburg het 'n veldtog begin vir 'n "vrye Afrikaner-republiek op dieselfde grondslag as Adolf Hitler se Nasionaal-sosialistiese beweging in Duitsland". Hy het parlementêre politiek verwerp en daarop aangedring dat die OB, as die enigste massabeweging, alle Afrikaners verteenwoordig.

Die beweging het sy hoop gevestig op 'n oorwinning vir die Spilmoondhede en Duitse hulp in die vestiging van 'n Afrikaner-republiek. Die OB het sy eie troepe, die Stormjaers, gehad, wat deur sabotasie en enkele sluipmoorde die oorlogspoging in die wiele probeer ry het.

Die OB het sterk gegroei weens Afrikaners se groot ontnugtering met die "Brits-Joodse demokrasie" wat die land in 'n oorlog gedompel het. Sommige waarnemers het sy ledetal op 100 000 geskat. Maar sy pogings om geesdrif aan te wakker deur militêre oefeninge en die gebruik van militêre range het hom gou die voorwerp van spot gemaak.

Die NP het onder Malan se sterk leiding die parlementêre politiek en die stembus voorgestaan as al aanvaarbare metode om die party se nasionale strewes te verwesenlik. Malan het gewelddadige verset teen die oorlogspoging afgekeur, maar ook by omtrent elke geleentheid verklaar dat Suid-Afrika hom aan die oorlog moet onttrek.

Smuts se VP-regering het aangeneem dat die meeste Afrikaners teen die oorlog gekant is en het voorsorgmaatreëls getref. Talle lede van die OB en ander radikale organisasies is geïnterneer. Staatsamptenare wat moontlik anti-oorlog kon wees, is uit strategiese poste geskuif of nie bevorder nie.

Die maatreëls het die gemoedere gaande gemaak. Talle staatsamptenare het by die leër aangesluit en dit het die regering genoop om die tweetaligheidsvereiste vir nuwe aanstellings te verslap. Baie amptenare is bevorder hoewel hulle slegs Engels kon praat.

Veiligheidsoorwegings het daartoe gelei dat baie Afrikaners wat van 'n anti-oorlogsgevoel verdink is, dikwels net op hoorsê nie bevorder is nie. Daar was soveel gegriefdheid hieroor, veral in die Spoorweë, dat die NP-regering in 1948 'n griewekommissie aangestel het om dit te ondersoek. Altesame 2 875 spoorwegwerkers het getuig dat hulle bevordering geweier is hoewel hulle geensins aan anti-oorlogbedrywighede deelgeneem het nie. Dit het van klerikale poste tot dié van die hoofbestuurder geraak.

Anders as die OB, het die NP in wese 'n demokratiese party gebly. NP-leiers is verkies en kon uitgestem word. Volgelinge was vry om hul menings uit te spreek en om die party te verlaat. Hulle kon partyleiers sonder vrees skerp kritiseer. NP-leiers het omtrent sonder uitsondering die OB se nabootsing van die Nazi's en ander fascistiese bewegings afstootlik gevind. Daar is geen bewyse dat die OB of die Gryshemde 'n werklike invloed op Afrikaner-nasionalisme gehad het nie.

Vroeg in 1942 het dr. Malan en die ander NP-leiers, onder wie Hans Strijdom en Hendrik Verwoerd, Nasionaal-sosialisme onvoorwaardelik verwerp as 'n vreemde produk wat van buite ingevoer is. Hulle het sonder uitsondering parlementêre demokrasie onderskryf en die Stormjaers se sabotasie verdoem. Malan het dikwels gesê die party is die moeder en die gebruik van die stem die enigste regte politieke weg.

Die vernaamste Afrikaanse kerke het 'n soortgelyke standpunt uitgespreek. Die NG Kerk se invloedryke ampsblad, *Kerkbode*, het in Maart 1941 verklaar dat hy hom nie met enige vorm van oorheersing kan vereenselwig soos in die totalitêre stelsels in Europa nie. Dit ondermyn die kerk se vryheid.

In 1941 het die NP sy lede gelas om uit die OB te bedank en steun vir die organisasie het vinnig afgeneem. In die 1943-verkiesing het die NP genoeg vertroue gehad om 'n verkiesingspakt met hierdie organisasies van die hand te wys.

Dié verkiesing is oor die oorlogskwessie geveg. Smuts het sy volgelinge gevra vir 'n mandaat om die oorlog voort te sit om die wêreld vir die demokrasie veilig te maak. Die NP het kiesers gevra om die VP se imperialisme te verwerp en vir 'n wit demokrasie te stem. Die VP het 89 setels en die NP 43 gewen. Die NP was nou beslis nie meer 'n randparty nie, maar het die status van 'n alternatiewe regering gekry.

Die Burger, die party se invloedrykste ondersteuner, het die betekenis van hierdie verkiesing in 'n enkele sin saamgevat: Daar is geen ander model as die stembus vir ons aspirasies nie.

In 1945, 'n dag nadat Duitsland oorgegee het, het *The Star*, wat die oorlog en die regering gesteun het, geskryf: "We do not suppose Dr Malan and his disciples were ever Nazis at heart, or that they had any real affection for the Hitler regime." Die NP was pro-Duits en anti-Brits. Die party wou nie soseer 'n Duitse oorwinning hê nie, maar dat Brittanje nie beslissend moet wen nie.

In 1945 het Afrikaner-steun vir die OB so sterk gedaal dat die Broederbond die NP aanbeveel het as al party waardeur Afrikaners hul politieke aspirasies kan verwesenlik. Die Afrikaner se binnegevegte van die oorlogsjare het op 'n beslissende oorwinning vir die NP en die parlementêre demokrasie uitgeloop.

Daar is bereken dat 40% van die Afrikaners in die 1938-verkiesing vir die VP gestem het en dat dit in 1943 tot 30% gedaal het. As die VP se Afrikaner-steun in ’n volgende verkiesing tot 20% daal, sou die NP op die rand van ’n oorwinning staan.

Malan het nou begin om die vrese van die Engelssprekendes te besweer deur te beklemtoon dat albei wit gemeenskappe gelyke taal- en kulturele regte moet hê. Hy het hulle verseker dat die wit gemeenskappe ná die oorlog moet saamleef.

Maar ná 1945 het die term apartheid al meer deel van die NP se propaganda geword.

13

DIE '48 VERKIESING: "VANDAG BEHOORT SUID-AFRIKA WEER AAN ONS"

Mense beskou apartheid gewoonlik as 'n beleid om wit heerskappy af te dwing, maar in wese was dit 'n beleid om die Afrikaner-mag te verskans. NP-leiers het apartheid beskou as 'n instrument om beheer te behou – nie as 'n doel op sigself nie.

Vandag lyk apartheid soos 'n sandwalletjie wat die inkomende see probeer stuit het, maar in 1948 het dit anders daar uitgesien. Apartheid is grondig ondermyn deur ontwikkelinge wat niemand destyds kon voorsien nie.

Eerstens het die swart bevolking tussen 1946 en 1996 van 8 miljoen tot 32 miljoen vermeerder. Dr. Hendrik Verwoerd het sy beleid op 'n foutiewe bevolkingsprojeksie van 1951 gegrond. Pleks van die verwagte 19 miljoen teen 2000 was daar meer as 32 miljoen. Pleks van 2 miljoen tot 3 miljoen stedelike swart mense was daar 15 miljoen.

Tweedens het niemand ná die Tweede Wêreldoorlog verwag dat die Weste binne twee dekades uit feitlik al sy kolonies in Afrika en Asië sou onttrek nie en dat wit baasskap en wit eksklusiwiteit in die Weste heeltemal gediskrediteer sou raak. Kampvegters teen rassisme soos Mahatma Gandhi en later Martin Luther King en nog later Nelson Mandela het universele ikone geword.

Derdens kon niemand die koms van die Koue Oorlog en veral die ideologiese stryd tussen die Weste en die Sowjetunie met al sy bondgenote voorsien nie. Die Weste sou veel verder gaan om die onafhanklike Afrika-state se guns te wen as wat enigiemand verwag het.

Laastens het niemand teen 1948 die ongekende hoë ekonomiese groei van die 1960's in Suid-Afrika en die gevolglike groot vraag na geskoolde swart arbeid voorspel nie.

Teen die 1920's, toe die term apartheid vir die eerste keer gehoor is, was die amptelike beleid rassesegregasie. Tussen 1850 en die 1950's was skole feitlik oral in Suider-Afrika gesegregeer, ook in die Kaapkolonie met sy nie-rassige grondwet. Die meeste Engelse kerke het aparte gemeentes vir die verskillende rassegemeenskappe gehad.

Die ontwikkeling van apartheid het 'n eienaardige geskiedenis. Dit het by kerkmense begin, wat apartheid in die kerk wou hê. Dit het 'n bietjie later by akademici posgevat en eers heelwat later by politici en joernaliste. Gewoonlik is dit andersom.

Die woord apartheid het in 1929 vir die eerste keer in gedrukte vorm verskyn. Dit was in die teks van 'n toespraak wat ds. Jan Christoffel du Plessis van Bethlehem vroeër die jaar op 'n sendingkonferensie gelewer het. Die agtergrond was die toenemende toevloei van swart mense na Christelike kerke. Die NG Kerk was gretig om sy sending uit te brei, maar wou vir swart mense hul eie kerke stig pleks van hulle as lidmate van bestaande wit gemeentes aanvaar.

Du Plessis het verwys na die kerk se "gees van apartheid" wat "nooit wou toelaat dat bekeerlinge uit die heidene in ons kerklike en sosiale samelewing met ons blanke lidmate meng nie".

In die 1930's het dié denkwyse al meer in die NG Sendingkerk voorgekom. Op 'n vergadering in 1935 van die Gefedereerde NG Kerke van Suid-Afrika is 'n gemeenskaplike sendingbeleid geformuleer. Daarvolgens verkondig die Bybel dat verskillende volkere en "kleur-, kultuur- en taalgroepe" bestaan. Die kerklike organisasie en die onderwys moes daarop gegrond word.

In die 1930's het dosente, veral in volkekunde en naturelle-administrasie, die nuwerwetse akademiese terme van etniese groep en etnisiteit gebruik om 'n bepaalde rassebeleid te propageer.

Eers daarna het die joernaliste en politici dit aangegryp. Op 26 Maart 1943 word *Die Burger* die eerste koerant wat die term apartheid gebruik in 'n verwysing na die "Nasionaliste se beleid van apartheid". Ses maande later skryf die koerant oor die "erkende Afrikaner-standpunt van apartheid".

In 1944 word dr. DF Malan die eerste spreker wat die woord in die parlement gebruik. Hy verwerp segregasie as 'n beleid wat bruin en swart mense net wil "afhok". Hy beeld apartheid uit as 'n beleid wat bruin en swart wil ophef op die grondslag van dit wat hul eie is.

Apartheid was ver verwyder van die Nazi-denke teenoor die Jode. Malan vertel aan sy seun van twee "aangename" oudslawe wat op sy pa se plaas naby Riebeek-Wes gewerk het en hoe hy baie jare gedink het dat rasseverskille maar net veldiep is.

Apartheid het ook aangesluit by Britse kolonialisme, met sy klem op wit voogdyskap oor volke wat besig is om sogenaamd volwasse te raak.

In die Afrikaner-gemeenskap is apartheid gesteun deur kru rassiste met geen respek vir bruin of swart mense nie, maar ook deur idealistiese mense wat onreg teenoor hulle geleidelik wou uitskakel. Nelson Mandela vertel in sy lewensverhaal dat die NP die 1948-verkiesing geveg het met die slagspreuke "die kaffer op sy plek" en "die koelie uit die land". Geen bewys bestaan hiervan nie en dit is hoogs onwaarskynlik dat die apartheid-idealiste so iets sou toelaat.

Daar was talle Nasionale akademici, Verwoerd ingesluit, wat die idee verwerp het dat swart mense biologies minderwaardig is of dat ras iets met intelligensie of vermoë te doen het. Verskille in prestasie moet toegeskryf word aan bepaalde omstandighede wat nie van blywende aard is nie, het hulle gesê. Hulle het wel rassevermenging verwerp wat destyds as sosiaal ongewens beskou is.

NG predikante en dosente in die Kweekskool was dikwels die grootste idealiste. Hulle was veel minder geneig as akademici en politici om rassediskriminasie op grond van 'n gewaande minderwaardigheid van bruin of swart mense te kondoneer.

So het GBA Gerdener, professor in sendingwetenskap aan die Stellenbosse Kweekskool, aparte woonbuurte vir bruin mense bepleit. Sy voorwaarde was dat dit "100% moet wees wat voorregte en geleenthede betref". Hy het nie besef die staat het nie die geld om bruin of swart woonbuurte van dieselfde gehalte as die wit buurte te bou nie. Ook nie dat almal van hulle grootliks slaapdorpe sou word nie.

Apartheid-idealiste het die kru rassiste se afkeer van rassevermenging gedeel. In die 1940's het die NG Kerk druk uitgeoefen vir 'n verbod op gemengde huwelike en buite-egtelike seks oor die kleurgrens.

Hierdie houding was nie vreemd in die Weste nie. Toe die latere pres. Barack Obama se ma in 1961 met 'n swart Keniaan getrou het, was so 'n huwelik in amper twee dosyn van Amerika se suidelike state nog verbode. Selfs in 1970 het Louisiana 'n wet aangeneem wat bepaal het dat 'n 32ste Negerbloed die skeidslyn tussen wit en swart is.

Malan se Nasionale Party het op 26 Mei 1948 in bondgenootskap met NC Havenga se Afrikaner-party onverwags die verkiesing met 'n skrale agt setels gewen. Net 450 000 kiesers het vir die wen-koalisie gestem en meer as 600 000 vir hul opponente.

"Vandag behoort Suid-Afrika weer aan ons. Suid-Afrika is ons eie vir die eerste keer sedert die Unie van Suid-Afrika. Mag God gee dat dit altyd ons eie bly," het Malan net ná die verkiesing gesê.

Sy woorde moet verstaan word teen die agtergrond van die Tweede Wêreldoorlog wat groot spanning tussen die twee wit taalgroepe veroorsaak het. Die Engelse gemeenskap was vurig aan die Geallieerdes se kant. Die Afrikaners het die meeste troepe gelewer vir die Suid-Afrikaanse mag, maar die gemeenskap was óf neutraal óf simpatiek teenoor Duitsland.

Daar word dikwels beweer dat die slagspreuk van apartheid die verkiesing gewen het. 'n Ontleding van koerantbriewe ses maande voor die verkiesing toon egter dat ander kwessies belangriker was.

Die persepsie dat die VP-regering in die voorafgaande agt jaar teen Afrikaners, veral in die staatsdiens, gediskrimineer het, was veral belangrik. Effens laer in die rangorde was die voedseltekorte en -rantsoenering, gevolg deur griewe oor die behandeling van oudsoldate. In hoofartikels is op die rassekwessie gehamer, maar net een uit elke tien briewe het dit aangeraak.

Die 1948-verkiesing was die eerste een waarin 'n Boere-generaal in die Anglo-Boereoorlog van 50 jaar tevore nie sy party tot 'n oorwinning gelei het nie. Jan Smuts, amper 80 jaar oud, het ná die verkiesing aangedaan gesê: "My mense het my verlaat." Iemand het hom reggehelp: "Nee, Generaal, hulle is almal dood."

Tog het die nederlaag Smuts nie verbitter nie. In Desember 1948 het hy aan 'n korrespondent in Engeland geskryf: "In Suid-Afrika gebeur die beste en die slegste nooit nie." Toe hy 'n jaar daarna op Stellenbosch gevra word waarom hy nie meer vir Afrikaans gedoen het nie, was sy antwoord: "Goeie hemel, hoeveel ander werk moes ek nie doen nie."

In Desember 1949 het Smuts en Malan albei by die inhuldiging van die Voortrekkermonument in Pretoria gepraat. Dit is bygewoon deur die grootste skare wat die land nog gesien het.

Hul toesprake het 'n skerp kontras gevorm. Smuts was optimisties en amper liries oor die Afrikaners se verlede. Hy het gesê: "Watter jong volk kan op 'n meer romantiese geskiedenis roem, een van meer ingrypende menslike belang? Kleur, insident, tragedie en komedie, nederlaag en oorwinning, vreugde en smart – ons voor-geskiedenis is vol van die aangrypendste menslike belang."

Smuts het egter gewaarsku dat die grootste uitdaging nog voorlê. "[Daar moet] 'n oplossing gesoek word vir die grootste vraagstuk wat ons van die voorgeslag geërf het – die vraagstuk van ons naturelleverhoudings."

Anders as Smuts se rede was Malan se toespraak vol somber waarskuwings oor die gevare wat voorlê: gelykstelling, gesinsverval en die "goddelose" kommuniste.

Maar die Afrikaners het reeds die akute armoede van die 1930's agtergelaat. Die feit dat die NP aan die bewind was, het veel meer selfvertroue veral onder stads-Afrikaners gekweek.

Tog was daar onder die leiers nie die opvatting dat die NP altyd aan die bewind sal wees nie. Eben Dönges, wat die sleutelwette van apartheid ingedien het, sê aan 'n Britse joernalis apartheid beteken vir hom en sy kollegas dat die huidige en die volgende twee geslagte teen die gevare van 'n vinnig groeiende swart en bruin bevolking beskerm sal word. Die implikasie was dat hulle hulle daarna sonder beskerming sou moes handhaaf.

Die NP-regering het sy magsposisie dringend probeer konsolideer. Hy het moedertaal-onderrig verpligtend gemaak. Teen 1958 het meer as twee derdes van die Afrikaner-kinders Afrikaansmediumskole bygewoon vergeleke met net 'n kwart in 1932.

Die NP het aanvanklik gevrees dat die VP die mag sou probeer terugkry deur op groot skaal bruin kiesers te registreer. Teen 1953 was dit duidelik dat die VP dit nie sou doen nie.

Die NP het toe begin argumenteer dat dit in beginsel onaanvaarbaar was dat die bruin mense 'n magsbalans tussen die twee partye hou. In die VSA se suidelike state is die argument ook gebruik dat die Negerstem "inmeng" in die wedywering tussen die twee groot partye. Die politieke leiers in die VSA wat so geargumenteer het, het gewen. Van die 1890's tot die vroeë 1960's kon die meeste swart mense in die suide nie stem nie.

Vir baie nasionaliste was die afskaffing van bruin verteenwoordiging 'n manier om vir die swart mense te wys dat die NP vasbeslote is om die parlement heeltemal wit te maak.

In 1952 het die NP-regering die Wet op die Afsonderlike Verteenwoordiging van Kiesers aangeneem wat die bruin kiesers op 'n aparte lys geplaas het. Die hof het egter bevind dat hierdie wet die verskanste klousules in die grondwet, wat 'n tweederdemeerderheid vir enige verandering verg, geskend het. 'n Uitgerekte konstitusionele stryd het gevolg en die wet is eers deurgevoer nadat die regering die senaat met NP-senatore gelaai en die regters in die appèlhof vermeerder het.

Dit was 'n skandelike episode wat groot skade aan die Grondwet en die verhouding tussen wit en bruin mense aangerig het.

Teen 1953 het daar twyfel onder Kaapse nasionaliste ontstaan oor die plan om die bruin kiesers van die lys te verwyder. Phil Weber, *Die Burger* se redakteur, skryf aan Albert Geyer, 'n vorige redakteur en toe hoë kommissaris in Londen, dat dit veel wyser sou wees om hoë kwalifikasies vir alle nuwe bruin kiesers te vereis.

Maar die koeël was reeds deur die kerk.

Ná die 1953-verkiesing was daar twee keer soveel Transvaalse en Vrystaatse lede in die NP-koukus as Kaapse lede. In 1954 het JG Strijdom, die Transvaalse NP-leier, Malan as hoofleier en eerste minister opgevolg. Onder die Transvaalse leierskap was daar nou nog minder kans as voorheen dat die NP bereid sou wees om behoorlike politieke verteenwoordiging vir bruin mense in te stel.

Nietemin het die regering daadwerklik bruin onderwys probeer verbeter. In 1952–57 en 1957–62 het die besteding elke keer met ongeveer 20% gestyg. Tussen 1962 en 1967 was die styging 97%. Die skole is verplig om onderrig te gee in Afrikaans as dit die moedertaal van die meeste kinders was.

PW Botha het aan die De Villiers-egpaar, wat sy biograwe was, gesê: "Nog dr. Malan nog dr. Verwoerd het anders gedink as dat die Kleurlinge eers opgehef moet word en dat die konsekwensies daarvan aanvaar moet word." Die bruin middelklas is egter vervreem deur wette soos die

Groepsgebiede en besluit om die meeste bruin studente te verplig om die Universiteit van Wes-Kaap by te woon. Erkenning deur die Akademie van Wetenskap en Kuns van uitstaande bruin opvoedkundiges soos Richard van der Ross en Adam Small het lank agterweë gebly.

Toe Verwoerd in 1958 eerste minister word, was die basiese raamwerk van apartheid reeds geskep. Dit is dus foutief om hom as apartheid se argitek te bestempel.

Die hoeksteen van apartheid was die Wet op Bevolkingsregistrasie van 1950 wat elke burger in terme van 'n bepaalde statutêre groep geklassifiseer het: wit, bruin en swart mense. Die wet het apartheid omvorm van 'n losse en dikwels onsamehangende patroon van segregasie tot 'n rigiede stelsel met wetlike voorskrifte.

Die grootste probleem was om die bruin mense in die staat se voorgeskrewe groep in te dwing. Hulle het na aan die wit gemeenskap gestaan en die meeste het dieselfde geloof, taal en kultuur gedeel. Smuts het die regering se poging om bruin mense te klassifiseer bestempel as 'n poging "om die onklassifiseerbare te klassifiseer". Hy het gepleit dat die regering nie met 'n ding moes voortgaan wat baie diep lê nie.

'n Persoon se klassifikasie het verreikende gevolge gehad. Dit het omtrent al sy daaglikse bedrywighede geraak – waar hy gewoon het, saam met wie hy sport beoefen het, sy huweliksmaat, buitehuwelikse seks, sy skool, sy werk en sy begraafplaas.

Die NP-regering het hom nie laat afskrik nie. Wit mense is gehuur as klassifiseerders. Die vernaamste maatstaf was maatskaplike status en wit mense se algemene opvatting wie wit, bruin of swart was. In uiterste gevalle is kamme deur mense se hare getrek met die veronderstelling dat stywe krulle 'n aanduiding van 'n bruin mens is.

Die Burger se rubriekskrywer "Dawie" het aanvanklik geskryf dat die proteste teen klassifikasie net 'n agitasie vir "volstrekte gelykstelling" is. "Ek wag steeds dat iemand ook maar net 'n enkele voorbeeld noem van 'n persoon wat onredelik ingedeel is."

Teen 1956 het die klassifiseerders reeds 100 000 grensgevalle teengekom. Mense is vasgevang in die doolhof wat Franz Kafka so goed beskryf het. Klassifikasie het menslike tragedies tot gevolg gehad. Sommige minnaars wat verskillend geklassifiseer is en dus nie kon trou nie, het hul eie lewe geneem.

Die wet wat wit en swart verbied het om te trou is in 1949 aangeneem. Die volgende jaar het die Ontugwet alle seksuele verkeer tussen "blank" en "nie-blank" verbied.

Die Burger het geskryf dat die Ontugwet slegs vir swakkelinge bedoel en as afskrikmiddel noodsaaklik is. Eers amper tien jaar later het die blad eers besef dat dit 'n harde wet is – en harder in die onnoembare ellende wat dit veroorsaak. Om mense ingevolge die Ontugwet te vervolg, moes die polisie op hulle spioeneer. Hulle het verkykers, bandopnemers en kameras gebruik, in slaapkamers ingebars en distriksgeneeshere beveel om die geslagsdele te ondersoek van paartjies wat verdink is van seks oor die kleurgrens. Teen 1985 is sowat 11 500 mense aan "ontug" skuldig bevind. Veel meer is aangekla.

Aparte groepsgebiede was saam met rasseklassifikasie die apartheidstelsel se hoeksteen. Toe die NP aan die bewind kom, het sowat 'n derde van die Kaapse bruin mense in gemengde buurte gebly. Die Groepsgebiedewet van 1950 het bepaal dat verskillende groepe in verskillende gebiede bly. Diegene wat in die verkeerde groepsgebied was, moes skuif.

Die mees omstrede regeringsoptrede was die verwydering van 65 000 bruin mense uit Distrik Ses, 'n lewendige buurt in die Kaapse middestad, waar wit mense sowat 56% van die eiendom besit het. Die inwoners is teen hul wil na die sanderige woonbuurte van die Kaapse Vlakte verskuif. Dikwels, soos met Mitchells Plain en Atlantis, was dit ver van die middestad.

Bruin families oor die hele land is uitgeskuif van die onderdorpe na dorpies wat soms net buite die hoofdorp, maar soms ook 'n kilometer of twee weg, uitgelê is.

Ingevolge dié wet is uiteindelik een uit elke vier bruin mense en een uit elke ses Asiate verskuif – teenoor net een uit elke 666 wit mense.

'n Wet op die aanwys van aparte geriewe het alle openbare geriewe gesegregeer. "Blankes" en "nie-blankes" was verplig om aparte ingange, busse, sitplekke in busse, treinkompartemente en parke en openbare toilette te gebruik. Bruin en swart mense kon nie na hotelle, restaurante of kafees in 'n sogenaamde wit gebied gaan nie. Hulle is ook uitgesluit van wit teaters, bioskope en swembaddens. Aparte strande is aangewys; net die berge het uitgebly.

Die regering het, soos met rasseklassifikasie, die probleme rondom die aanwys van aparte woonbuurte hopeloos onderskat. Toe die regering sy voorstelle vir Kaapstad voorlê, was die VP-beheerde stadsraad so geskok dat hy die openbare verhore geboikot het.

Die regering en baie van sy amptenare het vasgeklou aan die illusie dat die mense graag wou trek na plekke waar daar soms beter behuising was.

Maar diegene wat moes trek, het dit heeltemal anders beskou. Gedurende die laat 1980's het Allan Hendrickse, leier van die Arbeidersparty, pres. PW Botha gevra om Distrik Ses aan die bruin mense terug te gee. Botha, wat in 1966 die verantwoordelike minister was toe bruin mense uit Distrik Ses verskuif is, het geantwoord: "Jy moet my bedank vir wat ek gedoen het omdat julle nou met waardigheid leef."

Botha kyk heeltemal die magteloosheid en die vernedering mis van mense wat gedwing is om hul huise te verlaat en die tekortkomings van die plekke waarheen hulle verskuif is. Dit het lank gevat voordat enige gemeenskapsgees in die nuwe woonbuurte ontwikkel het. Baie gemeenskappe en selfs families het in die verskuiwings verbrokkel. Mense is dikwels hervestig in buurte sonder 'n behoorlike infrastruktuur.

Talle huiseienaars het groot verliese met hul verskuiwing gely, terwyl wit spekulante soms groot wins gemaak het. Mense is dikwels verskuif na plekke wat verder weg van hul werk was. Die afwesigheid van 'n gemeenskapsgees en -dissipline in die nuwe buurte het tot 'n hoë misdaadsyfer gelei.

Swart mense is ook verskuif. Die bekendste geval was Sophiatown in die hart van Johannesburg. Ongeveer 60 000 swart mense is na Soweto verskuif. Sophiatown is blank verklaar, en op die ongevoeligste wyse is die nuwe buurt Triomf genoem.

In die eerste vyftien jaar van apartheid is feitlik al die krotbuurte in en om die vernaamste stede opgeruim en is meer as 100 000 huise vir swart mense gebou. Die huise was klein en die argitektuur van die buurt eentonig, maar die gehalte van die bouwerk was dikwels beter as wat die geval ná 1994 sou wees. Daar was min sport- en ander openbare geriewe.

Die belangrikste en ook mees omstrede apartheidsmaatreël was die wet van 1954 wat swart onderwys, destyds Bantoe-onderwys genoem, gereguleer het.

Wit kerke en sendinggenootskappe het voorheen omtrent al die swart skole en kolleges beheer en grootliks gefinansier. Die staat het wel 'n subsidie op salarisse betaal en omtrent al die skole het hiervan afhanklik geraak.

Die wit kiesers het verwag dat hul belasting nie vir swart onderwys aangewend sou word nie. Volgens Alfred Hoernlé, die voorste liberale denker van die tyd, sou dit in die meeste kiesafdelings selfmoord wees om voor te stel dat wittes belas word om goeie onderwys aan swart mense te gee.

Teen 1954 was daar 'n paar sendingskole wat uitstekende onderwys tot die hoogste standerd aangebied het. In die Oos-Kaap was daar Lovedale en Healdtown, waar Nelson Mandela skoolgegaan het. In Natal was daar Adams College, net suid van Durban, waar Albert Luthuli, die laaste ANC-leier voordat die beweging in 1960 verbied is, onderwys gestudeer het.

Ná 1976 het swart politici en liberale kommentators dikwels 'n gloeiende prentjie van hierdie paar goeie skole voorgehou en vergeet van die benarde toestand waarin swart onderwys in die algemeen was. Volgens onlangse navorsing was die stelsel selfs op die punt om in duie te stort.

Met die NP se oorwinning in 1948 was net 24% van die swart kinders van skoolgaande ouderdom op skool. Van hulle het net 6% verder as die primêre standerds gevorder. Die gemiddelde swart kind was net vier jaar op skool.

Onder die swart jeug het 'n gees van opstandigheid geheers. In 1947 het leerlinge by die historiese Adams College die hoofgebou tydens proteste afgebrand. Waarnemers het gewaarsku dat die stadsjeug onbeheerbaar raak.

Toe Verwoerd in 1950 minister van naturellesake word, het hy dadelik aan swart onderwys aandag gegee. Hy het besef dat die ekonomie al meer deur die grootliks ongeletterde arbeidsmag gestrem word.

Verwoerd het geworstel met die vraag hoe onderwys aan onderdrukte mense verskaf kan word sonder dat dit hulle polities opstandig maak namate hulle tot al hoër standerds vorder. Dit is 'n patroon wat elders telkemale na vore gekom het. Strijdom, Verwoerd se leier in die Transvaal, het in 'n private brief gewaarsku dat goed opgevoede swart mense die handhawing van die kleurskeidslyn onmoontlik gaan maak en "noodwendig op bloedige botsings en revolusies moet uitloop".

'n Paar weke nadat hy minister geword het, het Verwoerd die lede van die Naturelle Verteenwoordigende Raad vir 'n gesprek genooi.

Verwoerd het aan die vergadering gesê sy regering verwag dat groot getalle swart mense in die stedelike gebiede sal aanbly. Die regering is nie bereid om aan hulle verteenwoordiging op provinsiale of regeringsvlak te gee nie, maar wel om "die grootste mate van selfbestuur moontlik" in die stede aan hulle te gee.

Hy het verder gesê dat swart gemeenskappe in die stede in staat gestel moet word om hulle "op die hele terrein van werke en dienste" ten volle uit te leef. Om dié rede is dit belangrik om geskikte onderwys in te stel om "voldoende bevoegde swart mense op baie gebiede" op te lewer.

Verwoerd het die lede uitgenooi vir 'n omvattende gesprek hieroor. Die lede het dit afgewys en op volle verteenwoordiging op alle regeringsvlakke aangedring. Indien hulle wel die uitnodiging aanvaar het, kon die geskiedenis, ook dié van swart onderwys, baie anders verloop het.

Die ANC, wat veral die stedelike swart elite verteenwoordig het, het volgehou om "Bantoe-onderwys" met al sy mag te beveg. Hierin was die waarheid dikwels die eerste slagoffer.

Die regering het byvoorbeeld nie die kerk- en sendingskole summier gesluit soos wat vandag nog beweer word nie. Kerke wat beheer wou behou, kon dit doen, maar hulle sou oor 'n tydperk van vier jaar hul staatsubsidie verloor. Die Katolieke Kerk het alternatiewe finansiering gekry en het dié uitweg gevolg. Die meeste Protestantse skole het beheer aan die staat oorgedra, al was hulle dikwels baie onwillig.

Die regering het sy onderwysbeleid ook nie op swart minderwaardigheid gegrond nie, soos dikwels beweer word. In die verslag van 'n kommissie van ondersoek is aangevoer dat swart kulture dinamies is en die grondslag kan verskaf vir die modernisering van die swart gemeenskap. Pleks van die Engelse kultuur na te boots, moes 'n nuwe onderwysstelsel trots op die swart mense se volkseie bou. In 1958 het Gwendolen Carter, 'n gerekende Afrika-kenner, geskryf dat dit sinvol is om die onderwys van 'n bepaalde groep op sy kultuur te grond.

Verwoerd het self groot skade aan die beleid gedoen deur woorde te gebruik wat dit in die oë van talle sou verdoem. Hy het gesê dat swart onderwys in "naturellegebiede" in die naturellegemeenskap gewortel moet word en bygevoeg: "Die Bantoe moet gelei word om sy eie gemeenskap in alle opsigte te bedien. Daar is vir hom bokant die peil van sekere vorms van arbeid nie plek in die blanke gemeenskap nie. Binne sy eie gemeenskap egter staan alle deure oop."

Vandag word dié woorde dikwels aangehaal, maar die deel oor die deure wat oopstaan in sy eie gemeenskap word gewoonlik weggelaat.

Verwoerd se formulering het in werklikheid net die situasie in die sogenaamde wit gebiede bevestig. Swart mense was nog altyd uitgesluit van geskoolde of ander gevorderde werkgeleenthede in die private sektor en van klerikale werk in die staatsdiens.

Navorsing toon dat daar in die 1950's geen aanvraag onder werkgewers na goed opgevoede of -geskoolde swart werkers was nie. Wit werkers kon nog feitlik heeltemal in die vraag na geskoolde arbeid voorsien. Die situasie sou ná die hoë ekonomiese groei van die 1960's vinnig verander. Ingevolge Verwoerd se beleid sou gevorderde werk in die tuislande geskep word. Dit sou egter lank duur voordat die administrasies in die tuislande goed opgeleide werkers sou nodig hê.

Verwoerd het ook swart teenstand aangewakker deur te sê dat dit geen nut sou hê om 'n swart kind wiskunde te leer as hy of sy dit nie later nodig sou kry nie. In werklikheid het baie skole voortgegaan om wiskunde aan te bied. Die groot probleem was 'n tekort aan onderwysers in die vak.

Navorsers het gevind dat die swart skole se leerplanne grootliks dieselfde as dié van wit skole was en sekerlik 'n verbetering op dié wat voorheen gebruik is.

Die departement het 'n beleid van moedertaalonderwys van die eerste tot die agtste skooljaar ingevoer. Die reuse-taak is aangepak om materiaal in die verskillende swart tale op te stel. Die swart elite in die stede het volgehou om Engels as voertaal van 'n vroeë stadium te eis. Vandag word taamlik algemeen aanvaar dat moedertaalonderwys, veral in die eerste agt jaar, die doeltreffendste is.

Die grootste tekortkoming van "Bantoe-onderwys" was die onvoldoende finansiering. Die besteding per kop aan wit kinders was veel groter as dié aan swart kinders.

Een van die redes was dat swart leerlinggetalle met ongeveer een miljoen in die eerste 15 jaar van Bantoe-onderwys toegeneem het.

Nog 'n rede was dat uitgawes aan die bou van swart skole nie in die onderwysbegroting verskyn het nie. Die plafon vir die besteding aan swart onderwys, wat Verwoerd aangekondig het, is gou laat vaar en besteding het met groot spronge gestyg.

Hoewel die uitgawe in geldterme baie gestyg het, het die skerp toename in die aantal kinders daartoe gelei dat die gaping in die per capitabesteding tussen wit en swart leerlinge bestendig gegroei het. Teen 1969 was dit 1:18,2 maar daarna het die gaping begin krimp. Die klasse in die meeste swart skole was veel groter as in wit skole.

Swart onderwys as geheel het in die apartheidstydperk sterk gegroei. In 1948 was net 24% van die swart kinders van skoolgaande ouderdom in skole ingeskryf; teen 1994 het dit tot 84% gestyg. Die getal swart leerlinge het teen 'n gemiddelde van 5,8% per jaar toegeneem.

Van die middel 1960's het al meer swart kinders tot die sekondêre klasse gevorder. In 1963 en 1964 sou net 10 uit elke 1 000 swart kinders in sub A (vandag se graad een) matriek bereik. Teen 1993 was dit 489.

Swart politieke leiers het bly aandring op onderwys met Engels as voertaal.

Tot die middel 1970's het dit gelyk of swart onderwys redelik stabiel was, met 84% van die swart leerders in standerd 10 wat geslaag het in 1975 – die hoogste syfer nog. Maar in 1974 het die minister en amptenare in die departement van Bantoe-onderwys besluit om Afrikaans as voertaal in sekere vakke in swart hoër skole aan die Witwatersrand af te dwing. In die kabinetsnotules is daar geen aanduiding dat die kabinet hierdie noodlottige besluit vooraf bespreek het nie.

Ná die onluste van 1976 is die swart politieke eis bevredig dat Engels, behalwe vir die eerste drie of vier jaar, die voertaal word. Die stelsel van swart onderwys sou egter 'n langdurige tydperk van groot onstabiliteit binnegaan.

14

APARTHEID-IDEALISTE: "UITEINDELIKE TOTALE SKEIDING"

In 1950 het 'n konferensie van die NG Kerk se federale raad 'n verreikende besluit aanvaar en dit aan die kantoor van die eerste minister, dr. DF Malan, gestuur. Daarvolgens sou geen volk ooit tevrede wees sonder 'n stem in die regering van die land nie. Om die swart mense van 'n stem te weerhou was nie alleen onredelik nie, maar was bestem om tot groot wrywing te lei. Die kerkleiers het besluit dat die enigste oplossing in "uiteindelike totale skeiding" van "blanke" en "nie-blanke" lê.

Die Afrikaner-nasionaliste se ideaal was, soos die titel van 'n boek lui, *Regverdige rasse-apartheid.* Historici het hulle later die "idealiste" van apartheid genoem, maar het "idealiste" altyd tussen aanhalingstekens geplaas as waarskuwing om dit nie letterlik op te neem nie.

Malan het op die konferensie se voorstel geantwoord: "Wel, as jy algehele apartheid moet hê, dan sou elkeen erken dat dit 'n ideale toestand is . . . maar dit is nie die beleid van ons party nie. Dit is nie uitvoerbaar nie en dit help nie vir enige party om die onmoontlike te probeer regkry nie."

Die kerkleiers het egter moed geskep met die regering se aanstelling van 'n kommissie om die sosiaal-ekonomiese probleme in die reservate te ondersoek en voorstelle te doen oor hoe meer mense daar 'n bestaan kan maak. Prof. FR Tomlinson, 'n bekende landbou-ekonoom, is as voorsitter aangestel.

In die middel 1950's het twee invloedryke kommentators, een swart en die ander 'n liberale Afrikaner, ook hierdie temas bespreek. Die een was ZK Matthews, seun van 'n Bamangwato-mynwerker wat 'n meestersgraad aan die Yale-universiteit verwerf en later professor by Fort Hare geword het. Die ander was 'n uitgewer, Leo Marquard, seun van 'n NG predikant in die Vrystaat, wat later by die Liberale Party aangesluit het.

Prof. Matthews het in 1956 op 'n vergadering van swart geestelikes gepraat net nadat die Tomlinson-kommissie omvangryke voorstelle vir die ontwikkeling van die swart reservate of tuislande ter tafel gelê het.

Matthews se kommentaar was dat die Smuts-regering ook omvattende planne vir die sosiaal-ekonomiese ontwikkeling van die tuislande aangekondig het. Die Tomlinson-verslag het, soos Matthews dit tereg genoem het, 'n "heeltemal nuwe faktor" bevat. Die reservate se ontwikkeling was nou nie meer deel van die land se algemene ekonomiese ontwikkeling nie, maar deel van 'n plan wat die swart mense se ekonomiese regte en politieke aspirasies tot 'n klein deeltjie van die land beperk. As daar na die ontwikkeling van die tuislande in die daaropvolgende 30 jaar gekyk word, is dit duidelik dat hierdie kommentaar versiende was.

Die volgende jaar het Marquard die presidentsrede gelewer op die liberale South African Institute of Race Relations se jaarvergadering. Hy het 'n paar jaar tevore gesê Suid-Afrika is in werklikheid 'n koloniale moondheid – al verskil is dat sy kolonies binne die fisieke grense van die moederland lê.

Marquard het geargumenteer dat Suid-Afrika op die punt gekom het waar dele moes begin wegbreek, maar het bygevoeg dat geen grondliggende beginsel vir so 'n beleid nog geformuleer is nie. Hy sou sekerlik die gedagte verwerp het dat 'n vorm van dekolonisasie van die swart tuislande op sigself 'n oplossing bied.

Verwoerd, wat in 1958 eerste minister geword het, was die leier wat die tuislandbeleid apartheid se hoeksteen gemaak het.

Weinig pogings om Verwoerd te beïnvloed het ooit veel indruk op hom gemaak, maar daar was moontlik wel een. Dit was toe Dag Hammarskjöld, die VVO se sekretaris-generaal, Suid-Afrika in Januarie 1961 besoek het. Sy opdrag was om die skending van menseregte onder apartheid te ondersoek. Verwoerd en Hammerskjöld het hul gesprekke as só vrugbaar beskou dat hulle ses vergaderings, pleks van die geskeduleerde een, gehad het. Hammerskjöld se private aantekeninge toon dat die twee leiers probeer het om sekere grondliggende beginsels te formuleer wat apartheid op die weg na 'n haalbare oplossing sou plaas.

Hammarskjöld het gesê dat die VVO spoedige integrasie in Suid-Afrika verlang, maar vir Verwoerd was dit totaal onaanvaarbaar. Hammarskjöld het toe die belangrike vraag gestel: Is daar enige kans dat apartheid in iets omskep kan word wat dit 'n "kompeterende alternatief" vir integrasie maak?

Verwoerd het geantwoord dat die beleid van swart tuislande so 'n alternatief kon wees. Hammarskjöld het gesê dat die beleid as 'n kompeterende alternatief beskou sal word as dit aan die volgende vereistes voldoen:

- die regering moet voldoende grond en samehangende gebiede opsy sit;
- 'n plan vir hul ekonomiese ontwikkeling moet gepubliseer word; en
- instellings moet daargestel word wat op die volkswil berus en wat tot onafhanklikheid kan lei as die mense dit so verkies.

Die regering moet ook besef dat die tuislande nie 'n algehele oplossing bied nie. Die swart mense wat buite die tuislande woon en werk, moet dieselfde beskerming kry as dié wat Westerse lande aan gasarbeiders gee. Ná langdurige verblyf moet hulle geregtig wees op burgerregte en volle burgerskap.

Verwoerd het 'n unieke geleentheid gehad om 'n plan te ontwikkel om minstens Westerse steun te kry vir 'n meer aanvaarbare beleid. Hammarskjöld is egter 'n paar maande later in 'n vliegongeluk in die Kongo oorlede en daarmee het die Suid-Afrikaanse regering 'n potensieel waardevolle bemiddelaar verloor.

Ná die verkiesing van 1948 het die swart nasionalistiese leiers geen belangstelling in die tuislande getoon as deel van 'n oplossing nie. Hulle het wel ná die verkiesing van 1948 aangevoel dat die nuwe regering sekerlik nie hul lot sou versag nie.

Albert Luthuli het gesê dat swart mense nie veel meer as toeskouers is nie en dat dit dus "irrelevant" is of Smuts of Malan aan die bewind kom. Oliver Tambo, ook 'n ANC-leier, het egter verskil. Nelson Mandela het onthou dat hy gesê het: "Dis goeie nuus. Nou weet ons presies wie ons vyande is."

In 1949 het die ANC 'n inspuiting gekry met jong leiers soos Mandela, Tambo en Walter Sisulu wat hul kragte agter die ANC-jeugliga gewerp het. In 1952 het die ANC in 'n brief aan Malan direkte verteenwoordiging vir alle swart mense in die parlement en ander wetgewende liggame geëis.

Malan was tevrede met aparte groepsgebiede en het hom nie baie aan die gedagte van swart tuislande gesteur nie. In sy Nuwejaarsboodskap van 1953 het hy daarna verwys dat Suid-Afrikaners van alle groepe mekaar se bestaansreg moet aanvaar en in die Engelse teks vervolg: "South Africa is our common heritage and belongs to us all." Twee jaar later sou die ANC se "Vryheidsmanifes" presies dieselfde woorde gebruik en beroemd maak.

Die Tomlinson-kommissie oor die sosiaal-ekonomiese ontwikkeling van die tuislande het in die eerste helfte van die 1950's al groter belangstelling onder Afrikaner-intelligentsia gekry. Dit was uit die staanspoor vir die kommissie duidelik dat dit 'n reusagtige poging en baie geld sou verg om die reservate te ontwikkel. Daar was geen myne, nywerhede of kommersiële landbou nie en ook geen groot dorpe of stede nie. Die pad- en die spoornet het hoofsaaklik om die reservate gegaan.

Net 'n tiende van die bevolking was ekonomies selfstandig. Die grootste deel was vroue, kinders en bejaardes. Hulle was afhanklik van familielede wat as trekarbeiders in die "blanke" gebied gewerk en geld huis toe gestuur het.

Die verslag het aanbeveel dat die regering £104 miljoen (in 2016 sowat R45 miljard as inflasie in ag geneem word) oor tien jaar moet bestee om die reservate te ontwikkel. Die voorstelle sou daartoe lei dat 50 000 nuwe werkgeleenthede per jaar geskep word.

Verwoerd het die vernaamste voorstelle verwerp. Hy het geweier om die regering tot meer as een jaar te verbind en het 'n skrale £3 miljoen (sowat R1,3 miljard in 2016) vir die eerste jaar begroot.

Die kommissie het voorgestel dat wit private kapitaal vir nywerheidsontwikkeling toegelaat word, maar Verwoerd wou niks daarvan weet nie. Dit sou niks doen om die reservate werklik "Bantoe"-gebiede te hou nie, het hy gemeen. Hy wou sien dat swart entrepreneurs wat klein begin hul maatskappye geleidelik self opbou.

Sonder kapitaalkragtige private maatskappye se betrokkenheid was daar geen vooruitsig op enige dinamiese ontwikkeling nie. Ten spyte daarvan dat hy so min gedoen het om ontwikkeling moontlik te maak, het Verwoerd verwag dat die swart stroom na die "blanke" dorpe en stede sou omdraai en na die reservate terugvloei. Die joernalis Schalk Pienaar het later hierdie idee met fyn spot belaglik gemaak.

Twee jaar voor die NP-regering se bewindsoorname in 1948 het Winston Churchill sy beroemde toespraak gehou oor die "Ystergordyn" wat die Sowjetunie in Oos-Europa aan die oprig was. Anderkant die gordyn was die kommuniste besig om die lig van demokrasie en vryheid in die een land ná die ander uit te doof.

Churchill se toespraak het die aanvang van die Koue Oorlog ingelui, wat tot 1990 sou duur. Dit het die wêreld polities verdeel tussen die Weste se demokratiese kapitalisme en die Sowjetunie en sy satelliete se kommunistiese diktature. Omdat oorlog vanweë die bestaan van kernwapens uitgesluit was, sou 'n belangrike deel van die stryd in die sogenaamde Derde Wêreld en veral in Afrika afspeel.

Apartheid was vir die Weste al meer onaanvaarbaar, maar tog het Westerse regerings 'n groot premie daarop geplaas om Suid-Afrika, met sy strategiese minerale, uit die Oosblok se hande te hou. Van die vroegste dae van die Koue Oorlog het Westerse state strategiese inligting met Suid-Afrika gedeel.

In Oktober 1949 het die Britse eerste minister, Clement Attlee, aan Malan geskryf oor die "growing and world-wide Communist threat". Hy wou sir Percy Sillitoe, direkteur-generaal van die Britse veiligheidsdienste, na Suid-Afrika stuur om samewerking te bespreek. Suid-Afrika sou toegang tot Britse en Amerikaanse inligtingsbronne kry in ruil vir 'n gedissiplineerde anti-kommunisme.

Sillitoe het die polisie ingelig oor die wetgewing wat nodig is om kommunisme aan bande te lê. In 'n vertroulike memorandum het hy erken dat hy dalk beskuldig kan word dat hy die "Boer nationalists" help om 'n "Gestapo" op die been te kry om apartheid deur te voer. Maar die noodsaak om Suid-Afrika deel van die Brits-Amerikaanse veiligheidsnetwerk te maak, het swaarder geweeg.

Ná Sillitoe se besoek het die regering 'n veldtog teen die kommunisme begin. In 1950 het die parlement die Kommunistiese Party van Suid-Afrika verbied, asook publikasies wat die kommunisme bevorder. Die regering kon nou mense "noem", waarna hulle dan van sekere ampte of beroepe uitgesluit is en ook verbied is om openbare vergaderings by te woon.

Die regering het van kommunisme 'n soort paaiboelie probeer maak en alle swart verset aan die wit kommuniste probeer toeskryf. Dit het wel 'n klein greintjie waarheid bevat: die kommuniste wás die mees onverbiddelike teenstanders van apartheid. 'n Liberale leier soos Alan Paton sou in die jare sewentig die tuisland van KwaZulu as deel van 'n oplossing beskou, mits dit op die tweede vlak van die regering met Natal se provinsiale administrasie gekombineer word.

Vir die kommuniste was geen kompromie met die tuislandbeleid moontlik nie. Benewens hul radikale verwerping van die rassebeleid het hulle 'n sentralistiese diktatuur voorgestaan wat die sosialisme moes invoer en afdwing.

Die ANC, aangevuur deur sy jeugliga met Nelson Mandela baie prominent, het die sogenaamde Defiance Campaign begin. Dit was 'n veldtog van burgerlike ongehoorsaamheid aan sekere apartheidswette, onder meer die instelling van Bantoe-owerhede in die reservate, die verwydering van bruin mense van die kieserslys, groepsgebiede, apartheid in openbare geriewe en die paswette. Vrywilligers het die polisie uitgedaag om hulle in hegtenis te neem deur dié wette openlik te ignoreer. Die ANC-ledetal het van 10 000 tot 100 000 gegroei.

Die kommuniste het die Kommunistiese Party van Suid-Afrika ontbind en dit 'n paar jaar later as 'n geheime party, die Suid-Afrikaanse Kommunistiese Party (SAKP), laat herleef. Kommuniste het hulle as die voorhoede van die revolusionêre beweging beskou en het talle aksies saam met die nasionaliste in die ANC onderneem.

Die wit kommuniste Lionel ("Rusty") Bernstein en Ben Turok het die grootste deel van die Vryheidsmanifes geskryf. Die ANC het dié dokument in 1955 op 'n vergadering in Kliptown, Johannesburg, aan sowat 3 000 mense voorgelê en as beleid aanvaar.

Die manifes bepleit die nasionalisering van die myne, swaarnywerhede en banke saam met 'n herverdeling van grond. Mandela het erken dat die Vryheidsmanifes 'n "revolusionêre" dokument is. Dit sou nie in werking gestel kon word sonder 'n radikale verandering in die ekonomiese en politieke strukture nie.

Die staat het probeer om die ANC-leierskap met 'n lang hofsaak lam te lê deur 156 mense – swart, wit, bruin en Indiër – van hoogverraad aan te kla. Onder hulle was ZK Matthews, wat nooit 'n kommunis was nie, en Mandela.

Die saak het vier jaar geduur en al die beskuldigdes is uiteindelik op 'n tegniese punt vrygespreek.

Die regering se optrede was 'n enorme oordeelsfout. Hy kon nie 'n gevoel van solidariteit tussen radikale anti-apartheidleiers van alle rasse bekostig nie. Vier jaar lank het 'n groot aantal van hulle in die beskuldigdebanke gesit – in alfabetiese orde, ongeag ras. Dit was voorspelbaar dat 'n sterk gevoel van solidariteit sou ontstaan. Vir dié radikale leiers was dit 'n groot deurbraak en hulle was verseker van 'n voorste plek in die ANC-bestuursliggame.

Een van hulle was Turok, wat 40 jaar later 'n ANC-parlementslid sou word. Met verwysing na die 1950's sê hy: "Dit was baie maklik vir ons klein groepie om groot invloed op die ANC as massabeweging uit te oefen sonder dat iemand ons teenwoordigheid agterkom." Mandela sou later getuig dat die samewerking met die kommuniste in die 1950's hom oorreed het om af te sien van sy strategie om swart mense op hul eie te organiseer.

In 1959 het die Pan Africanist Congress onder Robert Sobukwe as 'n uitsluitlik swart nasionalistiese beweging tot stand gekom. Dit was hoofsaaklik die PAC wat die protes teen die paswette gereël het wat op 21 Maart 1960 tot die bloedige Sharpeville-voorval gelei het waarin die polisie 69 mense doodgeskiet het. Ná proteste in verskeie ander dele van die land het die regering op 30 Maart 'n noodtoestand uitgeroep en op 8 April 1960 die ANC en PAC tot verbode organisasies verklaar.

Mandela was van 1960 tot 1961 lid van die Kommunistiese Party en het vir 'n kort rukkie in die party se sentrale komitee gedien. Dit was in hierdie hoedanigheid dat hy in Desember 1960 saam met ander SAKP-leiers besluit het om tot 'n gewapende stryd oor te gaan. Mandela het 'n guerrilla-oorlog beplan indien nodig.

Hy het dié voorstel in Junie 1961 op 'n geheime vergadering van die ANC se nasionale uitvoerende komitee voorgelê.

Die ANC was verdeeld, maar die stem wat die swaarste getel het, was dié van Albert Luthuli, die ANC-hoofleier. Hy was gekant teen die gedagte van 'n gewapende organisasie in die ANC. As so 'n organisasie gestig word, moes dit apart en onafhanklik van die ANC funksioneer. Luthuli se standpunt het geseëvier. So het Umkhonto weSizwe, ook genoem MK, ontstaan. Die eerste sabotasie was op 16 Desember – die dag waarop Afrikaners die Slag van Bloedrivier herdenk het – toe verskeie bomme ontplof het.

Dertig jaar later het Mandela aan my gesê dié dag is nie toevallig gekies nie. Hy wou 'n argument met die Afrikaner-nasionaliste begin deur te wys dat geweld nie vir altyd net van een kant sal kom nie. In 1914 het Afrikaners met 'n rebellie teen die staat begin al het feitlik al sy leiers die gedagte verwerp. Mandela het die wit staat met sy MK die stryd aangesê al het dit gelyk of die magsbalans heeltemal teen 'n gewapende stryd gelaai was.

Mandela se gesprekke met Afrika-leiers op 'n toer deur Afrika het hom laat besef hoe sterk sekere leiers teen kommunisme gekant was. Dit het hom laat besluit om hom voortaan as 'n Afrika-nasionalis te projekteer. Met sy hofverskyning in 1962 was hy in 'n karos geklee.

Mandela se skuif na die gewapende stryd was van verreikende betekenis. 'n Jaar of twee tevore het hy as beskuldigde in die hoogverraadsaak gesê: "Ons sal die wit mense dwing deur ons getalle, ons getalle-oorwig, te gebruik."

Nou het hy 'n gewapende stryd begin waarin die ANC kragte moes meet met die verdedigingsmag, wat spoedig 'n gedugte mag sou word. Twintig jaar later sou die onafhanklike swart vakbonde toon dat hulle met strategiese vernuf al groter vryheid en regte kon bekom sonder dat die staat veel daaraan kon doen.

Dr. Hendrik Frensch Verwoerd was die eerste dinamiese politieke leier in die NP-regering. Dr. Malan was oud en sonder nuwe idees en Hans Strijdom se gesondheid was swak en hy het nie verder as "wit baasskap" gedink nie. Toe Verwoerd in 1958 leier en eerste minister word, was hy 'n man in sy middel vyftigs, iemand met matelose werkywer en groot selfvertroue in die korrektheid van sy idees en planne.

In 1959 het hy swart mense se parlementêre verteenwoordiging deur vier indirek verkose lede afgeskaf. Wit mense sou in hul eie gebied gesag behou, terwyl swart mense oor húl gebiede gesag sou kry. Die gebiede kon in beginsel onafhanklik word.

Verwoerd het geglo daar moes 'n uitlaatklep vir die opkoms van nasionalisme in Suid-Afrika gevind word. Waar hy hom misgis het, was in die opvatting dat die etniese verskille onder swart mense só groot is dat elke swart volk sy eie staat sou wou hê. Verder het hy geglo – en dit is hier waar hy sy grootste fout gemaak het – dat swart leiers bereid sou wees om die tuislandbeleid te aanvaar as 'n alternatief vir swart verteenwoordiging in die parlement.

Verwoerd se idee dat die tuislande ekonomies so sterk kon ontwikkel dat die vloei van swart werkers na die stede omgekeer sou kon word, het nie destyds so verspot geklink soos vandag die geval is nie. Daar was toe nog min besef dat die suigkrag van die metropolitaanse sentra so sterk was dat selfs ruim subsidies en ander aansporings nie die vloei van arbeid daarheen sou kon omkeer nie.

Vandag oordeel ekonome dat selfs aanvaarding van die Tomlinson-voorstel dat R45 miljard (in 2016-waardes) aan tuislandontwikkeling bestee moes word en dat private kapitaal in die gebied toegelaat moes word, nie 'n wesenlike verskil sou gemaak het aan die tuislande se vermoë om werk te genereer nie.

Verwoerd het in 1960 oor sy tuisland-idee uitgewei toe die destydse Britse eerste minister, Harold Macmillan, die Suid-Afrikaanse parlement in Kaapstad toegespreek het. Macmillan het gepraat oor "die winde van verandering" wat in Afrika woed – 'n verwysing na die sterk oplewing van 'n nasionale bewussyn oor die hele vasteland. Die implikasie van sy toespraak was dat wit mense in Suid-Afrika reg teen dié winde inbeweeg.

Verwoerd het geantwoord dat sy regering se beleid nie met die nuwe rigting in Afrika bots nie, maar in akkoord daarmee is.

Verwoerd het die witman se posisie geskets: "Ons het 'n land beset wat kaal was. Die Bantoes het ook na hierdie land gekom en sekere dele vir hulself beset. Aan hulle moet die volle regte toegestaan word waarop die wittes ook geregtig behoort te wees. Die wit mense is van plan om in Suid-Afrika te bly en hul regte, waardes en belange te handhaaf."

Verwoerd se opmerking oor die patroon van besetting was foutief. Die land was nie kaal soos hy dit uitgedruk het nie. Maar hierdie feit sou eers ná sy afsterwe in 1966 aan die lig kom. Argeologiese opgrawings sou toon dat daar swart besetting van 'n groot deel van die ooste en noorde van Suid-Afrika was eeue voordat die wit mense in Suid-Afrika aangekom het.

In 1963 het die Verwoerd-regering 'n vorm van selfregering in die Transkei ingevoer met die belofte van latere onafhanklikheid. Kaizer Mantanzima was aan die bewind ná 'n verkiesing van 'n wetgewende vergadering. Sy onafhanklikheid was beperk, maar dit was duidelik dat die regering 'n proses begin het en leiers na vore laat tree het wat nie heeltemal beheer kon word nie.

Liberale kommentators in Westerse lande het die beleid nie onmiddellik verwerp nie. Vir die Londense *Sunday Times* was die Transkei 'n moedige stap in die regte rigting. *The Guardian* het aanvaar dat daar moontlik in Suid-Afrika wit en swart invloedsfere kan kom, wat uiteindelik tot volle partisie kon lei.

Tussen 1963 en 1990 was die tuislande die hooffokus van die regering se rassebeleid, maar hulle het al hoe meer gefaal om 'n oplossing te bied. Verwoerd het selde in die openbaar uitgespel waarheen hy polities mik. In 1961 het hy in Londen gepraat van Suid-Afrika se bevolkingsgroepe wat hulself regeer en dan "soos in 'n Statebond" saamwerk.

John Vorster, wat Verwoerd in 1966 opgevolg het, sou aan sy voorganger se beleid vasklou. Hy het selfs verder as Verwoerd gegaan en die beperkte mate van verteenwoordiging wat bruin mense in die parlement gehad het, afgeskaf. Hy het verklaar: "Ons het ons grond en ons sal alleen oor daardie grond seggenskap voer. Ons het ons parlement en in daardie parlement sal ons en ons alleen verteenwoordig word."

Vorster het 'n paar konferensies met tuislandleiers gehou om knelpunte in die beleid te bespreek, maar Mangosuthu Buthelezi, die leier met die meeste steun, het gou besluit dat dit tydmors was. Onder Vorster het die regering aan die Transkei en Bophuthatswana onafhanklikheid gegee. Die onafhanklikheid is net deur Suid-Afrika erken. Vorster het dit as voorwaarde gestel dat die burgers van hierdie twee tuislande hul Suid-Afrikaanse burgerskap verloor as die gebiede onafhanklik word.

Vorster se opvolger, PW Botha, het van 'n konstellasie van state gepraat, maar kon geen inhoud daaraan gee nie. In die vroeë tagtigerjare was ek lid van 'n kommissie wat Buthelezi aangestel het wat die integrasie van KwaZulu en Natal as 'n tweedevlak-owerheid aanbeveel het. Indien die regering dit aanvaar het, kon dit as 'n voorbeeld vir ander streke gedien het.

Botha was veel meer 'n hervormer as Vorster, maar sy reaksie was tipies van die ou apartheidstyl. Hy het gesê Buthelezi kan sake ondersoek wat sy eie land raak, maar het geen reg om hom met sake te bemoei wat onder die beheer van die sentrale regering is nie.

Reeds voordat Verwoerd in 1966 vermoor is, het bedenkinge ontstaan oor of die swart tuislande ooit ekonomies selfstandig sou kon word. Prof. Tomlinson, wie se verslag in 1956 met so min geesdrif deur Verwoerd ontvang is, het in 1975 opgemerk dat tuislande slegs op 'n klein skaal en fragmentaries ontwikkel. In 1981 het hy die wrang opmerking gemaak dat die beleid hoogs suksesvol was, maar slegs as 'n ideologiese oefening. "Elke jaar het NP-lede in die parlement die verslag aangehaal, maar in die praktyk het bitter min gebeur."

Die NP het nog 'n tyd lank aan die tuislande geklou as 'n poging om apartheid te legitimeer.

Nadat die Transkei in 1976 onafhanklik geword het, was alle Xhosasprekendes uit die gebied Transkeise burgers. Connie Mulder, minister van die voormalige departement van Bantoe-administrasie en -ontwikkeling, het verklaar dat daar nie meer swart Suid-Afrikaners sou wees nie nadat alle tuislande onafhanklik geword het.

In 1981 is Xhosas wat in plakkerskampe in Kaapstad gebly het na die Transkei "gedeporteer" ingevolge wette wat buitelandse burgers beheer. Die regering het selfs geld vir die tuislande as "buitelandse hulp" geklassifiseer. Dit was nou 'n neo-imperialistiese beleid in sy ergste vorm.

Op die ou end was die tuislande die NP-regering se nemesis. Dit het hom verhinder om konstruktief aan alternatiewe te dink, veral aan politieke regte vir stedelike swart mense, die mees ontwikkelde deel van die swart bevolking.

In 'n terugblik in 2010 het Derek Keys, die NP se laaste minister van finansies, aan my gesê: "As stelsel het die tuislande misluk. Die tuislandelite het die stelsel geplunder. Daar was 'n enorme salarisrekening, maar bitter min lewering of belasting-inkomste. Die nasionale regering het bitter min uit hierdie gebiede teruggekry."

Met sy aanwysing as eerste minister in 1958 was dit vir Verwoerd 'n prioriteit om die geskil tussen Afrikaners en Engelse te beëindig. Hy het besef die rasseprobleem sou nie opgelos word solank die wit bevolking polities skerp verdeeld was nie. Hy het gemeen 'n republiek is noodsaaklik om goeie verhoudinge tussen die twee gemeenskappe op te bou.

As immigrantekind het hy in Suid-Afrika aangekom nadat die Boererepublieke reeds verslaan was, maar hy het hom sterk met die Afrikaners se vryheidstrewe vereenselwig. Tog was sy eerste oorweging toe hy in Augustus 1960 'n wit referendum oor 'n republiek uitroep nie om 'n historiese onreg reg te stel nie. Vir hom was 'n republiek die mees gewenste regeringsvorm met die staatshoof wat die soewereine nasie verteenwoordig eerder as dat die mense blote onderdane van die staatshoof is.

In 'n referendum in Oktober 1960 het 52% van die wit kiesers vir 'n republiek gestem. Verwoerd het in sy oorwinningstoespraak gesê: "Ek het regdeur volgehou dat die republiek 'n middel tot 'n doel moet wees en nie 'n doel [op sigself] nie, nie wraakneming oor die verlede nie, maar die saamvoeg van ons kragte met die oog op die toekoms."

Verwoerd het by sy belofte gehou dat Suid-Afrika aansoek sou doen om as 'n republiek lid van die Statebond te bly, iets wat vir die Engelse gemeenskap nog baie belangrik was. Hy het die vergadering in Londen bygewoon waar verskeie regeringshoofde hulle sterk teen Suid-Afrika se apartheidsbeleid uitgespreek het. Hy het toe die aansoek teruggetrek. Suid-Afrika was nou finaal vry van enige Britse bande.

Onder Verwoerd se leiding het die regering toenemend na die parlement as 'n wit instelling verwys en na Suid-Afrikaners as 'n wit nasie. Verwoerd het by een geleentheid gesê: "Wanneer ek praat van die nasie, dan praat ek van die wit mense van Suid-Afrika." Richard van der Ross, 'n bruin leier, het hierop geantwoord dat dié uitspraak beteken dat geen swart of bruin Suid-Afrikaner "Die Stem" as sy volkslied of die nasionale vlag as sy vlag kan beskou nie.

Die NP-beheerde staat se mag het oor die hele samelewing gestrek en op talle maniere ingemeng. Dit het 'n harde en onbuigsame stelsel op swart en bruin mense afgedwing. Onder die voorste Afrikaanse skrywers het ernstige bedenkinge ontstaan oor die koers wat ingeslaan is.

In sy roman *Ons, die afgod*, wat in hierdie tyd verskyn, laat Jan Rabie die hoofkarakter sê: "Ons is 'n jong volkie wat nog skaars geleef het en dit is 'n bitter, byna onmenslike ding om te erken dat ons wil om te bestaan iets boos kan wees."

Die digter Dirk Opperman het skerp insig in die prekêre toestand van die Afrikaners getoon. In 1960 het Piet Cillié, redakteur van *Die Burger*, hom gevra om 'n toekomsblik in *Die Burger* te gee. "Die Afrikaner het gebou aan sy eie wêreld, het hom sterk gemaak en in die proses die Engelsman, Kleurling en Bantoe van hom vervreem," het Opperman geskryf.

Hy het gewaarsku dat die Afrikaner-volk nie daarin slaag om 'n aantrekkingskrag as volk te ontwikkel nie. Dit het inteendeel 'n "sterk wegstotende mag" gehad. Die een moontlike toekoms wat Opperman uitstippel, is "'n geestelike lewe oorheers en verdor deur rassespannings en rassewaardes, 'n geestelike afsondering, 'n geestelike intelery, geestelike gebreklikheid en uiteindelike onvrugbaarheid".

Tog het die digter ook gehoop op 'n ander moontlike toekoms waarin Afrikaners en hul kinders "'n vrugbare geestelike verkeer" met hul landgenote sou ontwikkel.

Maar die blywendste impak is gemaak deur 'n essay van die digter en dramaturg NP van Wyk Louw wat vir die eerste keer in 1952 in *Die Huisgenoot* verskyn het. Ses jaar later is dit in sy bundel essays *Liberale Nasionalisme* opgeneem.

Die prikkel daarvoor was die nuwe NP-regering se beleid van aparte groepsgebiede en rasse-afbakening, wat 'n diep kloof tussen Afrikaners en bruin mense gedryf het. Hy het geweier om te glo dat wetgewing teen die bruin gemeenskap noodsaaklik was vir die Afrikaner-volk se oorlewing. Dit was in dié verband dat hy die treffende passasies geskryf het wat in die volgende vier dekades in die openbare debat sou eggo.

Hy het verskillende volkskrisisse geïdentifiseer waarin die voortbestaan van 'n volk in die gedrang is. Die grootste een is 'n etiese krisis, wat hy só verduidelik: "Gestel dat 'n volk 'tussen die engtes' ingekom het – vind dat hy hom op lewe en dood moet verdedig; hy span alle stoflike en politieke kragte in, behoed en brei sy geestelike, tegniese, intellektuele besit uit, doen alles wat hy kan, om te bly voortbestaan . . . Dan kom hy voor die laaste versoeking: om te glo dat die blote voortbestaan verkieslik is bo die voortbestaan in geregtigheid."

Vir Afrikaners sal 'n krisis van hierdie aard aanbreek "wanneer 'n groot deel van ons volk in die gevaar sou kom om te meen dat ons nie in geregtigheid met ons mede-volke in Suid-Afrika hoef saam te leef nie".

Louw het besef dat die vraag gestel kan word of dit hoegenaamd 'n krisis kan verteenwoordig. Sy antwoord was: "Hoe kan 'n klein volk lank bly voortbestaan, as hy iets haatliks en iets boos is vir die beste binne – of buite – hom?" Vir Louw was dit inderdaad "die grootste, die byna mistieke krisis waarvoor 'n volk te staan kan kom".

Hy sluit af: "Ek glo dat op 'n vreemde manier dit die krisis is waaruit 'n volk herbore, jonk, skeppend, te voorskyn kom, hierdie 'donker nag van die siel' waarin hy gesê het: Ek sal liewer ondergaan as deur ongeregtigheid bly voortbestaan."

Louw het 'n troue lid van die Afrikaner-Broederbond en ondersteuner van apartheid gebly. Om hierdie rede het sommige skrywers hom negatief beoordeel. Sy status as kritikus hang egter af van die vraag of hy 'n punt kon voorsien waar die volk verdien om onder te gaan. En daar was so 'n punt: Die Afrikaners het nie die reg gehad om uiterste maatreëls te gebruik om onreg te verdedig nie. Die oorlewing van die Afrikaners kon dus nie tot elke prys gekoop word nie. Daar was liberale waardes wat nie voortdurend verkrag mag word nie.

Louw het in 1970 gesterf en dit is onmoontlik om te sê of hy apartheid in die geheel sou verwerp indien hy langer geleef het. Sy plek as die invloedrykste volkskritikus is grootliks ingeneem deur die Stellenbosse filosoof Johan Degenaar. Hy het sterk op Louw se werk gesteun vir sy argument dat die Afrikaners net in geregtigheid kon oorleef deur 'n liberale, inklusiewe demokrasie in te stel.

15

OORLOG IN ANGOLA: 'N LIGTE "MISTYKIE"

Die Vorster-regering het Suid-Afrika se toenemende isolasie tussen 1966 en 1974 probeer afweer deur die sogenaamde détente-beleid. Hy het vriendskapsbande met sekere Afrika-lande gesluit op die uitdruklike voorwaarde dat geen inmenging in die betrokke lande se interne sake sou plaasvind nie.

Op 25 April 1974 is die Portugese diktatuur in Lissabon in 'n staatsgreep omvergewerp. Die nuwe regering wou so gou moontlik beheer oor Angola en Mosambiek aan die onderskeie bevrydingsbewegings oordra. Daarmee sou die Portugese buffer wat Suid-Afrika lank teen die insypeling van guerrillavegters beskerm het, in duie stort.

In Mosambiek was die sosialistiese beweging Frelimo al aanspraakmaker op die mag. Vorster het aangedui dat hy 'n Frelimo-regering in Lourenço Marques (die huidige Maputo) sou erken op voorwaarde dat hy nie basisse vir die ANC of die PAC sal bied nie.

In Angola, waar daar drie bevrydingsbewegings was, was die situasie veel meer kompleks. Die Weste het twee gesteun: Holden Roberto se Nasionale Front vir die Bevryding van Angola (FNLA), wat hoofsaaklik in die noorde en in Luanda, die hoofstad, 'n aanhang gehad het, en Jonas Savimbi se Nasionale Unie vir Volkome Onafhanklikheid vir Angola (Unita), wat grootliks in Suid-Angola bedrywig was.

Die derde beweging was Agostinho Neto se Marxistiese Volksbeweging vir die Bevryding van Angola (MPLA), 'n radikale beweging wat 'n sosialistiese diktatuur nagestreef het. Dit het aanvanklik net beperkte steun in en om die hoofstad gehad.

Op 15 Januarie 1975 het die drie bewegings die Alvor-ooreenkoms met die Portugese regering gesluit. Hiervolgens is hulle as die enigste wetlike verteenwoordigers van die Angolese volk erken. 'n Koalisieregering is saamgestel met die taak om binne nege maande 'n algemene verkiesing te reël voordat Angola op 11 November 1975 onafhanklik word.

Die FNLA en Unita was gretig om Suid-Afrikaanse hulp te kry. In ruil sou hulle optree teen Swapo, die vernaamste organisasie wat vir die onafhanklikwording van Suidwes-Afrika (vandag Namibië) geveg het. Swapo het vanaf basisse in Angola opgetree.

Sekere Afrika-lande, veral Zaïre en Zambië, het Suid-Afrika in die geheim gevra om die FNLA en Unita te steun om 'n Marxistiese oorname deur die MPLA te verhinder. Die voorwaarde was dat Suid-Afrikaanse betrokkenheid streng geheim moes bly.

Die Sowjetunie het reeds in Desember 1974 besluit om die MPLA te steun. Die VSA se Ford-administrasie het deur middel van die Amerikaanse Intelligensiediens (CIA) beperkte hulp aan die FNLA en Unita verskaf.

Top-amptenare in die Ford-administrasie het die Vorster-regering nooit direk gevra om Unita en die FNLA te help nie, maar het laat blyk dat Washington geheime hulp aan die twee organisasies sou waardeer. Die VSA was sterk ten gunste van 'n regering van nasionale eenheid in Angola bestaande uit die drie organisasies.

Dit het gou geblyk dat die geheime CIA-hulp aan die FNLA hopeloos onvoldoende was. Genl. Constand Viljoen, destyds direkteur van militêre operasies in die SA Weermag, het dit as "pateties" bestempel. Hy onthou: "Een aand op die Kinshasa-lughawe, terwyl ons toesig gehou het oor die aflaai van wapens van 'n Amerikaanse vliegtuig, het Roberto met misnoeë gesê: 'Hierdie wapens is net goed genoeg om hase mee te jag.'"

Teen middel 1975 het die MPLA sy mag al sterker in Luanda en Sentraal-Angola gevestig. Vir die Vorster-regering was die groot vraag of Suid-Afrika neutraal moes bly. Daar was twee kante, die "duiwe" en die "valke". Onder die duiwe was Vorster se veiligheidsadviseur, genl. Hendrik van der Bergh, hoof van die buro vir staatsveiligheid (BVS of BOSS op sy Engelse afkorting). Hy was teen enige militêre inmenging in 'n Afrika-staat omdat dit die détente-beleid ernstig in die wiele sou ry. Die departement van buitelandse sake het dieselfde standpunt gehad.

Die "valke" is deur PW Botha, minister van verdediging, gelei. Hy het reeds van 1974 af gewaarsku teen 'n "totale aanslag" van kommunistiese magte wêreldwyd wat Suid-Afrika in hul visier het. Botha, wat dikwels op eie houtjie opgetree het, wou met alle mag verhinder dat 'n kommunistiese bewind in Luanda oorneem. 'n Angola onder kommunistiese beheer sou Swapo steun om teikens in Ovamboland in die noorde van Suidwes aan te val, het hy gemeen.

Vroeg in Augustus 1975 het Unita en die MPLA die Ruacana-Calueque-waterprojek in die Kunene-rivier bedreig. Suid-Afrika het 'n groot finansiële belang in die projek gehad en die boere in Ovamboland was baie afhanklik van die water.

Met Botha se medewete het die weermag soldate na die Angolese grens gestuur om die werkers en die projek te beskerm.

Suid-Afrika is stukkie vir stukkie in die Angolese konflik ingesuig. Die verklaarde doelwit was om Unita en die FNLA te help om beheer oor 'n groot deel van die land te kry. Daardeur sou die MPLA verplig word om 'n regering van nasionale eenheid saam met hulle te vorm.

Maar daar was groot probleme in die weg van dié plan. Die twee bewegings se soldate was nie opgelei om in die MPLA se semi-konvensionele oorlog te veg nie. Die MPLA se beheer oor Luanda het hom ook bevoordeel.

Suid-Afrika het haastig begin om FNLA- en Unita-vegters op te lei en logistieke steun te verskaf. Dit was egter uit die staanspoor duidelik dat hulle nie gou genoeg gereed sou wees om die MPLA te keer om op 11 November die mag te gryp nie.

In 'n verdere eskalasie het Suid-Afrika op 14 Oktober 1975 in Operasie Savannah twee veggroepe met 'n totale sterkte van tussen 2 000 en 3 000 soldate in Angola ingestuur. Die troepe was in kamoefleerdrag en het opdrag gekry om onder geen omstandighede hul Suid-Afrikaanse identiteit bekend te maak nie. Maande lank is die Suid-Afrikaanse publiek in die duister gehou oor hul betrokkenheid in Angola. Dit was heeltemal onrealisties van die regering om te glo dat dit geheim gehou kon word.

Die eskalasie van Suid-Afrika, die Sowjetunie en Kuba se betrokkenheid by die Angolese konflik word in drie belangrike nuwe werke bespreek. Die een is deur Irina Filatova en Appollon Davidson, Russiese historici met goeie toegang tot die Sowjet-amptenare wat betrokke was, en die ander is deur Jamie Miller, 'n historikus wat navorsing in die Suid-Afrikaanse en Amerikaanse argiewe gedoen het, en Leopold Scholtz in sy boek *Die SAW in die Grensoorlog 1966–1989*.

Voorheen geklassifiseerde dokumente wat deur Miller bestudeer is, dui daarop dat senior Amerikaanse amptenare al meer tot die gevolgtrekking gekom het dat die Suid-Afrikaners op eie houtjie optree en nie omdat hulle verwag dat die VSA daadwerklike steun sou verleen nie. Dit is egter wel moontlik dat CIA-agente in Suid-Afrika en elders in Afrika onrealistiese verwagtinge gewek het.

Dit was ook nie die teenwoordigheid van groot getalle Kubaanse troepe in Luanda wat Suid-Afrika tot optrede uitgelok het nie. Die eerste Kubaanse troepe het eers in November in Angola aangekom. Die SAW-soldate was toe al twee weke in Angola.

Uit hierdie werke is dit duidelik dat Suid-Afrika se betrokkenheid juis aan die Sowjetunie die regverdiging gegee het om sy deelname dramaties te vergroot. Tussen middel November 1975 en middel Januarie 1976 het Sowjet-vliegtuie 120 vlugte onderneem om sowat 12 000 Kubaanse soldate na Luanda te bring. Op die ou end was daar 'n mag van 36 000 Kubaanse soldate asook tonne Sowjet-wapentuig in Angola. Dit was presies wat Suid-Afrika nie wou hê nie.

'n Mens wonder wat die Vorster-regering se vernaamste doelwit was toe hy Suid-Afrikaanse troepe ingestuur het.

Genl. Magnus Malan skryf in sy lewensverhaal dat die weermag in geen stadium opdrag gegee is om na Luanda op te ruk nie. Maar PW Botha het in 1995 in 'n onderhoud met Patti Waldmeir van die *Financial Times* vertel dat Henry Kissinger, oud-minister van buitelandse sake in Amerika, hom kort tevore besoek het om kamstig om verskoning te vra omdat Amerika Suid-Afrika in 1975 in die steek gelaat het.

Botha het geantwoord: "Natuurlik skuld jy my 'n verskoning. Want die Verenigde State, deur die CIA, het ons belowe dat hulle Luanda sou landmyn en dat ons magte saam met [Jonas] Savimbi s'n Luanda sou vat en 'n goeie orde en regering in Angola sou vestig. Maar julle [die VSA] het ons op die laaste oomblik in die steek gelaat."

Die Suid-Afrikaanse troepe het alle teenstand in Angola uit die pad gevee. Hulle het sowat 120 km suid van Luanda gestop waar hulle vir Roberto se FNLA-mag gewag het om die stad uit die noorde aan val. Dit sou op 10 November gebeur, die dag voor onafhanklikwording.

Die mense in Luanda was paniekbevange oor gerugte van 'n Suid-Afrikaanse aantog. Die vermaarde Poolse joernalis Ryszard Kapuściński, wat toe in Luanda was, vertel dat 'n Angolees kort-kort in sy hotel ingestorm en uitasem aangekondig het: "Hulle kom, hulle kom; die Afrikaners is aan die buitewyke!"

'n Week of twee voor onafhanklikheidsdag op 11 November het Roberto Suid-Afrika vir kanonne gevra. Hy wou die hoofstad bestook voordat sy FNLA-vegters dit binneval. PW Botha het dadelik ingewillig.

Genl. Viljoen het beswaar gemaak omdat dit nie deel van die militêre plan was nie, maar Botha het bruusk geantwoord: "Kyk, Generaal, ons Afrikaners kan nie nee sê wanneer Afrika ons iets vra nie. Dis 'n saak van eer."

Die Suid-Afrikaanse militêre opperbevel het met Roberto afgespreek dat hul artillerie om 05:40 op 10 November op Luanda sou begin vuur en dat die FNLA-vegters die stad onmiddellik in 'n opvolgaksie sou binneval.

Die plan het lelik skeefgeloop. Roberto en sy vegters het 'n halfuur laat opgedaag omdat hulle eers ontbyt wou eet. Die Kubaanse troepe en die MPLA kon hergroepeer en het die FNLA maklik verdryf. Genl. Viljoen het later wrang opgemerk: "Roberto se brekfis was die oorsaak van sy nederlaag."

Portugal het op 11 November die bewind aan die MPLA oorgedra sonder dat 'n verkiesing gehou is.

Op 15 November het berigte in die Westers pers begin verskyn oor die teenwoordigheid van Suid-Afrikaanse troepe in kamoefleerdrag in Angola.

Vorster het nietemin steeds gehoop dat Amerika se Ford-administrasie betekenisvolle steun aan die aksie sou verleen. Op 19 Desember het die Amerikaanse senaat egter alle hulp aan die FNLA en Unita afgesny. Die Vorster-regering het die moontlikheid van Amerikaanse steun heeltemal oorskat.

Suid-Afrikaanse troepe het nog drie maande in Angola gebly sonder 'n duidelike opdrag. Die laaste troepe is eers op 27 Maart 1976 uit Angola. Altesame 29 Suid-Afrikaners is in gevegte dood.

Met Operasie Savannah het Suid-Afrika die basiese reël van militêre strategie verontagsaam: daar was nie duidelik gedefinieerde doelwitte nie. Vorster se gebrek aan strategiese en beleidskoördinasie het Botha groot ruimte gegee om op eie houtjie verreikende stappe te doen.

Suid-Afrika se betrokkenheid het feitlik verseker dat daar nie 'n meerderheid in die Organisasie van Afrika-eenheid (OAE) was om die FNLA en Unita se aandrang op deelname aan 'n regering van nasionale eenheid te erken nie. Dit is merkwaardig dat die beslissende voorsitterstem van Idi Amin van Uganda nodig was in die OAE om die MPLA as Angola se wettige regering te erken.

Die invloedryke kommentator Schalk Pienaar se wrang kommentaar het later 'n spreuk in die volksmond geword: "Angola," het hy gesê, "was 'n ligte mistykie."

Ná die MPLA se bewindsoorname verklaar die Sowjetunie dat détente tussen die Ooste en die Weste nie langer op die uithoeke van die Derde Wêreld van toepassing was nie.

In Mei 1976 het Kissinger Vorster meegedeel dat Suid-Afrika nie op Amerikaanse hulp sou kon staatmaak as die Sowjetunie nog 'n militêre aanslag in Suider-Afrika onderneem nie. In dié stadium het Moskou reeds $400 miljoen se wapens na Angola gestuur, terwyl die CIA sowat $30 miljoen vir die operasie in Angola beskikbaar gehad het.

Dit was teen die agtergrond van die gebeure in Angola dat Suid-Afrika 'n kernmoondheid geword het. Reeds op 31 Maart 1975 het PW Botha en Shimon Peres, Israelse minister van verdediging, in Zürich gepraat oor die moontlikheid dat Suid-Afrika missiele met kernplofkoppe van Israel koop.

Die plan is laat vaar omdat Peres nie seker was of sy kabinet sou toestem nie. Suid-Afrika het toe sy eie kernwapens vervaardig. Amerika het dit in 1977 agtergekom toe Suid-Afrika voorbereidsels getref het vir 'n kerntoets in die Kalahari. Dit was 'n wetenskaplike projek waarby die militêres nie betrokke was nie. Die toestel was groot en lomp en sou nie as 'n kernwapen aangewend kon word nie.

Die departement van verdediging het in 1979 by die ontwikkeling van kernwapens betrokke geraak. Van toe af is kernwapens geleidelik vervaardig en ses bomme is voltooi – wat as die minimum vir afskrikking beskou is. Ingeligtes skat dat Afrikaners sowat 60% van die wetenskaplikes uitgemaak het wat die bomme gebou het. Dit is onbekend of Israel hulp verskaf het.

Die bomme is nie aanmekaargesit nie. Die kern- en ander komponente is apart geberg. Dit is onseker watter teikens met die bomme getref sou kon word, maar daar was gissings dat Luanda binne trefafstand was.

Sonder om te erken dat Suid-Afrika kernwapens het, waarsku die regering die Weste in die geheim dat hy uiterste maatreëls sou tref as die land in 'n hoek gedruk word. As die druk op Suid-Afrika volgehou word, het Vorster gesê, sou daar 'n tyd kom dat Suid-Afrika vir die res van die wêreld sal sê: Tot hier en nie verder nie – "do your damnedest". Die implikasie was dat Suid-Afrika self sy "damnedest" sou doen.

Die troepe wat in 1975-'76 aan Operasie Savannah deelgeneem het, het voortreflik geveg, maar daar was sekerlik rede om bekommerd te wees oor die wyse waarop Suid-Afrika betrokke geraak het en die groot onsekerheid oor die strategiese doelwitte. Die koördinasie tussen die politieke en die militêre leiers was uiters gebrekkig.

Met sowat 36 000 Kubaanse troepe en 300 tenks in Angola het die militêre balans in die streek dramaties verander. Dit was Fidel Castro se besluit ondanks teenkanting van die Sowjetunie.

In geen stadium was daar tussen 1975 en 1988 meer as 3 000 Suid-Afrikaanse troepe in Angola nie. Suid-Afrika moes dringend besin oor hoe die oorlog vorentoe geveg moes word.

Die regering het 'n kommissie onder voorsitterskap van genl. Jannie Geldenhuys aangestel om toekomstige militêre strategie te heroorweeg. "Die spasie tussen Suid-Afrika en sy vyande het dramaties kleiner geword," het hulle bevind.

Daar is aanbeveel dat die weermag in 'n spesifieke gebied moes optree en nie langs 'n uitgestrekte front nie. Strategiese en taktiese mobiliteit en desentralisasie van die uitvoering van besluite moes voorkeur kry. Volgens Geldenhuys het die land se militêre weerbaarheid en strategiese denke op verskeie gebiede verbeter.

Maar daar was ook dieper historiese wortels. Afrikaners het weer, soos 'n 100 of 200 jaar tevore, 'n klein, geïsoleerde gemeenskap geword met min vriende in die wêreld, beperkte hulpbronne en gedugte vyande.

Die politieke leiers en die meeste militêre leiers van die 1970's was Afrikaners met bepaalde histories gevormde opvattings oor die manier waarop 'n grensoorlog geveg moes word. Boere aan die pioniersgrens het geglo dat mobiele kommando's al wyse is waarop hulle hul lewe en besittings kon verdedig.

In die guerrilla-fase van die Anglo-Boereoorlog was mobiliteit die strategiese grondslag van die bittereinders se operasies. Die historikus Thomas Packenham het geskryf daar was net een ysterwet: groter beweeglikheid was al manier om groter getalle te oorwin. Slim maneuvrering eerder as volskaalse konfrontasie was die sleutel.

Die internasionale gemeenskap het al sterker aangedring op 'n verkiesing onder VVO-toesig in Suidwes-Afrika sodat Suid-Afrika sy gesag aan die meerderheidsparty kon oordra. Ná die gevegte in Angola in 1975-'76 was die vooruitsigte op 'n vreedsame verkiesing skraal.

Bomme, plofstof, vuurpyle en masjiengewere het in Angola ingestroom. Ná sy sukses in Angola was Fidel Castro gretig om ook in Suidwes in te meng. Die MPLA-sege in Angola het die Swapo-leier, Sam Nujoma, laat glo dat sy ideaal van 'n sosialistiese eenpartystaat in Suidwes binne bereik was.

Maar daar was ook ander redes waarom Suid-Afrika nie sy troepe tot aan die Oranjerivier wou terugskuif nie. Daar was sowat 75 000 wit mense in Suidwes van wie die meeste Afrikaners was. Die Suid-Afrikaanse regering het 'n ernstige reaksie onder die kiesers gevrees as Swapo 'n verkiesing sou wen wat deur grootskaalse geweld en intimidasie gekenmerk is.

Die mislukte inmenging in Angola en die Soweto-opstand van 1976 was 'n groot skok vir die Suid-Afrikaanse regering. 'n Verdere skok het gevolg nadat Jimmy Carter in 1976 Amerika se president geword het. Die Carter-administrasie het gou getoon dat hy nie die Suid-Afrikaanse regering se belange en bekommernisse met erns bejeën nie. Hy het Suid-Afrika se invloed in die streek heeltemal onderskat en dié van die VSA oorskat.

Toe PW Botha in 1978 die bewind oorneem, was Suid-Afrika vasbeslote om te wys dat hy geen gewelddadige magsoorname in Suidwes sou toelaat nie. Die weermag en Krygkor het op indrukwekkende wyse gepaste wapens ontwikkel. Onder hulle was die Ratel, 'n infanteriegevegsvoertuig, en die G5- en die G6-kanon met 'n trefafstand van sowat 50 km met gewone ammunisie.

Daar was ook uitstekende radio-onderskeppings van vyandelike kommunikasie. 'n Gesaghebbende vergelykende studie van die gehalte van weermagte het Suid-Afrika eerste in Afrika en tweede in die wêreld ná Duitsland geplaas.

Die militêre leiers was oor die algemeen van hoë gehalte en baie betrokke by die manskappe in die veld. Genl. Constand Viljoen, toe hoof van die leër, was in 1978 teenwoordig met valskermtroepe se waaghalsige aanval op 'n Swapo-basis by Cassinga (hy is in 'n helikopter na die slagveld gebring). Voor die Suid-Afrikaanse magte se onttrekking was daar selfs 'n wesenlike gevaar dat hy krygsgevangene geneem kon word. Viljoen se aktiewe deelname het groot respek by sy manskappe afgedwing. In die wyse waarop hy lank ná sy aftrede vereer is, is genl. Viljoen in baie opsigte die laaste Boere-generaal.

Op die ou end was die stryd oor Suidwes-Afrika meer 'n diplomatieke as 'n militêre een. Op diplomatieke gebied kon Suid-Afrika nie 'n oorwinning behaal nie. Die internasionale anti-apartheidbeweging het selfs die Cassinga-aanval uitgebeeld as een op weerlose vroue en kinders.

Suid-Afrika het in 1978 interne verkiesings in Suidwes gereël. Die Demokratiese Turnhalle-Alliansie (DTA), 'n veelrassige gematigde alliansie onder leiding van Dirk Mudge, het gewen. Altesame 85% van Suidwes se potensiële kieserskorps het geregistreer en 78% van die geregistreerde kiesers het gestem.

Die internasionale gemeenskap het geweier om die verkiesing te erken omdat Swapo nie deelgeneem het nie en Suid-Afrika die DTA finansieel sterk gesteun het. Die DTA het feitlik geen steun onder die Ovambo's, die grootste etniese groep, gehad nie. Die buitewêreld sou duidelik slegs die goed gewapende vryheidsbewegings as legitieme oorwinnaars beskou.

Die diplomatieke skaakmat oor Suidwes se toekoms is vroeg in 1981 onverwags deur die Reagan-administrasie gebreek. Ronald Reagan het daarop aangedring dat geen verkiesing onder VVO-toesig gehou kon word voordat Suid-Afrika en Kuba uit Angola onttrek het nie.

Die gevegte sou egter nog sewe jaar duur voordat dit vir al die strydende partye duidelik geword het dat geen beslissende militêre oorwinning moontlik was nie.

Die gevegte van Augustus 1987 en Junie 1988 was die grootste militêre botsings nog in Afrika se geskiedenis. Die Suid-Afrikaanse magte het verskeie groot operasies saam met Unita in Angola geloods. Die regering se amptelike weergawe was dat die operasies Swapo moes verhinder om Suidwes in groot getalle binne te val.

Die Sowjetunie het egter volgehou dat die aanvalle op Kubaanse en Angolese soldate en Sowjet-wapentuig gemik was. Die Sowjet-regering het Suid-Afrika by twee geleenthede ernstig gewaarsku dat hy nie die omverwerping van die Angolese regering sal duld nie. Amerika het 'n Sowjet-mosie in die VVO se veiligheidsraad gesteun wat Suid-Afrika skerp veroordeel het.

Suid-Afrika het groot diplomatieke risiko's geloop en daar was al minder kans dat een van die oorspronklike doelwitte, die uitskakeling van Swapo, bereik sou kon word. Toenemend was daar slegs een doelwit: 'n ordelike, internasionaal erkende verkiesing in Suidwes-Afrika.

In die geval van sowel Rhodesië as Mosambiek het Suid-Afrika 'n rol gespeel wat heeltemal anders was as dié in Angola. John Vorster wou die land uit die Rhodesiese bosoorlog hou en het 'n klein Suid-Afrikaanse polisiemag wat daar was, onttrek. Hy het Ian Smith, leier van die regerende Rhodesian Front, gedwing om die swart nasionalistiese leiers, onder wie Robert Mugabe en Joshua Nkomo, vry te laat.

Agt maande later het Vorster en Kenneth Kaunda van Zambië 'n konferensie by die Victoriawaterval gehou om 'n skikking tussen Smith en die vernaamste swart leiers te help bewerkstellig. Dit het misluk, maar Vorster het aan status gewen, soos 'n foto getuig van 'n jong Zambiër met 'n plakkaat waarop staan: "Vorster becomes great today."

Vorster het ook die moontlikheid van 'n interne skikking ondersoek, wat nie noodwendig internasionale erkenning sou geniet nie, maar groter stabiliteit sou bring. Hy het Smith gedwing om 'n interne verkiesing met algemene stemreg te hou. Hy het selfs spoorverkeer na die land vertraag om Smith te druk. Dit het politieke moed geverg, want Smith was baie gewild onder Suid-Afrikaanse kiesers.

In 'n verkiesing in 1978 tussen die binnelandse partye is 'n stempersentasie van 63 aangeteken. Die Suid-Afrikaanse regering het beduidende bedrae en ander bronne in biskop Abel Muzorewa se party gepomp. Hy het oortuigend gewen, maar feitlik geen land behalwe Suid-Afrika het sy regering erken nie.

Al oorblywende keuse was 'n verkiesing wat wel internasionale erkenning sou geniet. Dit is in 1980 gehou en al die partye het deelgeneem. Suid-Afrika het Muzorewa weer finansieel ondersteun. Robert Mugabe en sy party se oorweldigende oorwinning was vir die Botha-regering 'n groot skok en teleurstelling.

In Mosambiek het Suid-Afrika 'n ander strategie as in Angola en Rhodesië gevolg. Suid-Afrika het die Renamo-beweging in die land begin steun. Die beweging het aanvanklik die Machel-regering se militêre basisse in die afgeleë noorde van Mosambiek aangeval, wat later deur die Rhodesiese weermag oorgeneem is. In die vroeë 1980's het die Suid-Afrikaanse weermag dit begin gebruik om Samora Machel te dwing om geen infiltrasie van ANC-kaders toe te laat nie.

Renamo het met Suid-Afrika se hulp brandstofopgaarplekke opgeblaas, spoorlyne beskadig, paaie gemyn en graansuiers vernietig.

Dit het Machel genoop om op 2 Maart 1984 die Nkomati-verdrag saam met Botha te onderteken. Die ongeskrewe teks was dat die SAW sy steun aan Renamo sou staak en dat Mosambiek geen ANC-aktiwiteite sou toelaat nie.

Vir die ANC was die Nkomati-verdrag baie slegte nuus. Oliver Tambo het dit beskou as die grootste terugslag vir die ANC sedert die organisasie in 1960 verbied is.

Maar Botha het selfs nog groter ambisies gehad: hy wou probeer om die Sowjetunie te oorreed om hulp aan die ANC af te sny. In Augustus 1984 het Niël Barnard, hoof van die nasionale intelligensiediens, 'n Suid-Afrikaanse span na Wene in Oostenryk gelei waar hulle 'n Sowjet-span ontmoet het.

Volgens 'n Sowjet-bron wou Barnard hê dat Moskou sy "vyandige bedrywighede teen Suid-Afrika staak" en "vrede en dialoog bevorder". Suid-Afrika was bereid om hom van Amerika te distansieer en met die Sowjetunie saam te werk in die bemarking van strategiese minerale. Die gedagte agter die voorstel was dat Moskou sy steun aan die ANC sou staak.

Moskou het die idee van samewerking verwerp, en volgens die bron was die Suid-Afrikaners teleurgesteld toe geen ooreenkoms bereik kon word nie.

Die nuwe Sowjet-leier, Michail Gorbatsjof, het Tambo op 4 November 1986 in die Kremlin ontmoet. Hy het die ANC-leier meegedeel dat Botha Moskou probeer kontak het, maar dat die Sowjet-regering niks sal doen sonder om die ANC te raadpleeg nie.

Ondanks die Nkomati-verdrag het weermag-eenhede Renamo steeds militêr en logisties gesteun. Dit het heel waarskynlik Botha se stilswyende goedkeuring geniet. Genl. Geldenhuys op 'n keer aan my gesê: "Ek ken nie iemand in die weermag wat braaf genoeg is om pres. Botha se instruksies of wense te ignoreer nie."

Die grensoorlog het tussen 1984 en 1987 'n kritieke punt bereik. In hierdie stadium was daar al sowat 50 000 Kubaanse troepe in Angola, bygestaan deur tot 2 000 militêre en tegniese personeellede van Oos-Duitsland en die Sowjetunie. Die Sowjetunie het die MPLA en Fapla (Angola se staande mag) met die modernste helikopters, vliegtuie en pantservoertuie toegerus.

Die MPLA-regering en sy kommunistiese bondgenote het besluit om Unita se hoofkwartier by Jamba met konvensionele oorlogvoering te verower en Unita finaal te verslaan. Die SAW was gereed hiervoor, maar wou onder geen omstandighede in 'n konvensionele oorlog betrokke raak nie.

In die laat 1960's het 'n aantal Jong Turke in die SAW in opstand gekom teen bestaande militêre doktrines uit die Eerste en selfs die Tweede Wêreldoorlog. Daar was 'n totale heroriëntering weg van lang, statiese verdedigingslinies na vinnig bewegende en kleiner formasies met hoë vuurkrag. Die sleutel was: "Lok die vyand uit, verdeel hom en vernietig hom stuksgewys. Vermy tot elke prys dat jou eie magte vasval."

Die groot toets het gekom by die Lomba-rivier toe sowat 3 000 Suid-Afrikaanse en 8 000 Unita-troepe teen 'n groot oormag te staan gekom het. Suid-Afrika het met beperkte hulpbronne 'n verpletterende oorwinning behaal. Genl. Geldenhuys het 'n tabel opgestel wat die verliese aangedui het. Suid-Afrika het onder meer 3 tenks verloor teenoor die vyand se 94 en 8 pantservoertuie teenoor 134.

Die kommunistiese magte het na Cuito Cuanavale teruggetrek van waar hulle verdere pogings om hulle terug te dryf, afgeweer het. Die dorp was in elk geval nie 'n strategiese doelwit nie.

Maar Castro was 'n meester van die revolusionêre propaganda. Hy het verklaar dat die hele oorlog rondom die geveg by Cuito Cuanavale gedraai het en dat Suid-Afrika daar omsingel is en amper nie daarin kon slaag om veilig terug te trek nie. Chester Crocker, die Reagan-administrasie se assistent-sekretaris vir Afrika, het dit as onsin afgemaak.

Teen 1988 was Suid-Afrika, Kuba en die Sowjetunie almal gretig om die uitputtende oorlog te beëindig. Volgens onafhanklike ooggetuies het die Suid-Afrikaanse span in die onderhandelings – met Pik Botha, minister van buitelandse sake, Neil van Heerden, direkteur-generaal van buitelandse sake, en genl. Geldenhuys, toe hoof van die SAW – uitstekend gevaar.

'n Verkiesing kon nou in Suidwes gehou word sonder die vrees vir intimidasie. Die 1989-verkiesing vir 'n grondwetgewende vergadering was vreedsaam en die simboliese boodskap was dat so 'n verkiesing ook in Suid-Afrika kon plaasvind.

Aangesien dit die regering se aanvanklike doel was om te verhinder dat Swapo die verkiesing wen, het die gevoel by baie ontstaan dat die oorlog sinloos was. Die oorlog het egter wel 'n betekenisvolle verskil gemaak. As Swapo vroeër met Angolese en Kubaanse steun die regering oorgeneem het, sou dit sekerlik nie met die liberaal-demokratiese grondwet gewees het waarmee hy in 1990 aan die bewind gekom het nie. 'n Sosialistiese diktatuur in Namibië sou die oorgang na 'n demokrasie in Suid-Afrika bemoeilik het, of selfs onmoontlik gemaak het.

Pieter-Dirk Uys het die waarneming gemaak dat Suid-Afrika ook sy "Nam" gehad het: nie Viëtnam nie, maar Namibië.

In Uys en ander kunstenaars se gehore het daar soldate en dienspligtiges gesit wat 'n traumatiese ervaring in die grensoorlog gehad het en dit nie ná hul tuiskoms kon afskud nie. Hulle het, soos die troepe dit genoem het, "bosbefok" teruggekom en die staat het geen berading verskaf nie.

Verpligte militêre diens vir wit mans, wat in 1978 tot twee jaar uitgebrei is met verskeie kampe daarna, het radikaal in die jong mans se lewe ingegryp. Sommige het in die grensoorlog diens gedoen, terwyl ander gedurende onrus in swart woongebiede ontplooi is.

Die sanger Johannes Kerkorrel (Ralph Rabie) het die vervreemding van die politieke orde en uitwerking van diensplig in 'n Afrikaanse vorm van "rock 'n roll" verwoord. "Alternatiewe Afrikaner"-musikante se Voëlvry-toer in 1989 het groot gehore getrek. Spot en hekel eerder as verdoeming en verwerping was die toon.

Een van die bekendste liedjies het met die militêre etos gespot: "Hou my vas korporaal / ek is 'n kind skoon verdwaal . . . / ja sowaar korporaal / dis maar swaar korporaal / ek speel oorlog met my beste dae . . ."

Kerkorrel het PW Botha gehekel, 'n leier van wie die jonger geslag heeltemal vervreemd geraak het. In "Sit dit af" sing hy oor 'n beeld wat hy skielik van Botha op 'n televisieskerm gesien het: "Dit was 'n nare gesig / Dit was PW se gesig / En langs hom staan oom Pik / O, ek dog ek gaan verstik / Sit dit af (4x) . . . Is daar nêrens om te vlug / van daai man se mooi gesig / Met sy vinger in die lug?"

Nietemin het die meeste Afrikaners hulle tot aan die einde van die NP-bewind met die staat en die veiligheidsmagte vereenselwig. In navorsing onder studente in die laat tagtigerjare is gevind dat Afrikaanse studente veel makliker van "ons weermag" gepraat het as studente uit die Engelse gemeenskap. Net 5% van die Afrikaanse studente het afkerig van die staat gevoel teenoor 33% van die Engelssprekendes.

Die grensoorlog het as 'n nuwe tema in die letterkunde na vore gekom. 'n Vroeë bydrae was Jaap Steyn se *Op pad na die grens* en *Dagboek van 'n verraaier*. Hierin is die dilemma belig van 'n soldaat wat in 'n oorlog anderkant die land se grense vasgevang is terwyl apartheid steeds in Suid-Afrika afgedwing word.

Die militêre owerhede het probeer om te verhinder dat stories oor die grensoorlog uitkom deur soldate te verbied om enigiets daaroor te publiseer. Alexander Strachan, oud-lid van 'n elite-verkenningsregiment wat in Angola opgetree het, ignoreer dit en publiseer sy roman *'n Wêreld sonder grense* in 1984. Verskeie ander skrywers het in die jare daarna gevolg met fiksie en ware vertellings. Koos Stadler se *Recce* was byvoorbeeld in 2015 'n topverkoper.

Strachan en ander se fiksie wys hoe die geweld wat Suid-Afrikaanse soldate moes gebruik hulself verontmenslik, maar hulle terselfdertyd help om 'n gemeenskaplike humaniteit met die vyand te ontdek. In Strachan se stories vervaag die tradisionele grense – dié tussen wit en swart, tussen vriend en vyand, tussen mededoë en vrees – en dit skep 'n trauma wat daartoe lei dat die grensvegters die verlede probeer verstaan sodat hulle ook sin kan maak van die hede.

Die grensoorlog het onheilspellend gedui op 'n oorlog wat tussen wit en swart Suid-Afrikaners in hul eie land geveg sou word indien hulle nie 'n politieke skikking bereik nie.

In 1978 het Elsa Joubert se dokumentêre roman, *Die swerfjare van Poppie Nongena*, verskyn. 'n Gewone Afrikaanse familie kon hulle maklik met die boek vereenselwig omdat hulle heel moontlik iemand soos Poppie, die hoofkarakter in die boek, as 'n huishulp in hul huis het.

Die boek is gegrond op die mondelinge vertellings van 'n ongeletterde Xhosa-sprekende vrou en beskryf hoe sy probeer om haar familie bymekaar te hou ondanks die doolhof van instromingbeheermaatreëls. Ná die 1976-opstand merk sy op dat die kinders veel meer vasberade is om, ongeag enige risiko, die stelsel teen te staan. 'n Kind, Jakkie, is aan die vlug voor die polisie. Dit is moontlik dat hy die land verlaat het om as 'n guerrillavegter opgelei te word en sou terugkeer om vir sy mense se vryheid te veg.

Veertien jaar ná die boek se verskyning het Danie van Niekerk van die uitgewer gesê: "Ek dink die boek het meer as enige ander Afrikaanse boek gedoen om die Afrikaners tot inkeer te bring. Dit het nooit ophou verkoop nie."

Die dag in 1980 toe die revolusionêre leier Robert Mugabe in Zimbabwe as president ingehuldig is, het ek 'n onderhoud met John Vorster gevoer oor Suid-Afrika se toekoms.

"Het Ian Smith as leier van die wit gemeenskap in Rhodesië kanse verspeel wat dit kon voorkom het?" wou hy weet. "Sekerlik. Hy het," het Vorster geantwoord en vervolg: "Hy het al die voorstelle wat ek gemaak het om geleidelik 'n swart meerderheidsregering te bewerkstellig, verwerp."

Uiteindelik het Vorster gevra: "Ken jy dan nie die storie van die sultan en sy perd nie?"

Hy het toe vertel. 'n Sultan het drie mans ter dood veroordeel, maar beloof om enigeen vry te laat wat sy geliefde perd kon leer praat. Terwyl twee van hulle die volgende dag na die laksman se galg gebring word, het hulle die derde man gesien waar hy op vrye voete staan en gesels. "Wat het jy aan die sultan gesê? Ons het gesê dit is onmoontlik om 'n perd te laat praat."

Die vry man het geantwoord: "Ek het vir die sultan gesê ek kan sy perd leer praat, maar dit sal vyf jaar duur. Julle weet, in daardie tyd kan 'n hele klomp goed gebeur: die sultan kan sterf, die perd kan vrek of ek kan sterf en wie weet – ek kan selfs die blerrie perd leer praat."

Vorster het somber opgemerk dat toe Smith uiteindelik meerderheidsregering aanvaar, sy regering met die rug teen die muur was en nie in staat om enige voorwaardes te stel nie. Smith, het Vorster gesê, het die tyd verspeel toe hy 'n veel beter skikking kon gekry het.

Die toepassing op Suid-Afrika van die gelykenis van die sultan en sy perd was vir my voor die hand liggend, maar Vorster het afgemat gelyk en was klaarblyklik baie bitter oor die wyse waarop hy deur sy eertydse kollegas gedwing is om uit sy amp te bedank.

Dit sou onwys wees om hom vir 'n antwoord te druk. Vorster was in elk geval bekend daarvoor dat hy nooit oor Suid-Afrika se toekoms wou gis nie.

Maar dit was al duideliker dat die grootste bedreiging vir Afrikaners se sekuriteit nie anderkant die noordgrens gelê het nie, maar in die regering se onvermoë om wit en swart se aspirasies te versoen. Niël Barnard, wat in 1980 hoof van die nasionale intelligensiediens geword het, het Botha gewaarsku dat 'n oplossing nie deur militêre stryd nie, maar net deur politieke onderhandelings bewerkstellig kon word. Genl. Viljoen het as hoof van die weermag op Voortrekkerhoogte op 'n vergadering van die Broederbond gepraat oor die swart Suid-Afrikaanse troepe wat in Angola geveg het. Hy het gesê: "As hulle kan veg vir Suid-Afrika, kan hulle stem vir Suid-Afrika."

16

HERVORMINGSAPARTHEID: "MAGSDELING SONDER OORGAWE"

Teen 1973, toe die Arabiese lande 'n olieboikot ingestel het, het Suid-Afrika 40 jaar van groei teen gemiddeld 5% per jaar gehad. In hierdie jare is die Afrikaner-gemeenskap getransformeer.

In 1936 was net 'n kwart van Afrikaners kantoorwerkers, 'n ruwe aanduiding van middelklas-status; teen 1977 was dit twee derdes. In 1936 was 40% nog in die landbou; teen 1977 was dit minder as 9%.

'n Wit nasie is gevorm met grootliks dieselfde waardes. Politieke verskille het vervaag. In 1987 het die meeste Engelse vir die Nasionale Party gestem.

Al die politieke mag was in Afrikaner-hande gekonsentreer, nog meer so teen die vroeë 1970's as 20 jaar tevore. Daar was selfbestuur vir swart tuislande, wat ekonomies onlewensvatbaar was. Daar was gemeenskapsrade vir bruin mense en Indiërs, almal sonder enige betekenisvolle magte of inkomstebronne.

Hierdie tuislandregerings en gemeenskapsrade het soos kolonies om die wit regering gewentel. Vorster het as eerste minister soms van die tuislandleiers genooi om sogenaamde knelpunte in die toepassing van die apartheidsbeleid te bespreek. Hierdie sogenaamde "leiersberade" het op skyndiplomasie neergekom.

Afrikaner-nasionaliste het die gebied buite die tuislande as 'n wit land beskou en, in private gesprekke, as 'n Afrikaner-land. Schalk Pienaar, gevierde verligte koerantredakteur, het na aanleiding van hierdie beskouing spottend na die land as "God se reservaat" vir die Afrikaners verwys.

Die swart tuislande het al meer oorbevolk geraak en was al minder in staat om hul mense te voed. Swart mense het in groter getalle na die sogenaamde wit dorpe en stede gestroom.

Die eerste Afrikaanse boek wat swart verstedeliking se sosiaal-politieke implikasies uitgespel het, was Flip Smit en Jan Booysen se *Swart verstedeliking*. Met die boek se bekendstelling in 1982 het Piet Cillié, oud-redakteur van *Die Burger*, oor die boek se "harde en onheilspellende" boodskap vir die Afrikaner gepraat.

Die grondslag van Afrikaner-nasionalisme was altyd die droom van 'n "beloofde land: 'n stuk aarde wat onherroeplik syne is of moet wees", het Cillié gesê. Ekonomiese kragte het egter die droom van aparte tuislande in Suid-Afrika vernietig. "Nou dwing die feit, die onweerlegbare feite ... ons tot 'n pynlike herwaardering só diep en verreikend dat ons wel kan bid dat die beker ons liewer moet verbygaan."

Die Afrikaner-establishment het die toenemende druk probeer teenstaan. Die ANC is deur onderdrukking grootliks lamgelê. 'n Breë veiligheidstrook anderkant die noordgrens het gesorg dat die minimum guerrillavegters insypel. 'n Omvattende sensuurstelsel het ondermynende boeke of rolprente verbied.

Die weermag is gemoderniseer tot 'n mag met 'n gedugte slaankrag wat selfs kernwapens ingesluit het. Die weermaghoofde het egter die politieke leiers herhaaldelik daarop gewys dat militêre mag nie die land se probleme kon oplos nie. Militêre mag kon alleen tyd koop en daardie tyd was beperk.

Die regering het apartheid in die vroeë 1970's begin hervorm. Hy het doelgerig die rassegaping in pensioene en salarisse in die staatsdiens kleiner begin maak. Hy het laat blyk dat die groot loongaping tussen wit en swart in die private sektor onaanvaarbaar is. In 1973, toe talle swart werkers in Durban gestaak het en stakings na die res van die land uitgebrei het, het die regering nie hardhandig opgetree nie.

In 1977 het die regering die Wiehahn-kommissie aangestel om die arbeidsmark te hervorm. Daarmee is 'n proses begin wat sou lei tot die erkenning van swart en bruin werkers se reg om hoër lone deur die vakbond van hul keuse te beding.

Die staat het ook die verskaffing van swart sekondêre en tersiêre onderwys dramaties uitgebrei. Teen 1985 was daar tien keer meer swart kinders in sekondêre skole en universiteite as in 1970. Swart en bruin kinders se vordering op opvoedkundige gebied het meegebring dat apartheid al meer onaanvaarbaar vir hulle geword het.

Apartheid in sport is met verdrag afgeskaf. Uitstaande sportadministrateurs soos dr. Danie Craven het 'n belangrike rol daarin gespeel.

Die Engelse koerante het hul kritiek op die regering en apartheid volgehou. Maar binne Afrikaner-geledere is die Afrikaner-establishment lank as bo kritiek verhewe beskou. Twee groot terugslae het hulle egter teen die einde van die 1970's getref. Dit het uitgekom dat die regering die koerant *The Citizen* met staatsgeld gefinansier het. Geld is selfs verskaf vir 'n buitelandse kantoor van die NG Kerk as 'n propaganda-teenvoeter vir die Wêreldraad van Kerke, wat 'n prominente rol in die anti-apartheidstryd gespeel het.

Vorster en sy minister van inligting, Connie Mulder, was verplig om te bedank. PW Botha het Vorster opgevolg.

Die tweede slag was toe die *Sunday Times* en twee boeke uitgebreide inligting oor die geheime Afrikaner-Broederbond se werksaamhede gepubliseer het. Die publikasie van feitlik volledige ledelyste het gehelp om inligting te verskaf oor kwessies waaroor daar lank net gissings was.

Die Broederbond het Suid-Afrika nooit regeer of vir die kabinet voorgeskryf soos soms beweer is nie. Dit was wel 'n belangrike drukgroep. In die 1960's het dit meegewerk om apartheid meer onbuigsaam te maak, maar in die 1970's en 1980's was dit meesal 'n wegbereider vir hervorming weg van apartheid.

Dit het 'n soort binnebaan geskep vir Afrikaners met politieke aspirasies, maar waarskynlik ook verskeie belowende jong Afrikaners van 'n politieke loopbaan afgeskrik. Toe die NP in die 1990's met die ANC oor die beheer van die staat moes onderhandel, was daar 'n skromelike gebrek aan talentvolle Afrikaners in die NP en selfs in die kabinet.

In 1979 het dr. Gerrit Viljoen, voorsitter van die Broederbond se uitvoerende raad, bekommerd by die organisasie se afdelings gepleit: "Besef ons die noodsaak van selfbeheersing en dissipline, van bevordering van eensgesindheid en lojaliteit teenoor ons demokraties en behoorlik verkose leiers, van vermyding en bekamping van skinderstories en lasterpraatjies en selfs net van aftakeling van leiers?"

Maar 40 jaar van Afrikaner- politieke eenheid onder die NP-regering was verby. Die regering het in hierdie tyd op merkwaardige wyse verhinder dat die inkomsteverskil tussen die laagste 20% en die boonste 10% van die Afrikaners veel groter raak. Dít, eerder as die apartheidsbeleid, was die belangrikste rede waarom Afrikaners so lank bankvas agter die NP gestaan het.

Die regering het in die vroeë 1970's begin om die beskerming van wit werkers af te skaal en subsidies aan boere uit te faseer. Toe die NP in 1982 skeur, het dit die einde van 'n era ingelui.

Afrikanerleiers het geweet dat die Afrikaners nie vir altyd kan regeer nie, behalwe as hulle bereid was om 'n genadelose diktatuur uit te roep. Swart mense het geweet dat hulle die mag sou kry as hulle die wêreld, insluitende die Afrikaners, kon oortuig dat Afrikaner- politieke mag nie legitiem is nie.

Die Afrikaners se getalle was betreklik gering om 'n al meer komplekse staat te beheer. Dit het van 660 000 in 1911 tot 2,75 miljoen in 1980 gegroei. Die totale bevolking was toe amper 30 miljoen.

Selfs met die wit Engelssprekendes ingesluit was die getalsverhouding ongunstig vir wit beheer. Tussen 1911 en die middel 1950's was die wit-swart-verhouding sowat 1:4. Teen 1980 het dit tot 1:7 verswak.

Die grootste deel van die swart arbeidsmag was aanvanklik taamlik ongeskoolde plaas- of mynwerkers, maar teen 1980 was daar meer swart werkers in die vervaardigingsektor as in die myne of op die plase. Hulle was toenemend geskoold, geletterd en polities bewus.

Een uitweg vir Afrikaners was om swart en bruin mense op 'n manier in die magselite in te trek en saam besluite te neem, of selfs die vernaamste besluitnemers te bly. Maar hier was die geskiedenis teen die Afrikaners.

Arnold Toynbee het sy vinger in 1959 op 'n sleutelfaktor gelê. Toynbee was in daardie stadium beroemd vir sy wydgelese navorsing oor die opkoms en ondergang van die iets meer as 20 beskawings wat die wêreld volgens hom sedert die klassieke tye geken het.

In sy artikel "History's Warning to Africa" kyk hy na 'n minderheid se keuses wanneer 'n meerderheid skielik die mag begin opeis ná eeue van lydsame aanvaarding van oorheersing.

Toynbee vergelyk die Spaanse koloniale ryk in Latyns-Amerika met die Nederlandse en Britse kolonies in Afrika. Die Spanjaarde het ook die inheemse mense uitgebuit, maar dit was meer klas as ras wat bepaal het of mense eersteklas- of tweedeklasburgers was. Die versperrings boontoe was deurdringbaar. Ondertrouery was algemeen. Bruin en swart mans kon in verantwoordelike poste aangestel word, wat aan hulle aansien gegee het. Die gevolg was dat die elite ná onafhanklikwording gemeng was maar met wit mense steeds baie prominent.

Die Nederlanders en die Britte se kolonies in Afrika staan in skerp teenstelling hiermee. Swart opwaartse mobiliteit was baie moeilik en gemengde huwelike het feitlik nie plaasgevind nie. Vir die wat Toynbee genoem het "bekwame en aanpasbare Bantoe in Suid-Afrika" was daar geen maklike toegang tot die dominante klasse nie.

Toynbee het voorspel dat wit mense in Suid-Afrika vroeër of later verplig sou wees om die mag prys te gee en 'n nuwe status te aanvaar: dié van "'n onbevoorregte minderheid" onder 'n meerderheid wat hulle as hul kulturele mindere beskou.

Teen die middel 1970's was die NP-bewind nog nie daartoe in staat om selfs die bruin mense, wat grootliks hul taal en geloof gedeel het, by die magsgroep in te lyf nie. Alle verteenwoordiging op regeringsvlakke waar bruin mense vroeër saam met wit mense verteenwoordig was, is afgeskaf. Die Theron-kommissie het skerp kritiek op die verwaarlosing van die bruin gemeenskap uitgespreek.

Die tuislandbeleid het aanvanklik die swart verset teen apartheid versplinter. Selfs Nelson Mandela het op Robbeneiland in 'n geheime geskrif van die middel 1970's geargumenteer dat die regering swart mense in die Transkei die geleentheid gee om hulself te regeer. Die ANC moes dit oorweeg om die tuisland se onafhanklikheid te aanvaar en aan te wend in die stryd om beheer oor die Suid-Afrikaanse staat, het hy geskryf.

Hierdie oomblik het egter vinnig verbygegaan. Die Swartbewussynsbeweging het in die eerste helfte van die jare sewentig aansienlike steun in swart hoër skole en universiteite gekry en ook joernaliste en professionele lui sterk beïnvloed.

Die vernaamste stem was dié van Steve Biko, 'n hoogs intelligente en charismatiese jong swart man. Die beweging wou onderdruktes saamsnoer in 'n beweging wat swart trots en selfvertroue sou kweek.

Biko se deurlopende tema was: "Swart man, jy is op jou eie." Afrikanernasionaliste behoort hierby aanklank te gevind het omdat dit geklink het soos DF Malan en Vader Kestell se oproep van die 1930's: "'n Volk red homself." Maar Biko het ook 'n ander boodskap gehad wat Afrikaners afgeskrik het: Swart mense, het hy gesê, was vasbeslote om hulself te bevry; en wanneer dit gebeur, sou hulle wit mense nooi om op swart voorwaardes by hulle aan te sluit.

Die Swartbewussynsbeweging was 'n belangrike stimulus vir die opstand wat op 16 Junie 1976 begin het. Dié dag het talle swart leerlinge in Soweto betoog. Heelparty is doodgeskiet en 'n grootskaalse opstand het uitgebreek.

Die verpligte gebruik van Afrikaans in sekere vakke in swart skole in Suid-Transvaal was die katalisator vir die opstand. Die oorsake van die opstand het egter veel dieper gegaan. Swart mense was die meeste gegrief deur die paswette, hardhandige optrede van die polisie en die algemene gebrek aan sekuriteit. Daar was geen behoorlike swart plaaslike besture nie en die wit beheerde administrasierade, wat enkele jare tevore ingestel is, het die gevoel van vervreemding onder swartes net vererger.

Die protesteerders het van die administrasieraad se geboue afgebrand en daarna biersale, skole, klinieke en biblioteke verwoes. Die opstand het na die swart woonbuurte in ander dele van Suid-Transvaal, na kampusse van swart universiteite en daarna na stede in ander provinsies versprei. In Kaapstad het bruin kinders in die middestad met die polisie gebots. Raadslede in talle dorpe en stede het bedank. Daar was uitgerekte skool- en verbruikersboikotte. Teen Oktober 1977 het 670 mense gesterf.

Op 12 September 1977 is Biko aan kopbeserings dood nadat veiligheidspolisiemanne hom gruwelik aangerand het terwyl hy in Port Elizabeth aangehou is. In Oktober 1977 het die regering alle Swartbewussynsorganisasies, die Christelike Instituut met Beyers Naudé aan die hoof en *The World*, die vernaamste swart koerant, verbied.

Rykie van Reenen, een van die knapste joernaliste van die twintigste eeu, is middel 1977 spesiaal van Johannesburg na King Williamstown om na gemeenskapsprojekte te kyk en met Biko, die direkteur, te gesels. Drie maande later, ná sy dood in aanhouding, het sy geskryf: "Biko

[bly] vir my 'n beeld van die nuwe swart man wat hom en sy mense met alle mag en onverskrokke toewyding vir groter verantwoordelikheid probeer voorberei."

Die gesprek het by haar "een oortuiging" gelaat: "dat die jong swart man – hy was pas 30 – basies nie 'n breker is nie, maar 'n bouer; en ook tensy ek my gruwelik misgis, g'n ideoloog nie". Daarom, het sy vervolg, "is dit beklemmend – ek kies my woord – dat 'n stem soos syne uit die kritieke dialoog van ons land verdwyn het".

Die Soweto-opstand en Biko se dood was 'n reuse-skok vir die Afrikaners. Hulle het besef hulle het swart bondgenote nodig, maar het nie geweet waar of hoe om hulle te vind nie. 'n Sakeleier het die soektog in die vroeë 1980's effens naïef geformuleer as 'n soeke na die geheim van "die mag deel sonder om dit prys te gee".

Onder Botha, wat Vorster in September 1978 as NP-leier en eerste minister vervang het, het die regering besluit om bruin mense en Indiërs in die parlement in te bring. Wit mense, bruin mense en Indiërs sou in aparte kamers oor hul sogenaamde eie sake beslis, terwyl hulle saam oor algemene sake sou besluit. Swart mense was uitgesluit. Die president sou voortaan 'n uitvoerende president wees.

In NP-geledere was die kritiese vraag of dit magsdeling behels. Daar sou wel 'n vorm van magsdeling wees, maar een wat nie die gevaar van magsverlies sou inhou nie. Nogtans het dr. Andries Treurnicht en 21 ander parlementslede van die NP weggebreek. Hulle het die Konserwatiewe Party gestig, wat teen die einde van die 1980's amper die helfte van die Afrikaner-steun sou trek.

In 1983 het wit kiesers die grondwet in 'n referendum met 'n tweederdemeerderheid goedgekeur. Chris Heunis, minister van konstitusionele ontwikkeling, het begin om met swart leiers oor deelname aan 'n gemeenskaplike politieke stelsel te onderhandel.

Pres. Botha het streng beperkings opgelê. Vir swart mense moes daar ook die sogenaamde "eie sake" wees en hulle kon nie in die parlement verteenwoordiging kry nie. Daar sou geen veelrassige verkiesings wees nie. Die mikpunt was 'n soort konfederale model met 'n veelrassige kabinet waarin tuislandleiers aanvanklik betrek sou word. Privaat het Botha dikwels gesê: "Daar mag geen magsoorgawe wees nie."

Swart uitsluiting uit die driekamer-parlement het omtrent alle swart mense, onder wie die meeste tuislandleiers, vervreem. Daar was konsensus dat dit geen sin het om te onderhandel sonder dat die regering 'n duidelike verklaring van voorneme gee nie. Swart leiers het ook geëis dat Nelson Mandela en die ander ANC-leiers vrygelaat moes word voordat onderhandelings kon begin. Hulle het ook nie meer Botha se eis ondersteun dat Mandela eers geweld moes afsweer voordat hy vrygelaat kon word nie.

Die ANC in ballingskap het nou, nadat hy amper 20 jaar 'n futiele gewapende stryd teen die veiligheidsmagte probeer voer het, 'n doeltreffender metode gesoek. 'n Afvaardiging het Viëtnam in 1979 besoek om meer te leer van die Viëtnamese se taktiek in hul guerrilla-stryd teen die Franse en later teen Amerika.

Die konsep van 'n volksoorlog, 'n "people's war", is oorspronklik deur die Chinese leier Mao Zedong ontwikkel. Die idee is dat die bevrydingsorganisasie homself wortel in die onderdrukte volksgemeenskap, wat al meer moet deelneem aan die politieke en militêre stryd.

Die afvaardiging was "diep beïndruk" deur die Viëtnamese se metodes. Hulle was oortuig dat dit toegepas kon word op 'n volksoorlog. Die eerste mikpunt was om die townships onregeerbaar te maak – die einddoel om die staat tot 'n val te bring. In dié soort stryd is opspraakwekkende gewapende aanvalle deur opgeleide eenhede gekombineer met massaveldtogte waaraan almal kon deelneem, ook diegene wat net teen apartheid wou betoog.

In 1983 is die United Democratic Front (UDF) gestig as 'n losse konfederasie van klein en groot organisasies. Informeel het dit as die binnelandse vleuel van die ANC opgetree. Fosatu, wat in 1985 Cosatu geword het, het ontwikkel in 'n magtige vakbondfederasie wat duisende werkers vinnig kon mobiliseer.

In sy Nuwejaarsboodskap vir 1984 het die ANC-leier Oliver Tambo volgelinge gevra om die land onregeerbaar te maak. In September 1984 het die massaveldtog in Sebokeng aan die Oos-Rand begin en na ander dele van die land versprei. Ná voortdurende onstabiliteit het die regering 'n noodtoestand in sekere landdrosdistrikte uitgeroep. Dit is op 7 Maart 1985 opgehef, maar weer op 12 Junie 1986 landwyd ingestel. Die leiers in ballingskap het in radioboodskappe hul volgelinge opgeroep om Suid-Afrika onregeerbaar te maak.

Altesame 20 500 mense is tussen September 1984 en Mei 1994 in die stryd dood. Dit was 'n hoogs onkonvensionele magstryd waar die een kant oor al die magsmiddele van 'n moderne staat beskik het en die ander kant hoofsaaklik op intimidasie, propaganda en massaveldtogte gesteun het.

Die wêreld het dit as 'n konflik tussen wit en swart beskou, maar 75% van die mense wat gesterf het, was slagoffers van konflikte tussen die ANC en ander hoofsaaklik swart organisasies. Die sogenaamde halssnoermoorde waarmee hoofsaaklik ANC-ondersteuners vermeende "regeringsagente" tereggestel het, was die grusaamste. Dit het dit vir die polisie bykans onmoontlik gemaak om getuies te kry wat bereid was om teen politieke aktiviste wat wette oortree het, te getuig. Daardeur is die gewone loop van die reg in die wiele gery.

Baie van die ANC-propaganda is net so in koerantverslae oorgeneem, veral die ANC-bewering dat 'n staatsondersteunde "derde mag" vir swart sterfgevalle in die swart woongebiede en tuislande verantwoordelik was. Die enigste polisie-eenheid wat die wet op groot skaal oortree het, was die Vlakplaas-eenheid, maar daar was kleiner eenhede soos die Burgerlike Samewerkingsburo wat ook vermeende "staatsvyande" vermoor het. Veral in die Oos-Kaap was daar 'n ernstige gebrek aan beheer oor die veiligheidsmagte.

Hul bedrywighede is voor en ná die oorgang ondersoek, onder meer deur 'n span gelei deur 'n prokureur-generaal, bygestaan deur kundige buitelandse waarnemers. Ook die Waarheids-en-versoeningskommissie het dit in die laaste jare van die eeu ondersoek. Die kommissie het bevind dat amnestie aan lede van die Vlakplaas-eenheid verleen kon word, behalwe in die geval van 'n insident waarin vyf mense vermoor is.

Om duisende swart mense se dood tydens die oorgang aan 'n "derde mag" toe te skryf, is heeltemal absurd.

Navorsing wat op hofverslae gegrond is, bring 'n ander prentjie na vore, een van politieke sterftes wat hoofsaaklik die gevolg was van die "people's war" wat die ANC in talle swart woongebiede ontketen het.

Baie buitelandse meningsvormers het 'n volskaalse rasseoorlog met 'n ongekende aantal slagoffers verwag. Die werklikheid was baie anders. In verhouding tot die totale bevolking was die 20 500 "politieke sterftes" tussen 1984 en 1994 die laagste van alle groot etniese konflikte sedert die Tweede Wêreldoorlog.

Teen middel 1985, toe die opstande in Suid-Afrika al amper 'n jaar aan die gang was, het buitelandse beleggers baie bekommerd begin raak. Suid-Afrika se buitelandse skuld was buitengewoon groot en die onluste het die land se kredietwaardigheid erg aangetas. Vroeg in Augustus 1985, toe die opstand in sy twaalfde maand was, het Amerika se Chase Manhattan Bank aangekondig dat hy nie 'n groot korttermynlening aan Suid-Afrika gaan verleng nie.

Dié stap het skokgolwe deur die bankstelsel gestuur. Dit het 'n kettingreaksie tot gevolg gehad met die een buitelandse bank ná die ander wat sy lenings oproep. Suid-Afrika was verplig om kennis te gee dat hy nie sy internasionale skuld kon terugbetaal nie.

Al die aandag was op 'n toespraak wat PW Botha op 15 Augustus op 'n partykongres in Durban sou hou. Die kabinet het vroeër die maand 'n informele beraad by die Ou Sterrewag in Pretoria gehou om voorstelle te bespreek. Heunis het gepraat oor sy plan om swart mense in die kabinet op te neem en Pik Botha oor sy plan om die voorwaarde te omseil dat Mandela eers geweld moet afsweer.

Waar die president gewoonlik onmiddellik sy afkeer te kenne gegee het van planne waarmee hy nie saamstem nie, het hy dié keer stilgebly. Sommige ministers het verkeerdelik aanvaar dat dit instemming beteken. Pik Botha het dadelik na Europa gereis om gesante van Amerika se pres. Reagan en Brittanje se Margaret Thatcher in te lig dat ingrypende stappe onderweg is.

Dit het die wêreld laat dink dat PW Botha groot stappe in sy toespraak sou aankondig, soos die afskaffing van apartheid en Mandela se vrylating. Miljoene mense, plaaslik en oorsee, het in groot afwagting op die direkte uitsendings van die toespraak ingeskakel.

Die verwagtinge het Botha woedend gemaak en hy het besluit om die toespraak wat die departement van konstitusionele ontwikkeling vir hom voorberei het, baie te verwater. Oor die televisie het Botha soos 'n oudtydse voorstander van wit baasskap gelyk en gepraat. Hy is nie bereid om wit Suid-Afrika op 'n pad van abdikasie en selfmoord te lei nie, het hy gesê. Hy het geen respek gehad vir revolusionêre wat Afrika in 'n "sterwende vasteland" omskep het nie. "Mandela en sy vriende" is in die tronk omdat hulle 'n revolusie beplan het en hulle sou slegs vrygelaat word indien hulle geweld afsweer.

Botha het aangekondig dat sy regering "die Rubicon" oorgesteek het, maar die toespraak het ver tekortgeskiet vir die verwagtinge. 'n Nuwe golf van sanksies en onttrekking van beleggings het gevolg.

Botha het só 'n swak indruk gemaak dat min waarnemers opgelet het dat hy wel die "meesterplan" van apartheid ten dele geskrap het. Hy het aangekondig dat mense van die ses tuislande wat nie onafhanklikheid wou hê nie, as Suid-Afrikaanse burgers behandel sou word wat in 'n gemeenskaplike politieke stelsel verteenwoordiging moet kry. Dit was die einde van die idee dat swart mense alle politieke seggenskap in die sogenaamde "wit Suid-Afrika" ontsê moet word.

Botha was vasbeslote om alle opstande te onderdruk voordat hy enige ernstige politieke onderhandelings begin. Op 12 Junie 1986 het hy 'n nasionale noodtoestand aangekondig, wat geldig sou bly tot 1990. Meer as 20 000 mense is aangehou.

Die regering het tog voortgegaan met verskeie hervormings in 'n poging om beleggers se vertroue te herwin. Stedelike swart mense oor die land het volle verblyfreg in "wit" dorpe en stede gekry en die paswette is afgeskaf.

Dit het min indruk op drukgroepe gemaak. Internasionaal het die veldtog teen apartheid 'n universele morele kruistog geword. Die Amerikaanse kongres het nuwe beleggings en lenings aan Suid-Afrika verbied. Thatcher het Botha laat weet dat sy nie veel langer teen die aandrang op strawwer sanksies kon uithou as Mandela nie vrygelaat word nie.

Op 24 Januarie 1986 het dr. Anton Rupert, doyen van Afrikanersakeleiers, aan Botha geskryf dat Suid-Afrika met sy groot skuld diep in die ekonomiese moeilikheid was. Rupert skryf dat dit 'n mite was dat apartheid "blanke voortbestaan" bevorder. Hy doen persoonlik 'n beroep op Botha: "Bevestig dat u afsien van apartheid. Dit kruisig ons, dit vernietig ons taal, dit maak 'n eens heldevolk die melaatses van die wêreld. Verwyder die vloek van misdaad teen die mensheid van ons kinders en kindskinders se rûe af."

Rupert het met 'n somber waarskuwing afgesluit: "Faal u in hierdie Godgegewe taak, eindig ons eendag met 'n Neurenberg." Botha antwoord dat hy raad ignoreer wat vir hom nie eg klink nie.

Finansieel moes die regering sy rieme fyn sny, maar Derek Keys, die NP se laaste minister van finansies, het onlangs teenoor my ontken dat die regering bankrot was.

Die Botha-regering se grootste probleem was die verdeeldheid in die kabinet oor die pad wat ingeslaan moes word. Revolusionêre hoef nie 'n regime te verslaan om hul doel te bereik nie. Die opstandiges moet slegs genoeg moeilikheid maak om 'n regering baie onseker van homself te laat voel. 'n Regering wat sy ideologiese oortuigings verloor het, is diep in die moeilikheid.

Politieke verdelings het die kabinet lamgelê. Op 'n vergadering in Maart 1986 oor kritiese beleidsake het Botha verklaar dat hy nie 'n beleid van een mens, een stem in 'n unitêre of federale staat voorstaan nie. "Ek het gedog dat ons duidelikheid het, maar ek dink nie ons het dit langer nie. Julle wil hê dat ons staan vir 'n unitêre Suid-Afrika. Julle laat my toe om dit te sê, julle skryf dit in my toesprake en ek aanvaar dit, maar wat bedoel julle daarby?"

Chris Heunis het geantwoord dat die regering nie weet waarheen hy op pad is nie. Twee maande tevore het dr. Van Zyl Slabbert, leier van die opposisie en een van die mees gerespekteerde Afrikaner-intellektuele, die parlement vaarwel toegeroep omdat dit in "'n groteske ritueel van irrelevantheid" ontaard het.

Die keuse tussen demokrasie en diktatuur kon nie veel langer uitgestel word nie.

In die 1987-verkiesing het die NP 'n mandaat gekry om oor 'n skikking vir gesamentlike besluitneming en magsdeling tussen al die bevolkingsgroepe te onderhandel.

Stabiliteit het geleidelik na die land teruggekeer, maar dit sou onmoontlik dieselfde kon wees as voor 1984. Chester Crocker, die Amerikaanse minister van buitelandse sake en 'n knap ontleder, het 'n oortuigende balansstaat opgestel:

"Die regering en sy radikale opponente het mekaar in 'n posisie van skaakmat geplaas. Nie een kon eensydig optree nie. Die swart versetbeweging kon nie hoop om die regering tot oorgawe te dwing nie en die regering kon nie meer hoop om die legitimiteit terug te kry wat dit verloor het nie."

Toe sowat 60 mense, van wie die meeste Afrikaners, onder Van Zyl Slabbert se leierskap in 1987 in Dakar, Senegal, met 'n ANC-afvaardiging onder leiding van Thabo Mbeki vergader, het Botha nie opgetree nie. Hy het wel die Dakar-groep as "nuttige idiote" bestempel. Mbeki het sy toespraak in Dakar begin met die woorde: "Ek is 'n Afrikaner."

Tussen 1985 en 1990 het meer as 100 organisasies en ver meer as 1 000 mense in Afrika of Europa met ANC-leiers gepraat. Daar was al hoe groter druk op Botha om ook met die ANC te praat. Thatcher het Botha sterk aangeraai om Mandela vry te laat. Maar Botha het aan Kobie Coetsee, minister van justisie, gesê: "Ons moet ons nie in 'n hoek vasverf oor Mandela nie."

Die enkele buitelandse besoekers wat toegelaat is om Mandela in die Pollsmoor-tronk te besoek, het oor sy standpunt verslag gedoen. Hy het besef swart Suid-Afrikaners kon nie wit militêre mag aandurf nie, maar hulle het wel die vermoë om wit mense se lewe miserabel te maak. Hy het aangedring op 'n verenigde Suid-Afrika sonder tuislande, swart verteenwoordiging in die parlement en verkiesings met algemene stemreg op 'n enkele kieserslys.

In 1988 het Botha besluit om onderhandelings met die ANC te ondersoek deur middel van geheime gesprekke tussen senior amptenare en Mandela, wat toe al langer as 25 jaar in die tronk was. Dr. Niël Barnard, hoof van die nasionale intelligensiediens, het die gesprekke gelei. Hy en die ander amptenare het onmiddellik Mandela se statuur as leier, sy integriteit en skynbare gebrek aan bitterheid opgelet.

Mandela het met die owerhede gepraat sonder dat hy ANC-leiers by hom in die tronk of Oliver Tambo, leier van die ANC in ballingskap, geraadpleeg het. Hy het meerderheidsregering as ononderhandelbaar beskou, maar het op waarborge aangedring wat sou verseker dat wit oorheersing nie deur swart oorheersing vervang word nie.

In sy poging om die Afrikaners te oorreed om die mag prys te gee, het Mandela hul geskiedenis erken en respek daarvoor betoon. Hy het apartheid verdoem as 'n erge misdaad teen die mensdom, maar Afrikaner-nasionalisme as 'n legitieme inheemse beweging beskou wat, soos die swart mense, teen Britse kolonialisme geveg het. In die voorafgaande eeu het sowel Afrikaner-nasionaliste as swart nasionaliste die wapens opgeneem in 'n stryd waarin die oorwig oorweldigend was.

Omstandighede vir onderhandelings met die ANC was einde 1988 veel gunstiger as in 1985 of 1986. Suid-Afrika se duur oorlog in Angola was verby, Namibië was op pad na 'n internasionaal erkende verkiesing en die Sowjetunie was gretig om uit Afrika pad te gee.

Stabiliteit was teen 1989 in 'n belangrike mate herstel. Dit is gedoen sonder die groot getalle sterftes wat dikwels in konflikte in multi-etniese samelewings voorkom. Dit alles het merkwaardige leierskapsvernuf geverg, saam met groot pragmatisme.

Botha is 'n komplekse figuur om te beoordeel. Aan die negatiewe kant is die feit dat hy vir 'n groot deel van sy politieke loopbaan die idee van afsonderlike volke in tuislande gesteun het, selfs nadat dit in die praktyk misluk het. Sy Rubicon-toespraak was 'n ramp.

Maar soos Simon Jenkins, 'n skerpsinnige Britse kommentator, geargumenteer het, moet Botha nie aan die standaarde van 'n prinsipieel liberale hervormer beoordeel word nie, maar aan dié van Niccolò Machiavelli, wat besef het dat 'n staat nie sonder stabiliteit hervorm kan word nie.

Daar word soms gesê dat Botha se periodieke uitbarstings en onmanierlikheid enige onderhandelinge sou verongeluk het. Dit mag wel so wees, maar daar is ook ander getuienis.

Mandela het aan my gesê dat Botha hom middel 1989 ontvang het op 'n wyse wat dit vir oningeligtes onmoontlik sou maak om te sê wie die staatspresident en wie die gevangene was. Dit was een van Mandela se grootste teleurstellings in sy lewe dat hy nie met Botha kon onderhandel nie. Of Botha beter as FW de Klerk sou onderhandel het, is moeilik om te sê, maar die onderhandelings sou beslis anders verloop het.

Op 2 Februarie 1989 het De Klerk vir Barend du Plessis in die verkiesing van 'n nuwe NP-leier geklop nadat Botha 'n ernstige beroerte gehad het. Botha het nietemin nog sewe maande as president aangebly, wat beteken het dat in 'n kritieke stadium 'n vakuum binne die NP-bewind bestaan het.

Uit meningspeilings wat in die tweede helfte van die 1980's gedoen is, blyk dit dat die swart publiek in Suid-Afrika nog verbasend behoudende menings gehuldig het. Die peilings het die volgende getoon:

- min swart mense het die mening van die ANC-leiers gesteun dat daar 'n konvensionele vorm van meerderheidsregering moes

wees met die dominante party wat effektief die besluite in die kabinet neem;
- die meeste swart Suid-Afrikaners wou 'n gemengde regering hê waarin verteenwoordigers van verskillende self-gedefinieerde gemeenskappe saam besluite neem eerder as een waar die meerheidsparty se verteenwoordigers al die besluite neem;
- die meeste het nie die NP verafsku nie; in werklikheid het meer hulle nader aan die NP as aan die Suid-Afrikaanse Kommunistiese Party gevoel;
- die meeste swartes wou NP-verteenwoordiging in die kabinet hê;
- die meeste swart mense wou nie regstellende aksie hê nie, maar wou wel vry wees van enige diskriminasie teen hulle op grond van velkleur;
- veel meer as die opgevoede swart elite was daar onder gewone swart werkers steun vir 'n balans tussen die meerderheid en die minderhede, soos byvoorbeeld deur die instelling van 'n hoër huis in die parlement en doeltreffende erkenning van minderheidsregte soos taal- en eiendomsregte; en
- die meerderheid het nie sanksies gesteun nie.

In hierdie tyd het verskeie Afrika-state hul geduld begin verloor met die ANC in ballingskap, wat jare lank basisse in die onderskeie state gehad het. Baie van die leidende figure onder die uitgewekenes het begeer om die radikale Nasionale Demokratiese Revolusie deur te voer wat Suid-Afrika onder 'n semi-sosialistiese stelsel sou plaas. Hulle sou teen die algemene verwagtinge 'n buitengewoon invloedryke rol in die eerste twintig jaar van die ANC-bewind in Suid-Afrika speel.

Toe die jaar 1990 aanbreek, was daar geen aanduiding dat die ANC op die punt staan om die mag te verower nie. Die mees gerekende intelligensieagentskap, die VSA se Central Intelligence Agency (CIA), het op 20 Januarie 1989 nog gesê geen fundamentele veranderinge is in sig nie. In 'n verslag getitel "South Africa into the 1990s" word tot die gevolgtrekking gekom dat die regering "meer as vier jaar se ongeëwenaarde binnelandse en internasionale druk weerstaan het".

Volgens die verslag was die NP-regering van plan om fundamentele veranderinge so lank moontlik uit te stel. Die opstellers was oortuig dat die veiligheidsmagte tot diep in die volgende eeu voortgesette wit mag en welvaart sou kon waarborg en dat Nelson Mandela nie vrygelaat sou word nie tensy die Botha-regering seker was dat Mandela alle swart mobilisasie in toom sou kon hou. Volgens die CIA-ontleding het selfs die ANC-leiers in ballingskap besef dat meerderheidsregering nie om die draai was nie.

Margaret Thatcher, Britse eerste minister, het vroeg in Maart 1989 besluit om aktief by 'n skikking betrokke te raak. Dit was wel bekend dat sy die ANC beskou het as nie veel meer as 'n terroriste-organisasie nie, wat grootliks van Sowjet-steun afhanklik was. Sy was waarskynlik ook beïnvloed deur die feit dat Spanje en Portugal op 1 Januarie 1986 volle lidmaatskap van die Europese Gemeenskap gekry het, met al die ekonomiese voordele wat daarmee gepaard gegaan het. Dit was nadat die twee lande oortuigende bewyse gelewer het dat hulle funksionele demokrasieë is.

Thatcher het ook aangedring op Nelson Mandela se vrylating en die volwaardige demokratiese deelname van al die mense van Suid-Afrika. In Maart 1989 het Thatcher Pik Botha, minister van buitelandse sake, gevra om haar in die geheim in Londen te kom spreek. Sy het 'n dokument getitel "A Marshall Plan for South Africa", wat as uiters geheim geklassifiseer was, aan hom voorgelê.

Dit het ten doel gehad om, soos die Verenigde State ná die Tweede Wêreldoorlog in die geval van die verwoeste Wes-Europese lande gedoen het, op groot skaal ontwikkelingshulp aan Suider-Afrika te verleen en 'n stabiele liberale demokrasie te vestig. Thatcher was van plan om verskeie lidlande van die Europese Unie (EU) te vra om tot die ontwikkelingsfonds by te dra.

As die plan wel in werking gestel was, kon Suid-Afrika vandag heeltemal anders gelyk het. 'n Voortgesette verbintenis met en steun van die EU sou daarvan afhang of Suid-Afrika by die reëls hou en in 'n liberale demokrasie ontwikkel. Lande soos Griekeland, Spanje en Portugal het goed geweet dat hulle gevaar loop om hul lidmaatskap te verloor indien hulle sosialistiese proefnemings sou doen of groot begrotingstekorte sou laat ontstaan. Europa sou ook 'n demokratiese regering in Suid-Afrika goed laat verstaan het dat die voorwaarde vir sy steun 'n verantwoordelike ekonomiese beleid was.

Thatcher se plan was doodgebore. PW Botha was wel fisiek deur 'n beroerte geknak, maar FW de Klerk, die nuwe NP-leier, kon geen verreikende besluite sonder sy goedkeuring neem nie. Dit is in elk geval te betwyfel of De Klerk sonder die val van die Berlynse Muur in November 1989 enige radikale stappe sou doen.

Maar sonder die radikaliserende effek van 'n faksie onder die ANC-leiers wat in ballingskap lede van die Suid-Afrikaanse Kommunistiese Party was, kon Suid-Afrika 'n grondwet gekry het wat ekonomiese groei, die uitbreiding van werkgeleenthede en die beskerming van minderhede moontlik veel beter sou bevorder het as die huidige grondwet.

In September het Botha se kabinet hom weens sy swak gesondheid gedwing om uit te tree. Op 14 September 1989 is De Klerk tot staatspresident verkies.

De Klerk was in sy parlementêre loopbaan, vanaf 1972, 'n NP-sentralis en het dit vermy om as lid van enige bepaalde faksie in die NP-koukus getipeer te word. Hy was 'n bedrewe parlementêre politikus. Tot die laat 1980's was hy vir die behoud van die driekamer-parlement en die tuislandbeleid. Barend du Plessis se groot steun in die leiersverkiesing het gewys dat daar binne partygeledere sterk steun was vir ingrypende hervormings wat die politieke skaakmat met die ANC kon beëindig.

Die val van die Berlynse Muur het die begin van die einde van die kommunisme in Oos-Europa en van die Sowjetunie aangekondig. De Klerk het later gesê dat hy onmiddellik besef het dat dit "'n Godgegewe" geleentheid was wat hy eenvoudig moes aangryp. Die NP kon nou aan sy kiesers sê dat die ANC-alliansie sonder Sowjet-steun nie langer 'n belangrike bedreiging vir stabiliteit in Suid-Afrika is nie.

In Desember 1989 het De Klerk sy kabinet oorreed om die verbod op die ANC, die PAC en ander bevrydingsbewegings op te hef en sonder enige voorvereistes met veelparty-onderhandelings vir 'n nuwe grondwet te begin.

Toe De Klerk dié besluit op 2 Februarie 1990 in die parlement aankondig, het die NP-koukus vir die eerste keer daarvan gehoor. Van De Klerk se kabinetslede het besware teen onderhandelings met die Suid-Afrikaanse Kommunistiese Party gehad, maar dit het verdwyn nadat Mandela geweier het om deel te neem as die ANC se mees lojale bondgenoot uitgesluit word.

Dit het vir 'n kort rukkie gelyk of De Klerk met dié stap die wind heeltemal uit die ANC-seile gehaal het. Die indruk was dat die kommunisme so gediskrediteer geraak het dat die ANC verplig sou wees om die vrye mark te aanvaar en saam daarmee eiendomsregte en ander beleidrigtings wat beleggers aantrek en wit kiesers ekonomiese sekerheid sou gee.

Maar vir De Klerk en die NP was die val van die kommunisme 'n tweesnydende swaard. In die Westerse wêreld het sowel kommunisme as Suid-Afrika se vorm van anti-kommunisme oudmodies geraak. Dit het die regering sy sterkste argument ontneem wanneer hy die Weste probeer oorreed het om druk op die ANC te plaas om 'n vorm van magsdeling te aanvaar. Die Sowjetunie het sy finansiële steun voortgesit, asook sy deskundige advies, veral oor propaganda-oorlog en insurgensie waarin hy wêreldmeester was.

Terwyl die ANC nog in Lusaka gesit het, kon die veiligheidsmagte insypeling doeltreffend verhinder. Nou kon meer as 10 000 ANC-vegters terugkom en beheer oor die swart woongebiede kry, soms met brute geweld. Maar selfs sonder geweld sou die ANC goed gevaar het. Sedert die middel 1980's het die regering se eie meningspeilings getoon dat die ANC minstens 60% van die stemme sou kry.

17

"'N DAAD WAT OPKLINK OOR DIE AARDE": 'N WARE SKIKKING?

Teen Januarie 1990 sou min mense voorspel het dat die NP-bewind oor net meer as vier jaar die mag aan die ANC sou oordra. Daar is geen gevalle in die geskiedenis waar 'n minderheidsregering taamlik vrywillig 'n ingrypende regime-verandering aanvaar het nie, behalwe as dit militêr verslaan, finansieel bankrot of deur interne verskille verlam is.

Die ANC het in die woorde van Nelson Mandela sterk op "gewone meerderheidsregering" aangedring, waar die sterkste party die beslissende mag het. Geen besondere voorsiening word gemaak vir die wense van minderhede nie. Daar word algemeen aanvaar dat dit 'n stelsel is wat net goed werk in lande sonder enige groot rasse-, etniese of geloofsverskille.

Afrikaners het sterk getwyfel of 'n veelrassige demokrasie in Suid-Afrika kon slaag. Dit het, in die woorde van Piet Cillié, destydse redakteur van *Die Burger*, vir die Afrikaners na "selfmoord" gelyk.

Daar was die moontlikheid om aan die mag vas te klou. Van Zyl Slabbert het na FW de Klerk se historiese toespraak van 2 Februarie 1990 gesê dat wit beheer nog vir 10 tot 15 jaar voortgesit kon word.

De Klerk het bloedige onderdrukking as 'n moontlikheid verwerp. In Januarie 1990 het hy agter geslote deure aan 800 senior polisie-offisiere gesê: "As 'n Armageddon dan sou plaasvind en die bloed vloei enkeldiep in ons strate en vier miljoen of vyf miljoen mense is dood, dan bly die probleem nog presies dieselfde as wat dit was voordat die skietery begin het."

De Klerk wou nie die militêre met hul kennis van teen-revolusionêre oorlogvoering as raadgewers gebruik nie. Hy het hulle vervreem deur dele van die gesamentlike bestuurstelsel uit te faseer wat die opstand in die 1980's doeltreffend onder beheer gebring het. Hy het die staatsveiligheidsraad min gebruik, militêre uitgawes gesny en die diensplligtydperk met die helfte verminder. Dit was 'n duidelike teken dat die regering hom nie vir 'n geveg voorberei nie.

Vir De Klerk was dit klaarblyklik belangrik om moreel die regte ding te doen. Moraliteit is 'n belangrike faktor in konflikte wat as asimmetries gedefinieer word, soos Viëtnam se konflik teen die Franse en daarna teen Amerika. Die VSA het verreweg die grootste militêre mag gehad, maar die Viëtnamese was aangevuur deur die geloof dat die VSA se optrede immoreel was. Op die ou end het die VSA die wil verloor om aan te hou veg. Dit was ook die patroon in talle anti-koloniale stryde.

Op 2 Februarie 1990 het De Klerk die verbod op die ANC en ander radikale organisasies opgehef. 'n Week later is Mandela en verskeie ander ANC-leiers vrygelaat.

Van 2 tot 4 Mei 1990 het De Klerk en sy span agter geslote deure by Groote Schuur in Kaapstad met 'n ANC-span onder leiding van Nelson Mandela vergader. Dit was 'n hoogs simboliese geleentheid: die eerste vergadering van Afrikaner-leiers met die leierskap van die sterkste Afrikanasionalistiese beweging.

Dis 'n ope vraag of die Groote Schuur-byeenkoms die beste manier was om die onderhandelinge mee te begin. Koerantfoto's van die deelnemers het die boodskap oorgedra dat net twee partye regtig in die onderhandelinge saak maak. Die ANC se vernaamste opponent in KwaZulu-Natal en aan die Witwatersrand, Mangosuthu Buthelezi se Inkatha-Vryheidparty, was uitgesluit. Buthelezi het dikwels daarop gewys dat die ANC die gevaarlike aanspraak maak dat net hy die onderdrukte bevolking se aspirasies verteenwoordig.

De Klerk se span het net uit Afrikaner-mans bestaan, onder wie agt ministers en ses amptenare. Geen militêre offisier is ingesluit nie, ook nie genl. Magnus Malan, die minister van verdediging, nie. Die uitsluiting van die weermag was simbolies betekenisvol. De Klerk het duidelik te kenne gegee dat hy nie van plan was om op die weermag te steun nie en 'n politieke skikking wou hê.

Mandela het 'n deel van sy openingstoespraak in Afrikaans gehou, 'n bietjie stokkerig, maar sonder foute. Hy het aan De Klerk gesê dat hy hom as ’n “eerlike individu” beskou, maar bygevoeg: “Ek is nie so seker dat jy die Nasionale Party en jou mense kan saamneem in die rigting wat jy ingeslaan het nie.”

Die twee partye het dadelik om die morele gesagsposisie meegeding. Nadat Joe Slovo, leier van die Suid-Afrikaanse Kommunistiese Party, gepraat het, antwoord Gerrit Viljoen, minister van konstitusionele ontwikkeling: “[Dis] haas ongelooflik die mate waartoe die skuld klaarblyklik alles aan die een kant is en al die onskuld aan die ander.”

Die verdelendste kwessie was die geweld wat oor die land gespoel het. Die *Weekly Mail* het ’n week tevore geskryf: “Nêrens ter wêreld kom politieke sterftes voor op ’n skaal soos dié tans in Suid-Afrika nie.” Daar was 547 politieke sterftes in die eerste drie maande van 1990. Die United Democratic Front, wat weinig meer as ’n ANC-stutorganisasie was, het die onderhandelinge uitgebeeld as “’n manier om die staatsmag te gryp”.

Viljoen het ’n prentjie geskets van die woelinge en geweld in die land: Swart mense is onderwerp aan groot druk om nie skool toe te gaan nie, nie te gaan werk nie, nie huur en munisipale belasting te betaal nie. Terselfdertyd was die regering onder geweldige druk van sy eie ondersteunersbasis, wat geglo het die polisie leun agteroor om botsings te vermy.

Viljoen, geskool in die klassieke, het, asof hy vooruit kon sien, gewaarsku: “’n Stelsel wat deur geweld geskep word, is geneig om deur geweld te leef. Dis presies die teenoorgestelde van wat beoog word met die idee van demokrasie waarna ons strewe.”

Die ANC het op die opheffing van die noodtoestand aangedring. De Klerk het geantwoord dat as die beëindiging van die geweld die primêre oorweging is, die noodtoestand behou moes word. Geweld het erg toegeneem telkens wanneer ordemaatreëls verslap is.

Mandela en De Klerk het ook direk kragte gemeet. Dit was ’n voorspel tot die bittere botsings tussen die twee oor die volgende vier jaar. Mandela se standpunt was dat die regering volle verantwoordelikheid vir die geweld moes aanvaar omdat swart mense geen politieke regte gehad het nie. “Asseblief”, het hy gevra, “skep die omstandighede waarin ons met waardigheid die gewapende stryd kan staak.”

De Klerk het waarskynlik die ANC-span skeef laat opkyk toe hy gesê het dat die NP in die verlede steeds swart mense se aspirasies probeer akkommodeer het. Hy het bygevoeg dat hy daarna streef om alle Suid-Afrikaners op 'n gelyke en billike grondslag van geregtigheid te plaas. Geregtigheid, het De Klerk verduidelik, is 'n sterker woord as regverdigheid, "dit beteken werklik regverdig, ook volgens Bybelse norme".

Mandela het waardig geantwoord: "Toe ek 27 jaar gelede tronk toe gestuur is, het ek nie gehaat nie. Ek het ná byna 27 jaar uitgekom en ek haat steeds nie. Ons vreedsame betogings . . . is deur die polisie onderdruk in [optrede] waarin lewens verloor is. Dit was die situasie toe ek tronk toe is en dit is die situasie vandag."

Die toenemende geweld het die regering en die ANC gedwing om weer op 6 Augustus in Pretoria te vergader. In informele gesprekke het senior figure betrokke by veiligheid saamgestem dat dit raadsaam sou wees om onmiddellik 'n algemene amnestie te proklameer. Dit sou die latere Waarheids-en-versoeningskommissie, wat met die saak belas sou word, onnodig maak. De Klerk en Kobie Coetsee, minister van justisie, wou egter hê dat die regering eers verder oor die saak moes besin. Die regering het hier 'n gulde kans verspeel om hierdie kwessie finaal af te handel.

Die ANC het onderneem om geweld op te skort, maar die geweld het voortgeduur. Mandela het De Klerk herhaaldelik beskuldig dat hy hande gevou gesit het terwyl 'n geheimsinnige "derde mag" geweld teen ANC-lede laat losbars het. De Klerk het telkens konkrete getuienis gevra, maar dit is nie verskaf nie.

Die verhouding tussen De Klerk en Madela het al meer versleg. De Klerk het later vertel hoe hy met afgryse vervul is deur Mandela se beskuldigings dat hy bloed aan sy hande het en 'n moordenaar is.

Dit het lank geduur voordat Mandela die ANC se aandadigheid aan die geweld erken het. Hofverslae het later getoon dat die meeste geweld tussen die ANC en Inkatha voorgekom het en dat die ANC minstens net so gewelddadig soos Inkatha was.

Daar is geen bewyse dat Mandela reg was dat 'n derde mag op 'n georkestreerde wyse geweld aangeblaas het nie. Dit het later geblyk dat daar twee geheime eenhede was, die polisie se Vlakplaas-eenheid en die weermag se Burgerlike Samewerkingsburo wat aktiviste geteiken en doodgemaak het.

Die openbare mening het al belangriker geraak, want 'n verkiesing was om die draai. 'n Baie groot deel van die swart gemeenskap was tot die ANC aangetrokke met sy lang geskiedenis van stryd vir swart regte en sy status as die grootste bevrydingsbeweging. Tuislandburgers was Mandela en die ANC se sterkste ondersteuners. Die NP se tuislandbeleid het teen hom geboemerang.

Daar was ook betekenisvolle getalle swart mense wat De Klerk aanvanklik gesteun het. Vroeg in 1991 het meningspeilings aangedui dat byna 9% van volwasse swart mense die NP steun en 'n verdere 14% 'n party met De Klerk as leier. ANC-kaders het dikwels met geweld beheer oor 'n township gekry. Mense daar moes óf die ANC steun óf hulle aan die politiek onttrek.

Die vernaamste partye se leiers het amper twee jaar lank gestry oor hoe 'n grondwet opgestel moes word. Uiteindelik het 19 partye ingewillig om die Konvensie vir 'n Demokratiese Suid-Afrika (Kodesa) by te woon, wat 'n tussentydse grondwet sou opstel. 'n Verkose liggaam sou die grondwet later kon wysig.

Elke party kon twee afgevaardigdes na elkeen van die vyf werkgroepe stuur. Die hoofpartye het ooreengekom dat besluite met die vae konsep van "voldoende konsensus" geneem sou word. Die ANC het ingewillig om Kodesa by te woon, maar het volgehou dat 'n verkose liggaam die finale grondwet moes skryf.

Daar was twee groot vrae:

- In watter stadium sou die regering die wit kiesers oor 'n nuwe grondwet raadpleeg?
- Watter vraag sou aan hulle gestel word?

Tensy daar bepaalde dringende redes is, is dit veel beter om 'n referendum te hou nadat die onderhandelings oor 'n konsep-grondwet voltooi is. Dit het in 1998 in Noord-Ierland gebeur. Die konsep-grondwet is gepubliseer en kiesers kon ses weke later in 'n referendum daaroor stem.

Dit lyk of dit aanvanklik ook De Klerk se plan was. In Maart 1990 het hy beloof dat die grondwetlike voorstelle ná *voltooiing* van die onderhandelinge op 'n grondwetlike manier by wit kiesers getoets sal word.

Op 24 Januarie 1992 het De Klerk gesê die regeringsmandaat is die NP se 1989-platform, wat vir magsdeling en algemene stemreg voorsiening maak. Hy het verklaar dat die regering "eergebonde" is om 'n referendum oor alle grondwetlike wysigings in elk van die wit, swart, bruin en Indiër-gemeenskappe te hou. So 'n referendum sou 'n belangrike hefboom vir De Klerk wees om die ANC-eise in bedwang te hou.

Op 17 Februarie het die verloop van die geskiedenis 'n skerp draai gemaak. Die NP het in 'n tussenverkiesing op Potchefstroom sleg teen die Konserwatiewe Party (KP) verloor. Sedert die onderhandelingsproses begin het, het die KP De Klerk en sy party van verraad beskuldig.

Die KP kon geen alternatief bied nie, behalwe Verwoerd se gediskrediteerde "konfederasie van nasies" en "partisie". Die party het nogtans baie suksesvol op die wit vrese gehamer.

Ná Potchefstroom wou De Klerk dringend die inisiatief terugkry. Op 20 Februarie 1992 het hy by die NP se federale raad aanbeveel dat 'n referendum, eerder as 'n verkiesing, gehou word om die party se mandaat te hernu. 'n Referendum is 'n instrument wat politieke partye soms gebruik wanneer hoogs kontensieuse etno-nasionale kwessies in die gedrang is.

Die regering het besluit om die volgende vraag te stel: "Steun u die voortsetting van die hervormingsproses wat die staatspresident op 2 Februarie 1990 begin het en wat op 'n nuwe grondwet deur onderhandelinge gerig is?" Dit was 'n niksseggende vraag wat die kiesers eenvoudig gevra het om die beginsel van onderhandelinge te bekragtig, nie die resultaat nie.

Die referendum het uitgeloop op 'n reuse-oorwinning vir die ja-stem, met 69% van die stemme uit 'n stempersentasie van 85. Na raming het 62% van die Afrikaanse en 70% van die Engelssprekende kiesers ja gestem. Die gevoel was dat hulle hiermee beslissend van apartheid weggestap het.

In sy oorwinningstoespraak het De Klerk gesê dat min nasies die kans kry om bokant hulself uit te styg en dat die wit kiesers presies dit gedoen het.

De Klerk het in NP van Wyk Louw se woorde gesê: "Vandag het daar 'n daad geskied in Suid-Afrika wat opklink oor die aarde en wat 'n magtige boodskap van versoening dra, wat 'n magtige uitreiking tot ware geregtigheid daarstel." Louw se gedig lui soos volg:

O wye en droewe land, alleen
onder die groot suidersterre.
Sal ooit 'n hoë blydskap kom
deur jou stil droefenis?
. . .
Sal nooit 'n magtige skoonheid kom
oor jou soos die haelwit somerwolk
wat uitbloei oor jou donker berge,
en nooit in jou 'n daad geskied
wat opklink oor die aarde en
die jare in hul onmag terge;
. . .

Maar 'n groot vraag het bly hang: Wat presies het die ja-stem beteken? Ja vir die einde van apartheid? Magsdeling? Meerderheidsregering?

In sy referendumveldtog het De Klerk gesê: "Ons grondwetlike voorstelle is deur al die kongresse van ons party aanvaar. Dis waarvoor ons sal onderhandel."

Die NP se grondwetlike plan, wat hy in September 1991 op 'n federale kongres aangeneem het, het bepaal dat daar 'n roterende presidensie op die uitvoerende vlak sou wees, bestaande uit die leiers van die drie grootste partye. Hulle moes besluite, insluitende die aanstelling van kabinetslede, op konsensusgrondslag neem. Op wetgewende vlak was daar ook beperkings ingeskryf. In een van die twee huise sou partye wat 'n bepaalde minimum aantal stemme kry dieselfde aantal setels as die meerderheidsparty kry. Mag sou dus gedeel moes word.

NP-ondersteuners het geen twyfel gehad nie dat die ja-stem 'n mandaat spesifiek vir magsdeling was.

In sy oorwinningstoespraak ná die referendum het De Klerk gesê die uitslag was 'n klinkende oorwinning vir die enigste lewensvatbare beleid, naamlik "magsdeling" en 'n onverdeelde Suid-Afrika.

Toe NP-leiers later al meer van die belofte van magsdeling begin wegskram, het die Progressiewe Party-leier, Colin Eglin, verklaar dit is "baie stout" van De Klerk om te beweer dat hy by sy beloftes hou. In die referendum het De Klerk na die party se voorstelle van September 1991 verwys en gesê: "Ek vra nie 'n blanko tjek nie, ek vra hiervoor."

Die ANC was ook onder druk uit eie geledere dat dit nie bereik het wat beloof is nie. Die ANC se sentrale beleidsdokumente was sy plan vir 'n "Nasionale Demokratiese Revolusie". Die doel was om die sogenaamde "koloniale staat" omver te werp, om ANC-beheer oor alle instellings te verkry, die belangrikste nywerhede te nasionaliseer en grondbesit radikaal te hervorm.

Op 16 Mei het die ANC aangekondig dat hy sy deelname aan die onderhandelinge opskort en oor drie weke met massa-aksie sou begin wat sou voortduur totdat hy sy doelstellings bereik het.

Op 17 Junie, 'n dag nadat die ANC se massa-aksie begin het, breek die onderhandelingsproses se donkerste uur aan. IVP-gesinde bewoners van 'n hostel in Boipatong het permanente inwoners van die township aangeval en 45 mense, meestal ANC-ondersteuners, vermoor.

Mandela het De Klerk daarvan beskuldig dat hy krokodiltrane huil terwyl die polisie aan die gruweldade aandadig was. "Hulle vermoor ons mense om te keer dat die ANC aan die bewind kom," het hy gesê.

Geen bewys van polisiebetrokkenheid by die slagting kon later in verskeie onafhanklike ondersoeke gevind word nie. Mandela en ander ANC-leiers het nietemin die regering sonder ophou van betrokkenheid by die Boipatong-slagting en ander gruweldade beskuldig. In 'n toespraak voor die VN se Veiligheidsraad het hy van "'n koelbloedige strategie van staatsterrorisme" gepraat. Daar was geen bewyse hiervoor nie.

Mandela het terselfdertyd gewaarsku dat hy hom aan die onderhandelings sou onttrek as van die ANC-leiers in hegtenis geneem word vir kriminele oortredings waarvoor later amnestie gevra sou moes word. De Klerk het 'n boodskap hieroor via Hernus Kriel, minister van wet en orde, aan die polisiehoof, genl. Johan van der Merwe, gestuur.

In die gelaaide atmosfeer het 'n ANC-faksie besluit om die militêre diktatuur in die Ciskei-tuisland omver te werp. Op 7 September het 'n groot skare in 'n stadion buite Bisho byeengekom. 'n Groep het weggebreek en die regeringskantore bestorm, maar soldate het 29 van hulle doodgeskiet. Die slagting by Bisho het die partye terug na die onderhandelingstafel gedwing.

Die gevolg was 'n Akte van Verstandhouding wat die ANC en die regering op 26 September 1992 onderteken het. Die ANC het onderneem om na die onderhandelingstafel terug te keer, maar nie voordat hy belangrike doelstellings bereik het nie.

Die eerste was om die informele bondgenootskap tussen die regering en Inkatha te vernietig. Dit is gedoen toe die regering toegegee het aan die ANC se eis dat sekere hostelle met groot getalle Inkatha-volgelinge omhein moes word. Dit was die einde van die NP-Inkatha-bondgenootskap.

Die ANC het duidelik die oorhand oor die NP-regering gekry, wat toegegee het aan sy onredelike eis dat ANC-gevangenes amnestie moes kry selfs al het hulle nie aan die sogenaamde Norgaard-beginsels voldoen nie. Diegene wat burgerlikes vermoor het, is onder meer ingevolge dié beginsels uitgesluit. Mandela het ook geweier om die praktyk te staak om deur middel van opeenvolgende golwe van massa-aksie toegewings by die onderhandelingstafel af te dwing.

Die ANC was net bereid om 'n regering van nasionale eenheid vir vyf jaar te waarborg. Die tussentydse grondwet wat Kodesa sou opstel, sou slegs tot ná die verkiesing geld. Al wat sou oorbly, was sekere vae grondwetlike beginsels waaraan die finale grondwet moes voldoen.

Ná die verkiesing sou die parlement van voor af 'n grondwet skryf. Met peilings wat getoon het dat die NP nie meer as 25% van stemme sou kry nie, het dit beteken dat die ANC die skryf van die finale grondwet sou oorheers.

Die NP-regering het in werklikheid reeds in September 1992 die mag verloor. Op die dag dat die Akte van Verstandhouding onderteken is, het Kobie Coetsee, gewoonlik 'n sterk De Klerk-bondgenoot, aan Rina Venter, minister van gesondheid, gesê: "Vandag het ons die land verloor." Die ANC sou in die loop van die volgende vyftien maande al die regering se voorstelle vir magsdeling van die tafel vee.

Die NP het beklemtoon dat die Grondwet, en nie die parlement nie, nou soewerein was. Minderhede se posisie kon gehandhaaf word deur verskanste individuele regte, onafhanklike howe en 'n lewenskragtige burgerlike gemeenskap.

Teen die vroeë 1990's het ontnugtering wêreldwyd oor die ophemeling van die sogenaamde soewereiniteit van die howe ingetree. 'n Algemene neiging was dat opposisiepartye in brandende kwessies die wetgewer probeer omseil het deur hulle na die howe te wend en dat die regerende party teenstand bied deur aanstellings op die regbank te manipuleer.

Die NP was onder die indruk dat dit 'n akkoord met die ANC het om in die nuwe regering kundigheid in die staatsdiens te behou. Dit het nie gebeur nie. Amptenare was verplig om weer om hul poste aansoek te doen en is in baie gevalle vervang deur onbekwame ANC-kaders. Binne die eerste sewe jaar het meer as 100 000 senior amptenare met pakkette uitgetree. Die meeste was Afrikaners.

Danksy die bekwame leiding van die minister van finansies, Derek Keys, het die ANC afstand gedoen van sy planne vir nasionalisasie en 'n mark-georiënteerde ekonomie aanvaar. Dit het voorsiening gemaak vir groei gevolg deur herverdeling.

Die skikking oor taalregte en onderwys was onbevredigend. In die tussentydse grondwet is bepaal dat geen taal 'n mindere status sou hê as wat hy voor die oorgang geniet het nie. Dit is in die finale Grondwet geskrap en vervang deur die bepaling dat daar elf amptelike tale sou wees. In die openbare domein beteken elftaligheid eentaligheid.

Piet Marais, minister van nasionale onderwys, wat nie 'n lid van die NP-onderhandelingspan was nie, het De Klerk in 'n laat stadium gewaarsku: "Onderwys is nie die prioriteit onder ons onderhandelaars wat dit behoort te wees nie." Informele gesprekke wat hy met die ANC-onderhandelaars gehad het, het by hom die indruk gewek dat hulle onverdraagsaam is teenoor Afrikaans en die aandrang dat Afrikaanse universiteite ook 'n bepaalde kulturele inhoud aan studente oordra.

Marais het De Klerk gevra dat 'n lys opgestel moet word van die ondernemings en versekerings wat die NP aan sy kiesers gegee het en wat aandui in watter mate die NP suksesvol was. Maar in daardie stadium was al die vernaamste sake in die onderhandelings reeds besleg.

Cyril Ramaphosa, voorsitter van die Grondwetgewende Vergadering van 1994 tot 1996, het in gesprekke met NP-parlementslede aangedui dat die NP-onderhandelaars hom in die duister gelaat het oor die belangrikheid wat hulle aan moedertaal-onderwys geheg het.

Van die begin van die onderhandelings was die groot vraag of Afrikanerregses met die hulp van reaksionêre elemente in die veiligheidsmagte dalk 'n skikking sou ontwrig. Sowat 'n miljoen wit mense het in die referendum van 1992 nee gestem, maar hulle het klaarblyklik nie 'n beduidende leierskorps gehad nie. Die mees prominente paramilitêre beweging was Eugène Terre'Blanche se Afrikaner-Weerstandsbeweging (AWB). Hy het gereeld wilde dreigemente gemaak en op 'n slag die gebou waar die onderhandelings plaasgevind het, met geweld binnegedring.

Die situasie het plotseling verander toe genl. Constand Viljoen op die toneel verskyn het. Hy het in 1985 as hoogs gerespekteerde hoof van die weermag afgetree. Baie het hom beskou as die laaste van die Boere-generaals.

Hy was reguit en tot die Afrikaner-saak verbind. Hy was oortuig dat die ANC met 'n revolusionêre agenda besig was en dat De Klerk voor die beweging se eise geswig het. Viljoen se plan was om De Klerk as leier te verwyder en van voor af te begin onderhandel. Sommige kenners het gemeen hy sou 50 000 mans uit die burgermag en sommige weermag-eenhede kon mobiliseer.

Genl. George Meiring, hoof van die weermag, het gewaarsku dat dit ernstige gevolge sou hê as Viljoen weerstand teen die verkiesing bied. In Maart 1994 het Viljoen 4 000 goed opgeleide mans gemobiliseer om pres. Lucas Mangope van die Bophuthatswana-tuisland te help. Mangope het geglo die ANC wou sy regering omverwerp. Toe kom die Ystergarde, 'n swak gedissiplineerde AWB-afdeling, ook op die toneel aan en begin wild skiet. Viljoen, altyd die professionele soldaat, het hulle net een kyk gegee en sy planne laat vaar.

Hy het sy beweging, die Vryheidsfront, vir die verkiesing geregistreer. Hy het 'n skikking met die ANC bereik, wat voorsiening gemaak het vir die stigting van 'n Volkstaatraad ná die verkiesing. Dié raad kon 'n debat oor 'n toekomstige Afrikaner-staat voer. Indien voldoende steun bewys kon word, kon hulle vertoë tot die toekomstige regering rig.

Dié raad het ná die verkiesing vergader, maar die idee van 'n Afrikaner-volkstaat was doodgebore. "Ons kon nooit konsensus onder ons mense kry oor waar ons volkstaat moes wees nie," het Viljoen later erken.

Die enigste ander potensiële struikelblok in die laaste fase van die onderhandelinge was die weermag. Baie senior offisiere het 'n groot rol in die stryd teen die ANC gespeel en het die beweging se gewilligheid om van sy radikale doelstellings af te sien, in twyfel getrek.

Ná 1990 het klein seksies in die polisie en weermag die ANC probeer destabiliseer en die onderhandelinge probeer ondermyn. Teen die uitdruklike bevel van De Klerk het Militêre Intelligensie lede van die geheime Burgerlike Samewerkingsburo in diens geneem wat van verskeie moorde verdink is. 'n Eenheid by Phalaborwa het Mosambiekse huurtroepe gebruik om moorde op swart passasiers by taxistaanplekke en op treine te pleeg. Chemiese middels wat in die stryd gebruik kon word, is waarskynlik sonder magtiging uitgereik.

De Klerk het op aandrang van Mandela opgetree en genl. Pierre Steyn gevra om verslag te doen. Steyn het inderhaas 'n verslag ingedien wat berus het op onbevestigde bewerings. Hy het aangedui dat dit nog behoorlik ondersoek moes word. De Klerk het nietemin 23 offisiere geskors of verpligte verlof laat neem. Hy moes in die geval van twee senior offisiere wat verkeerdelik geskors is, apologie aanteken.

Steyn het later gesê hy glo nie daar was iets soos 'n "derde mag" nie, maar dat daar wel die gevaar was dat 'n skikking ontwrig kon word. De Klerk wou 'n sterk boodskap aan die weermag stuur en hy het die president daarin gesteun.

Agterna beskou, lyk dit of 'n Krygsraad beter reg sou laat geskied het. Dit was, soos Pik Botha gesê het, 'n baie ongelukkige gebeurtenis waarin eerbare mense se naam geskend is.

Die groot statuur wat Mandela as leier ontwikkel het, het gesorg dat die ANC feitlik skotvry van onwettige dade afgekom het. Die weermag se intelligensie het daarop gedui dat die ANC in ballingskap besluit het om Inkatha-leiers te vermoor as 'n deel van 'n plan om Inkatha as teenstander te elimineer.

Volgens Militêre Intelligensie-bronne is teen 1993 meer as 80 Inkathaleiers vermoor. Buthelezi het dringend hulp gesoek. Dit was waarskynlik binne dié konteks dat groot voorrade wapens voor die verkiesing na Inkatha gestuur is. Dit het waarskynlik uit die teen-insurgensie-eenheid Koevoet se magasyne gekom. Koevoet het vroeër in Suidwes-Afrika opgetree. Dit is onwaarskynlik dat dit sonder die koverte toestemming van senior militêre offisiere kon gebeur het.

Die meeste polisie- en militêre bevelvoerders het egter lojaal aan die regering van die dag gebly en nie voor meer junior offisiere se aandrang op weerstand geswig nie. Dit was die opperbevel van die weermag en polisie wat 'n vreedsame stemdag moontlik gemaak het. Soos Niël

Barnard opgemerk het: "Hulle is die onbesonge helde van die demokratiese 'wonderwerk' in Suid-Afrika."

Die ANC het in die eerste demokratiese verkiesing op 27 en 28 April 1994 62,7% van die stemme gewen, die NP 20,4%, Buthelezi se IVP 10,5%, Viljoen se Vryheidsfront 2,2%, die Demokratiese Party 1,7% en die Pan Africanist Congress 1,2%.

Die ANC was vir meer as 90% van sy stemme van swart mense afhanklik. Twee derdes van die bruin mense en 60 per sent van die wit mense het vir die NP gestem. Die Afrikaners was omtrent gelykop tussen die NP en die konserwatiewes verdeel.

Die NP het in die nuwe provinsie van Wes-Kaap gewen.

'n Gees van versoening het die aanvangsjare van die nuwe era gekenmerk met pres. Mandela as 'n voortreflike simbool van die nuwe demokrasie en versoening tussen wit en swart. Hy het nie baie tyd aan kabinetsvergaderings of die stygende werkloosheid bestee nie. Hy was 'n wyse vredemaker en verbeeldingryke versoener. Hy het saam met mev. Betsie Verwoerd en ander weduwees van NP-leiers tee gedrink. Hy het geen bitterheid oor sy 27 jaar in die tronk gewys nie.

Mandela het die Afrikaners verras en selfs betower. Die hoogtepunt was toe hy in 1995 die Wêreldbeker-rugbytoernooi se eindstryd in Johannesburg bygewoon het. Hy het daarop aangedring dat die Suid-Afrikaanse rugbyspan die Springbokembleem behou ten spyte daarvan dat dit jare lank apartheid in sport versinnebeeld het. Mandela het voor 'n skare van 70 000 in 'n Springboktrui op die veld verskyn om die spelers die beste toe te wens. Die Springbokke het teen alle verwagtinge die beker gewen.

In 1996 is 'n nuwe Grondwet aanvaar. Die ANC het geweier om 'n kabinet wat mag deel as 'n artikel in die finale Grondwet op te neem. Dit, en 'n toenemende frustrasie oor 'n gebrek aan doeltreffende seggenskap in die kabinet, het daartoe gelei dat De Klerk en die ander NP-kabinetslede einde 1996 uit die regering van nasionale eenheid bedank het.

De Klerk het in Januarie 1997 in 'n toespraak in Londen erken dat die onderhandelings nie uitgeloop het op die gebalanseerde politieke skikking waarna die NP gestrewe het nie. Wittes het die mag prysgegee en hul "soewereiniteit" verloor. "Die besluit om die reg op nasionale soewereiniteit prys te gee is sekerlik een van die pynlikste besluite wat enige leier kan neem. Baie nasies is bereid om die risiko van oorlog en 'n katastrofe te loop eerder as om hierdie reg prys te gee. Tog was dit die besluit wat ons moes neem. Ons moes die noodsaaklikheid aanvaar om die ideaal waarmee ons grootgemaak is en die droom waarvoor so baie geslagte 'n stryd gevoer het en waarvoor so baie van ons mense gesterf het, te laat vaar."

Die Burger het in reaksie 'n hoofartikel met die opskrif "Oorgawe" gepubliseer. Hy het dus De Klerk se woord "surrender" met oorgee eerder as prysgee vertaal. Hy het ook gevra of 'n leier van 'n party wat so swak in die onderhandelings gevaar het as leier kon aanbly.

In 'n kortstondige politieke storm het talle kritiese briewe in die Afrikaanse pers verskyn. Een het gelui: "Die NP het 'n mandaat van ons ontvang om ons te beskerm en te alle tye ons belange te beveilig. De Klerk het nie 'n mandaat gekry om ons, soos 'n Judas-bok, te lei na die politieke slagpale nie."

Dit was 'n ekstreme vertolking. Daar was wel baie wat die Afrikaners behou het: eiendomsreg en sosiale kapitaal in die vorm van talle sterk skole en universiteite tesame met 'n lewendige pers en uitgewers en 'n private televisiesender. Dit wat goed was moes behou word en daar moes ook nuwe kultuurvorme met nuwe waardes kom wat nog geskep moes word. Dit was 'n enorme uitdaging wat voorgelê het. Maar daar was die wete dat die Afrikaners voorheen herstel het nadat min mense vir hulle baie hoop gesien het.

18

SONDER POLITIEKE MAG: 'N MINDERHEID WEER IN DIE WEEGSKAAL

In die loop van die twintigste eeu het Afrikaners op ekonomiese en maatskaplike gebied opgang gemaak. Hulle wou aan hulself en aan die Engelssprekende gemeenskap bewys dat hulle nie minderwaardig is nie, maar ook dat hul nasionalisme meer oor idees en kulturele strewes as oor materiële voordeel gaan.

In my jare as dosent, veral in 1976, was die brandendste kwessie in die geskiedskrywing die identifisering van die grootste dryfkragte in die geskiedenis. Sowel die liberale as die Marxistiese skool het materiële kragte as deurslaggewend beskou. Waar liberale historici die individu se materiële belange sentraal gestel het, het die Marxiste op hul beurt klassebelange as beslissend beskou.

Ek het altyd skepties teenoor sowel die liberale as die Marxistiese vertolking gestaan, maar het gou besef dat die nasionalistiese interpretasie ook gebrekkig was. Laasgenoemde het in die eerste plek nie oor die geskiedenis uit eie reg gegaan nie, maar om die geskiedenis te misbruik ten einde 'n bestaande politieke bestel te regverdig.

Ek het 'n pluralistiese beskouing aanvaar. Daarvolgens speel belange wel 'n belangrike rol wanneer 'n gemeenskap soos die Afrikaners voor kritiese besluite soos die aanvaarding van apartheid of die prysgawe van mag te staan kom, maar in die laaste instansie gee kultuur die deurslag. Kultuur is 'n kombinasie van geskiedenis, taal, godsdiens en 'n sin van betrokkenheid by 'n gemeenskap. 'n Kultuur is nie staties nie, maar word deur ingrypende veranderings uitgedaag en soms getransformeer.

WA Hofmeyr was 'n Kaapse prokureur wat in die dekade ná die totstandkoming van die Unie van Suid-Afrika 'n sleutelrol in die stigting van *Die Burger*, die Nasionale Party van Kaapland en Sanlam gespeel het. Hy het dikwels vertel van sy oom, prof. NJ Hofmeyr van die Stellenbosse

Kweekskool, wat aan hom gesê het dat Afrikaans net erkenning sal kry as dit kommersiële waarde verwerf het.

Hofmeyr het verklaar dat 'n Afrikaner wat Sanlam se versekeringspolisse in Afrikaans aan ander Afrikaners verkoop, eintlik met 'n kulturele taak besig was. Dit was volgens hom 'n taak wat swaarder weeg as al die politieke toesprake wat in die land gehou word.

Ander gemeenskappe, veral die wit Engelse gemeenskap, het dit moeilik gevind om hierdie klem op kultuur, wat later ten grondslag aan die Afrikaners se apartheidsbeleid en oorlewingsvrese sou lê, te verstaan.

Die romanskrywer Alan Paton, 'n fel kritikus van apartheid, het egter Engelssprekendes gevra om nie te hard oor die Afrikaners te oordeel nie. Hy het geskryf:

> Ons is 'n gemengde spulletjie en ons het nie die bande wat so baie Afrikaners saambind nie; ons het nooit 'n Karoo gehad nie, ons het nooit weggetrek nie, ons het nooit 'n nuwe taal ontwikkel nie, ons is nooit in 'n oorlog oorwin nie, ons moes onsself nooit uit die stof oplig nie.

Daar is verskeie studies van gemeenskappe wat hulself "uit die stof moes oplig" nadat 'n veel sterker gemeenskap hulle onderwerp het. Die terugveg gaan veral oor die vestiging en uitbou van die relatiewe waarde en vermoëns van 'n bepaalde gemeenskap.

'n Mens wil van waarde geag word. Die gevoel van eiewaarde steun in 'n belangrike mate op die erkenning wat ander gemeenskappe hul gemeenskap gee.

Anders as wat sommige werke wil voorgee, het die Afrikaners in die twintigste eeu nie die grootste deel van die tyd oor apartheid gedink nie. Apartheid het eers teen die middel 1940's as beleid gestalte gekry. Later sou veral sekere amptenare en akademici apartheid as 'n doel op sigself beskou, maar in die kring van vertrouelinge het die politieke leiers dit nie so gesien nie. Toe dr. Hendrik Verwoerd in 'n private gesprek gevra is of dit sin maak dat so baie aan swart sekondêre en tersiêre onderwys bestee word, was sy antwoord dat daar in die toekoms nog dikwels oor die politieke stelsel onderhandel sou moes word en dat hy verkies om dit met goed opgevoede mense te doen.

John Vorster het dit in gesprekke binne die party duidelik gemaak dat apartheid nie 'n doel op sigself was nie maar 'n middel tot die voortbestaan van 'n Afrikaner-volksbeweging wat 'n groot mate van selfbeskikking oor sy politieke, ekonomiese en kulturele belange behou.

PW Botha het aan sy biograwe gesê dat hy en sy voorgangers van die standpunt uitgegaan het dat bruin mense "eers opgehef word en dat die konsekwensies daarvan aanvaar moet word".

Die NP-leiers se aanname was dat opgevoede bruin en swart mense meer gematig sou wees wanneer eendag oor 'n geïntegreerde stelsel gepraat moes word. Presies die teenoorgestelde was die geval. In die vroeë 1980's het meningspeilings 'n duidelike patroon gewys: hoe verder swart kinders op skool gevorder het hoe sterker was die teenstand teen alle vorme van apartheid.

Piet Cillié, redakteur van *Die Burger* en waarskynlik een van die invloedrykste meningsvormers van die 1960's, het hom by nabetragting in 1985 só oor apartheid uitgelaat:

"'n Stelsel? 'n Ideologie? 'n Samehangende bloudruk? Nee, eerder 'n pragmatiese en slingerende proses om 'n nasionalistiese beweging se leiding te konsolideer, om die Afrikaners se selfbeskikking te vestig, nie primêr teen 'n gekleurde mag nie, maar deur die terugkeer van die Verenigde Party te verhinder. Hy sou wel op sy beurt sorg dat die Nasionaliste nooit weer 'n kans kry nie."

Milan Kundera, die groot Tsjeggiese skrywer, het in 1993 oor die gemoedstoestand van klein volke gesê:

> Dit verteenwoordig nie iets kwantitatiefs nie, maar 'n toestand, 'n lotsbestemming. Dit is volke wat nie die gerusstellende gevoel het van 'n ewige verlede en versekerde toekoms nie. Dit is volke wat nooit deur die voorkamers van die dood gegaan het nie, wat nie konstante konfrontasie ervaar het met die arrogante onkunde van die magtiges nie. Klein volke sien hul voortbestaan as iets wat onder konstante bedreiging is, as iets waaroor 'n vraagteken hang. Die feit is dat hul wesenlike voortbestaan as volk bedreig word.

Die Afrikaner-volksbeweging het op die volgende neergekom:

- om Afrikaans as literêre en voertaal te ontwikkel;
- om die ergste armoede onder die Afrikaners te help uitwis;
- om 'n deurbraak in die ekonomie te maak sonder buitestanders se hulp;
- om groot sake-korporasies op te bou; en
- om te sorg dat geen enkele klas of belangegroep, soos byvoorbeeld die sakelui, buitengewone voordeel trek nie.

In al hierdie strewes het die Afrikaners teen die 1990's goed geslaag.

Reeds in 1904 het dr. DF Malan, latere eerste minister, geargumenteer dat taal nie net 'n kommunikasiemiddel is nie maar die uiting van 'n "nasionale siel". Die Afrikaners sou die kulturele oorheersing van die Engelse gemeenskap net kon weerstaan deur Afrikaans as hul taal en die simbool van hul maatskaplike identiteit te aanvaar en dit as die grondslag vir hul aksies te gebruik.

Toegewyde onderwysers moes kinders besiel met die idee dat met harde werk alle deure vir hulle oopstaan.

Helen Zille, premier van die Wes-Kaap, sê onlangs dat opvoeding dié aspek van die ekonomiese bevryding van die Afrikaners is wat na haar mening nie genoeg beklemtoon word nie. In 'n e-pos-boodskap aan my skryf sy:

> Vir my was 'n onmisbare deel die feit dat twee geslagte van baie van die "brightest en best" Afrikaners onderwysers geword het en opvoeding voorop gestel het. Dit gebeur baie min vandag en die skakel tussen opvoeding en vordering word grootliks onderskat, veral as mense hulle op die staat verlaat om êrens in die lewe te kom.

Al stel 'n gemeenskap 'n hoë prys op hul taal is daar nietemin 'n sterk tendens dat 'n universele taal (Engels in die geval van Suid-Afrika) 'n nasionale taal (soos Afrikaans) in universiteite en hoërskole verplaas indien hulle saam in dieselfde instelling as voertaal gebruik word. Daarom was dit nodig dat Afrikaans-enkelmedium die dominante onderrigmedium in opvoedkundige instellings word.

In 1918 het die Universiteit van Stellenbosch (US) sy deure oopgemaak spesifiek om in die behoefte van Afrikaners te voorsien, en oor die volgende vyftien jaar het dit feitlik volkome Afrikaans-enkelmedium geword. Verskeie ander universiteite het met verloop van tyd Afrikaans-enkelmedium geword.

In die 1920's het *De Burger* sy naam na *Die Burger* verander. *Die Huisgenoot* het met uitmuntende artikels verdiend die naam van "die volk se universiteit" verwerf. Joernaliste soos CJ Langenhoven, Gustav Preller, Eugène Marais en Johann Buhr het Afrikaans as 'n aantreklike en vloeiende koerant- en tydskriftaal ontwikkel.

Tussen 1929 en 1939 het poësie van hoë gehalte die lig gesien, asook 'n algemeen aanvaarde Afrikaanse Bybel, die Carnegie-verslag oor die armblankes en die eerste wetenskaplike historiese werke, waaronder die werk van PJ van der Merwe uitstaande was. In die 1940's het JC de Wet sy unieke werke oor strafreg, handelsreg en kontraktereg die lig laat sien.

Die wit skole wat onderrig in Afrikaans-enkelmedium aangebied het, het van 28% in 1932 tot 62% in 1958 gegroei. Daarna is die persentasie nog verder opgestoot.

Saam met die ontwikkeling van Afrikaanse skole en universiteite het Afrikaans as literêre en wetenskapstaal gegroei. Daar word dikwels nie besef hoe groot die uitdaging was nie. 'n Deskundige wat daarop gewys het, is die Frans-Kanadese akademikus Jean Laponce, wat die invloedryke boek *Languages and Their Territories* (1987) oor die opkoms en marginalisering van tale geskryf het. Volgens hom was Afrikaans een van net vier tale wat in die loop van die twintigste eeu van 'n spreektaal met beperkte sosiale status ontwikkel het tot 'n taal wat in alle fasette van die openbare lewe gebruik kan word. Die ander is Hebreeus, Maleis-Indonesies en Hindi.

In die internasionale indeks van *Chemical Abstracts* van 1980 was Afrikaanse artikels 32ste van die artikels oor die wêreld heen wat opgeneem is. Dit was hoër as dié in Hindi, Aramees en Arabies. Afrikaans was 25ste in die *Index Medicus.*

In September 2017 het Mahmood Mamdani, 'n gesaghebbende oor die interaksie tussen politiek en kultuur in Afrika, gesê dat die universiteite op die vasteland geen bepaalde akademiese tradisie verteenwoordig nie. Die uitsondering is die Afrikaanse universiteite. Afrikaans is binne die bestek van 'n halfeeu omvorm van 'n taal met nie veel meer as die huidige status van ander Afrika-tale nie tot 'n taal wat die draer is van 'n eie intellektuele tradisie, meen Mamdani. Hy het dit betreur dat die ANC-regering geen poging aanwend om die ander Afrika-tale in Suid-Afrika tot hierdie status te verhef nie.

Sonja Loots, wat sy lesing bygewoon het, skryf op 17 September 2017 in haar rubriek in *Rapport*: "Mamdani het vir konsternasie gesorg toe hy sy gehoor reguit in die oë gekyk en onomwonde verklaar het: 'Afrikaans is die suksesvolste dekoloniseringsinisiatief op die Afrika-kontinent.'"

Tussen 1904 en 1951 het die Afrikaners hul tweede Groot Trek beleef. Hierdie keer was dit na die stede toe. Die getal verstedelikte Afrikaners het in die eerste helfte van die twintigste eeu met sowat 'n miljoen vermeerder.

Die meeste van hierdie Afrikaners is deur groot nood van hul plase gedryf. Hulle het óf uitgeboer óf hul veekuddes is in die Anglo-Boereoorlog vernietig. Hulle het min skoolkwalifikasies en weinig vaardighede gehad. Hulle moes meeding met swart en bruin werkers wat bereid was om vir laer lone as hulle te werk.

Die historikus WM Macmillan vertel in sy outobiografie *My South African Years* dat John X Merriman, die voorste Kaapse liberaal, Afrikaanse onderrig as "'n vreeslike blok aan die been" bestempel het, gegee die feit dat omtrent al die werkgewers in die stad Engelssprekend was. Veral aan die Witwatersrand het die Afrikaanse predikante en onderwysers besef dat Merriman heeltemal verkeerd was. Daar was min hoop vir arm skoolkinders wat in Engels of Hollands moes studeer terwyl hulle geeneen van die twee tale verstaan het nie. Afrikaans was al doeltreffende voertaal.

Teen 1930 is in navorsing bevind dat een uit vier Afrikaners armblankes was. Baie Afrikaners het toe betrokke geraak by die poging om hulle te help ophef. Die ou spreuk "Helpmekaar" en 'n nuwe een, "'n Volk red homself", het inslag gevind.

Die ekonoom Jan Sadie het daarop gewys dat dit seldsaam is dat die meer welgestelde lede van 'n gemeenskap in die loop van die twintigste eeu vir hul armes verantwoordelikheid geneem het. Hy meen dat dit aangespoor is deur die feit dat sommige Engelssprekendes geneig was om alle Afrikaners as arm te beskou.

Van die staanspoor af het leiers soos dr. Malan daarop aangedring dat die armes nie as objekte van liefdadigheid behandel moes word nie. Hulle moes ook nie net gehelp word om 'n werk te kry nie, maar in die gemeenskap opgeneem word. Dit het baie gehelp dat arm kinders saam met die kinders van die meer welgestelde ouers in die Afrikaanse skole was. Tot 1990 was daar min Afrikaanse private skole.

Michael O'Dowd, dikwels bestempel as die inwonende intellektueel van die Anglo American Corporation, het by geleentheid gewys op wat hy bestempel het as een van die merkwaardigste verskynsels in die Suid-Afrikaanse ekonomie. Die politieke mag was die meeste van die tyd in Afrikanerhande, maar die private sektor (buiten die landbou) is grootliks deur wit Engelssprekendes beheer. Nogtans het die Afrikaner-politici nooit 'n ernstige poging aangewend om sektore van die ekonomie te nasionaliseer nie. Volgens O'Dowd was die belangrikste verklaring dat die Afrikaners wat in die bedryfslewe wou vorder, goeie geleenthede by Eskom, Yskor en ander semi-staatsondernemings gevind het. Nadat hulle genoeg bestuurservaring hier opgedoen het, kon hulle na die private sektor oorgaan.

Teen 1948 het meer as 'n miljoen van die sowat 1,5 miljoen Afrikaners op dorpe en in stede gewoon. Slegs 27% het 'n kantoorwerk gehad. Die profiel van die stedelike Afrikaners was hoofsaaklik dié van 'n werkersklas met sowat 40% van alle Afrikaners wat handearbeiders was of ander vorme van arbeid verrig het. 'n Verdere derde van die Afrikaners het hul inkomste op plase verdien. (Hierdie proporsie sou oor die volgende veertien jaar met die helfte verminder.)

Die Afrikaners was nog ver agter die Engelssprekendes. Hulle het net 29% van die totale persoonlike inkomste verdien, hoewel hulle 57% van die blanke bevolking verteenwoordig het, vergeleke met 46% vir die Engelssprekendes. Swart mense, wat 68% van die bevolking gevorm het, het slegs 20% van die totale persoonlike inkomste ontvang.

Toe Afrikaanse sakelui en akademici in 1950, elf jaar ná die eerste Ekonomiese Volkskongres, vir 'n tweede kongres bymekaarkom, het dr. Malan, toe eerste minister, die woord gevoer. Hy het gepraat oor die deelname van die twee blanke gemeenskappe aan die private sektor en verwys na die tyd toe die Afrikaner "in die nagtelike koue buite gelaat [is] terwyl die son met die jare ál helderder in Suid-Afrika begin skyn het".

Wat die Afrikaner nou wou doen, was volgens Malan "om ook vir homself 'n plekkie in die Suid-Afrikaanse son te verkry, nie deur ander daar uit te stoot nie en ook nie daarheen op skouers van ander gedra te word nie, maar kragtens sy eie reg en steunende op sy eie krag".

Dit het beteken dat die Afrikaners nie op staatsinmenging moet vertrou om Afrikaner-ondernemings te help om die Engelse oorheersing van die private sektor die stryd aan te sê nie. Stories dat die staat Afrikaanse firmas onbehoorlik bevoordeel het, berus hoofsaaklik op hoorsê en daar is min of geen konkrete bewyse daarvoor nie.

Sanlam het 'n sleutelrol in die opkoms van Afrikanersake gespeel. Een van sy filiale was Federale Volksbeleggings, wat aandele onderskryf en lenings verskaf het.

Federale Mynbou, wat in 1953 deur Sanlam opgerig is, het in 1963 'n belangrike aandeel gekry in General Mining Corporation en sou kort daarna 'n meerderheidsbelang verkry. In 1974 het dit die mynhuis Union Corporation oorgeneem om Gencor te vorm. Dit was die naasgrootste mynhuis in die land

In sy uitgawe van 14 Julie 1967 het die *Financial Mail*, Suid-Afrika se voorste finansiële tydskrif, die tydperk van 1961 tot 1966 as die "wonderlike jare" gevier, 'n tydperk waarin Suid-Afrika se bruto nasionale produk in reële terme met 30% gestyg het. Die tydskrif het spesiale woorde van lof gehad vir Afrikaners wat as bestuurders van semi-staatskorporasies of as voorsitters van groot maatskappye 'n belangrike rol in die opbloei van die ekonomie gespeel het.

Daar was 'n beskeie mate van herverspreiding van rykdom van wit na swart. Harry Oppenheimer het in 1964 in sy voorsittersrede op Anglo American se jaarvergadering verklaar dat die gemiddelde lone van "nie-wit" werkers in die sekondêre nywerheid die vorige vyf jaar met 5,4% per jaar gestyg het – teenoor die styging van 3,7% in wit mense se lone. Dit het verklaar hoekom die land "soveel stabieler was as wat baie mense geneig was om te dink", het hy gesê.

In 1981 was daar slegs vier Afrikaner-beheerde korporasies met bates van meer as R300 miljoen: Volkskas, Trust Bank, Rembrandt en Sanlam.

Ná 1994 het sekere maatskappye wat in Afrikaner-geledere ontstaan het, skouspelagtig gevorder. Naspers (voorheen Nasionale Pers) is vandag die maatskappy met verreweg die grootste markkapitalisasie op die Johannesburgse Aandelebeurs (ongeveer 17% van die totaal), gevolg deur Richemont (ongeveer 7%), wat deur Johann Rupert gestig is. Met enkele uitsonderings verskil die openbare beeld van maatskappye waarvan die grootste beheer of besit by Afrikaners lê weinig van die maatskappye wat deur mense van Engelse of Joodse oorsprong gestig is.

Geen Afrikaner-klas of -stratum het die NP se "revolusie" gekaap nie. Om dit anders te stel: sowat dertig jaar lank was daar geen sektor of klas in die Afrikaner-gemeenskap wat buitengewone voordeel uit die Afrikaners se politieke mag getrek het nie. Dit blyk uit die tabel wat wys op die gaping in persoonlike inkomste tussen die heel boonste en die twee laagste kwintale:

Gini-koëffisiënt vir Afrikaner-inkomsteverdieners vir geselekteerde jare			
Inkomsteverdieners	1946	1960	1980
Totaal	0,464	0,441	0,446
Manlik	0,443	0,398	0,404

(Bron: TJ Steenekamp, 'n Ekonomiese ontleding van sosio-politieke groepvorming met spesiale verwysing na die Afrikaner, doktoraal diss., Unisa, 1989, p.208.)

Die gaping tussen die boonste en onderste twee kwintale was selfs tot 1980 nie besonder groot nie (0,45, wat vergelyk kan word met 0,37 in die geval van bevolkings in die ontwikkelde lande van Europa en 0,58 in die geval van Suid-Afrika se bevolking in 1999).

Die NP-regering se balansering van die verskillende belange van die verskillende klasse- en belangegroepe binne die Afrikaner-gemeenskap was meer as apartheid as beleid verantwoordelik vir die party se groeiende steun onder die Afrikaners tussen 1948 en 1977.

Die internasionale druk teen Suid-Afrika wat van die vroeë 1970's toegeneem het en toenemende swart verset het die twee wit gemeenskappe veel nader aan mekaar laat beweeg. Daar was min weerstand teen diensplig vir wit mans en die enigste meningsverskille het gegaan oor die pas en omvang van hervorming. Die verkiesing van 1987 was die eerste een waarin die meeste Engelssprekende kiesers vir die NP gestem het.

Gedurende die 1950's, toe die NP-regering hom ingegrawe het met die doel om vir baie jare nog oor Suid-Afrika te regeer, het Etienne Leroux, een van die voorste Afrikaanse romanskrywers, hom vir onafwendbare magsverlies voorberei. Hy het 'n sombere blik gewerp op die keuses wat vir die Afrikaners beskikbaar sou wees die dag waarop hulle verplig sou word om oor die prysgawe van die mag te onderhandel.

Daar sou net die volgende keuses wees:

- om in sak gekleed die vyand tegemoet te stap;
- om die vesting met bloed, trane en skaamte te verdedig; en
- om te onttrek en met verlange terug te dink aan die glorieryke verlede terwyl die genadeslag afgewag word.

Oor een ding was Leroux seker: wanneer dit by die kantelpunt kom, sal die Afrikaners se gode steriel blyk te wees. Met sy apartheidsbeleid het die NP baie van die kapitaal waardeloos gemaak wat ná 1994 gebruik sou kon word vir aansprake op kulturele outonomie of minderheidsregte.

Apartheid het die volksbeweging se program vir die Afrikaners gebruik vir sy beleid teenoor die bruin en swart gemeenskappe. Alan Paton het op 'n slag geskryf dit was amper of die beleid vir die bruin en swart mense wou sê: "Ons het ons eie identiteit ontdek en nou gaan ons sorg dat julle jul identiteit ontdek en bewaar die siel van mense wat weier om dit te doen."

Op onderwysgebied het die NP-regering daarop aangedring dat die moedertaal die beste vorm van onderrig is. Ander gemeenskappe het egter hul eie idees gehad. Hulle het byvoorbeeld nie veel waarde aan moedertaalonderrig geheg nie en die afdwing daarvan het veral die swart mense in die stede gegrief. Ook die bruin mense is ontstig deur die aanmaning dat hulle hul eie identiteit moes vind.

In die laat-1960's het die regering 'n Verteenwoordigende Kleurlingraad ingestel wat verantwoordelikheid sou hê rakende sake wat net veronderstel was om bruin mense te raak (asof 'n wit-bruin-verdeling in plaaslike bestuur moontlik was). Plaaslike bruin besture sou ook ingestel word. Dit sou later blyk dat nie een bruin dorp 'n voldoende belastingbasis gehad het om hom selfstandig te bestuur nie.

Teen die vroeë sewentigs het die ekonomie onomkeerbaar afhanklik geword van 'n swart en bruin arbeidsmag wat goed geskool was. Die regering het die per capita-besteding aan wit en swart leerlinge progressief van 16,6:1 tot 7,2:1 in 1982 laat krimp. Hoe verder kinders gevorder het hoe meer militant het hulle geword.

Die Transkei het onafhanklikheid in 1976 ontvang en dit is gou ook aan drie ander tuislande toegeken.

Dit het egter geen politieke oplossing gebied nie. Met die moord op Steve Biko het die politiek tragies 'n toekomstige leier verloor met wie daar onderhandelings oor gemeenskapsbewussyn en maatskaplike betrokkenheid aangeknoop kon word. In 1979 het die regering swart vakbonde met bedingingsmag erken maar anders wat hy verwag het, het hulle vinnig gepolitiseer geraak.

Teen die 1980's het die Afrikaners dringend bondgenote onder die swartes begin soek, maar daar was min belangstelling. Mangosuthu Buthelezi het in die laat 1970's na vore gekom as 'n leier met 'n sterk swart aanhang, maar hy is behandel as 'n vasal wat nie sy plek ken nie.

Toe die NP-regering in 1984 bruin mense en Indiërs in die parlement opneem en swartes uitlaat, het hy die hele swart gemeenskap in hul verwerping van wit beheer verenig. Dit was die eerste keer in die Afrikaners se geskiedenis dat so iets gebeur het. Voorheen kon wit mense steeds deur 'n beleid van verdeel en heers 'n swart aanslag afslaan. Teen die einde van die 1980's was dit nie meer moontlik nie. Vir 'n grondwetlike skikking was dit nodig dat Nelson Mandela vrygelaat word en die regering hom tot 'n demokratiese grondwet verbind.

Ná die regime-verandering in 1994 was die organisasies wat aan die NP en apartheid morele ondersteuning verleen het, in 'n krisis. Onder hulle was die Afrikaanse kerke. Waar hierdie kerke ná die Anglo-Boereoorlog op die voorpunt was in die stryd vir onderwys in Hollands of Afrikaans, was dieselfde kerke ná 1994 stil oor hierdie kwessie. Hulle het min invloed by die nuwe regering gehad en 'n verlede van steun vir apartheid het soos 'n blok aan hul been bly hang.

Teen 1997 was die NP se dae getel. Die kiesstelsel wat aanvaar is, het teen die party gewerk. Dit maak voorsiening vir 'n enkele, landwye kiesafdeling waarin die onderskeie partye op 'n geslote lys met mekaar meeding. In die geval van die Demokratiese Party (later die Demokratiese Alliansie) is die tendens dat kandidate met 'n liberale en nie-rassige beeld 'n veel beter kans het om hoog op die lys geplaas te word as iemand wat 'n sterk voorstander van kultuurbelange is.

Die ANC het daarin geslaag om 'n sterk gesentraliseerde bestel in te voer waarin streekbelange betreklik min aandag kry. Dit het vir die Afrikaners 'n dilemma geskep. Soos Flip Buys, uitvoerende hoof van die Solidariteit-beweging, uitgelig het, is die Afrikaners se grootste probleem nie dat hulle so min is nie, maar dat hulle so verspreid in die land woon – rofweg 'n derde in die Wes-Kaap, 'n derde in Gauteng en 'n derde versprei oor die res van die land.

Toe ek in 1990 'n NP-leier vra of die NP sal veg vir 'n stelsel wat dit vir die Wes-Kaap moontlik sal maak om 'n groot mate van outonomiteit in 'n federale bestel te verwerf, het hy verontwaardig gevra: "Wat word dan van ons?" Sy kiesafdeling was in die Transvaal.

In 1994 het die Afrikaner-nasionaliste nie net hul mag verloor nie maar ook die ideologie van die volksbeweging. Hiervolgens het Afrikaanse skole, universiteite, die sakewêreld en die landbou nie net hul eie korporatiewe belange bevorder nie maar ook die belange van die Afrikaanse gemeenskap. Dit was ondenkbaar dat 'n universiteit soos Stellenbosch sou besluit om hoofsaaklik in Engels klas te gee en daarmee die land en veral die Wes-Kaap sonder 'n instelling te laat waar onderwysers vir Afrikaanse skole opgelei kon word.

Niek Grové, registrateur van die Universiteit van Pretoria, opper die geldige punt dat 'n "hiper-individualisme" ná 1994 by die hoërinkomstegroepe posgevat het. "Mense leef na binne. Hulle leef vir hulself. Hoe meer individualisties ons word, hoe swakker word die bande met familie, vriende, bure, klubs, kerkgemeenskap en groepe. Op dié wyse word sosiale kapitaal vernietig. Sosiale kapitaal wat vernietig word, vernietig ook optimisme," sê hy.

Maar bo en behalwe die kiesstelsel het ander probleme die Afrikaners in die gesig gestaar. Anders as Engelssprekendes is dit vir Afrikaners met die ervaring van 'n volksbeweging veel moeiliker om as individue in die politiek op te tree en wil hulle nie graag op die rand staan of geïsoleer wees nie.

Lawrence Schlemmer het ná 'n deeglike studie van die Afrikaners by wyse van meningspeilings en sosiologiese navorsing daarop gewys dat 'n nuwe geslag wat ná 1994 mondig geword het nie weet hoe om sosiale netwerke en sosiale kapitaal ten behoewe van hul gemeenskap en hul taal te mobiliseer nie.

Hulle voel polities kwesbaar en onseker, maar daar is steeds by hulle 'n sterk behoefte aan politieke samehorigheid en 'n politieke gemeenskap waarin hulle tuis voel. Onwetend en onbedoeld raak hul eie dilemma al groter. As groepsmense het hulle die behoefte aan solidariteit, maar as individue wil hulle graag byderwets, verlig en bevry voorkom.

Die dilemma was veral akuut by Afrikaanse sakeleiers en die intelligentsia (akademici en redakteurs) wat hulle voorheen met die NP en die Afrikaner-Broederbond vereenselwig het. Namate die politieke leierskap gesag verloor het, het die sakeleiers in dieselfde boot as die Engelse sakelui geklim. Sonder veel wroeging het die meeste Afrikaans in hul ondernemings laat vaar. Hulle het by Engelse sakeleiers aansluiting gevind. Hulle het die verengelsing van die histories Afrikaanse universiteite as 'n natuurlike ontwikkeling aanvaar.

In 2002 het Jacob de Villiers, direkteur van die Afrikaanse Handelsinstituut (AHI), wat by die Ekonomiese Volkskongres gestig is, verklaar dat daar geen aptyt by die Afrikaanse sakegemeenskap is om 'n gesprek met die regering oor die Afrikaanse gemeenskap te begin nie. Vyftien jaar later het die AHI homself tot die Small Business Initiative herdoop. Die inisiatief se toekoms is onseker met Solidariteit wat besig is om die gaping te vul met sy nuutgestigte AfriSake.

Die mees dramatiese agteruitgang het op die vlak van die histories Afrikaanse universiteite plaasgevind. Ná die oorgang in 1994 het van die universiteite nie meer druk op studente en dosente geplaas om in Afrikaans vaardig te word nie.

'n Ander ontwikkeling wat Afrikaans nadelig geraak het, was die opkoms van Engels as die universele akademiese taal. Die mees gerekende wetenskaplikes wou in Engelse vaktydskrifte publiseer.

Op Suid-Afrikaanse kampusse het die ideologie van 'n "nie-rassige" Suid-Afrikaanse nasionaliteit aanvanklik die toon aangegee. Hierin was daar geen plek vir minderhede wat klem op etnisiteit of kultuur of taal lê nie. Dit is bloot afgemaak as rasionalisasies vir die behoud van 'n bevoorregte posisie onder apartheid.

Selfs op kampusse wat voor 1994 net Afrikaanse onderrig gegee het, het akademici wat hul opleiding in Afrikaans ontvang het die aandrang op die behoud van Afrikaans as voertaal afgemaak as 'n verlange na die dae van apartheid en 'n selfsugtige vasklou aan "voorregte" van die apartheidstyd.

Taalaktiviste soos dr. Neville Alexander met sy onberispelike "struggle"-kwalifikasies het van die begin geargumenteer dat Afrikaans as universiteitstaal 'n bestaansreg het. Alexander het aangevoer dat as Afrikaans in die nuwe bestel ernstig gekniehalter word, die ander Afrikatale in die land geen hoop het om te ontwikkel nie.

In 2001 het die departement van hoër onderwys 'n komitee aangestel om die kwessie van een of twee Afrikaansmedium-universiteite deeglik te ondersoek.

Die komitee het aanbeveel dat die reg op toegang met Afrikaans as voertaal aan Stellenbosch en Potchefstroom gewaarborg moes word, terwyl die ander drie histories Afrikaanse universiteite nie verhinder moes word om ook Afrikaanse kursusse aan te bied nie. Die rektore kon egter geen eenstemmigheid bereik nie, want nie een universiteit wou van sy Afrikaanse studente afstand doen nie. 'n Gulde geleentheid het verlore gegaan.

Waarna Afrikaners in die algemeen sterk verlang, is die erkenning dat hul gemeenskap, saam met ander gemeenskappe, histories 'n integrale deel is van die opbou van die land tot 'n suksesland. Die ANC het egter sy eie planne gehad. Hy het toenemend wegbeweeg van sy aanvanklike verbintenis tot nie-rassigheid en ook toenemend sy toevlug geneem tot 'n swart populisme wat wit mense se historiese rol reduseer tot dié van uitbuiters van die inheemse bevolking.

Die NP se nekslag was die Waarheids-en-versoeningskommissie (WVK), wat in 1996 sy werksaamhede begin het. Die proses was van die staanspoor af skeefgetrek. Sowel die voorsitter as die ondervoorsitter was voor 1994 felle teenstanders van die NP-regering. Verreweg die meeste kommissarisse was ANC-gesind en dit was ook die geval met die navorsingspersoneel.

Die WVK was ook selektief in sy benadering tot ernstige skendings van menseregte. Ontleders het taamlik algemeen aanvaar dat die meeste politieke sterftes in die stryd tussen die ANC en Inkatha voorgekom het, maar die kommissie het nie baie diep op hierdie stryd ingegaan nie. Sy fokus was oorwegend op skendings van menseregte deur agente van die staat.

Die mees omstrede geval wat voor die WVK gedien het, was die Boipatong-slagting op 17 Junie 1992 in die Vaaldriehoek. Inwoners van 'n hoofsaaklik Inkatha-gesinde hostel het in een nag 45 mense in 'n hoofsaaklik ANC-gesinde dorp vermoor. 'n Regter in 'n kriminele saak, 'n Britse polisie-deskundige en die WVK se eie amnestie-komitee kon geen bewyse vind dat polisiemanne op enige wyse betrokke was nie. Die WVK het egter bevind dat die polisie wel betrokke was by die beplanning en uitvoering van die slagting.

Die kommissie het ook weinig pogings aangewend om die stryd in Suid-Afrika tussen 1980 en 1994 as iets anders as 'n stryd oor burgerregte te sien. In werklikheid was dit 'n geveg om beheer van die staat in 'n ontwikkelende land met diep etniese verdelings. Soortgelyke gevegte in ander lande gedurende die tweede helfte van die twintigste eeu het 'n veel groter dodetal as 'n proporsie van die totale bevolking gehad.

Oor die politieke vrugte van die WVK was daar groot meningsverskil. Net 'n derde van die wit mense het in 'n peiling aangedui hulle voel die WVK het gehelp om 'n verenigde nasie te bou teenoor driekwart van die swart mense wat gevoel het dit het wel gehelp.

Ná die WVK was die NP-regering se beeld aan flarde. Die NP het homself tot die Nuwe Nasionale Party (NNP) herdoop, maar in 1999 se verkiesing het die party se steun van 20% tot net 7% van die totale stemme gedaal. Meer as die helfte van die Afrikaner-stemme het na die Demokratiese Party (DP) onder Tony Leon gegaan. Die DP was 'n klassieke liberaal-demokratiese party verbind tot gelyke geleenthede en beginselvaste opposisie.

Die DP en die NNP het daarna saamgesmelt in die Demokratiese Alliansie (DA) onder Leon se leierskap. 'n Klein faksie onder leiding van Marthinus van Schalkwyk het egter weggebreek om op sy eie aan die verkiesing van 2004 deel te neem. Hulle het net 1,7% van die totale stemme getrek. Ná die verkiesing het Van Schalkwyk saam met enkele geesgenote by die ANC aangesluit.

Die ANC het hulle verplig om die Vryheidsmanifes of Freedom Charter te aanvaar en al die NP se finansiële bates aan die ANC oor te maak. Die ANC het 'n paar krummels as vergoeding uitgegooi: 'n ministerskap, twee adjunkministerskappe, 'n ambassadeurskap en twee konsulgeneraalskappe.

Ek het dit in kommentaar vir *Rapport* bestempel as 'n "prostituutbegrafnis" vir die Nasionale Party, wat so lank die landspolitiek oorheers het.

Ton Vosloo, voorsitter van die Naspers-direksie, het die ontwikkeling raak opgesom deur te sê dat die NP se ineenstorting diep wortels gehad het. Hy verklaar dat die NP se fut reeds in 1989 uit was toe De Klerk oorgeneem het ná dekades van eindelose twiste en rugstekery in die party. Hy skryf voorts: Die "futlose situasie" in die party het aanleiding gegee tot die swak onderhandelings . . . Die kaartehuis het toe eindelik nie op die rots gestaan nie." Vosloo voeg by: "Die keiser was toe uiteindelik 'n kaalholler."

Auguste Comte, Franse filosoof van die negentiende eeu en vader van die sosiologie, het een van die raakste waarnemings oor die politiek gemaak: "Demografie is lotsbestemming." Getalle was die sterkste krag wat op die ou end die uitkoms van die wit-swart-stryd bepaal het. Dit sou ook sentraal in die ANC-regering se beleid staan.

Tussen 1991 en 2016 het die wit bevolking, waarvan die Afrikaners net meer as die helfte uitmaak, tussen 4,2 miljoen en 4,5 miljoen gewissel. Bruin mense se getalle het van sowat 3,2 miljoen tot net onder 5 miljoen toegeneem, terwyl Asiate van 960 000 tot 1,4 miljoen vermeerder het. Hierteenoor het swart mense se getalle van 27,4 miljoen tot 45,1 miljoen opgeskiet.

In 1998 is wetgewing aangeneem wat bepaal het dat die onderskeie bevolkingsgroepe se proporsies weerspieël moet word nie net in die staatdiens nie, soos die grondwet bepaal, maar ook in die groter maatskappye. Dit is nie iets wat in die grondwet vereis word nie.

Die staatsdiens is vinnig en radikaal getransformeer. In 1991 was 79% van die amptenare in die publieke administrasie buite die tuislande Afrikaners. Binne vyf jaar, tussen 1996 en 2001, het die nuwe bewind meer as 120 000 senior amptenare met pakkette uit die staatsdiens verwyder. Teen 2007 was slegs 9% van die staatsamptenare wit teenoor 80% wat swart was.

Dr. Rina Venter, laaste minister van gesondheid in die NP-regering, noem die voorbeeld van twaalf senior direkteure van die nasionale gesondheidsdepartement wat verplig was om weer om hul poste aansoek te doen – net een het sy pos behou. Die departement was gou kaal gestroop van mense met bestuursvaardighede, wat 'n groot verskil kon gemaak het, bv. in die implementering van die plan teen MIV/vigs, wat voor 1994 opgestel is.

Onervare en ideologies gedrewe amptenare het met talle nuwe regulasies 'n groot las op die sakesektor gelê. Die beleid van kader-ontplooiing het die staatsdiens verder verswak en veral ná 2014 grootskaalse korrupsie in die hand gewerk.

Op 'n konferensie van Solidariteit in 2007 het die beweging steun ontvang van sowel FW de Klerk as Pik Botha. Hulle het verklaar dat die NP-regering nie die 1993-grondwet sou onderteken het as hulle geweet het die ANC-regering gaan regstellende aksie op so 'n radikale wyse invoer nie.

Die verskillende gemeenskappe het hul lewenspatrone voortgesit ondanks die radikale politieke omwenteling. Behalwe in sekere woonbuurte in groot stede was die omvang van residensiële integrasie beperk.

Die meeste Afrikaners het steeds hul kinders na Afrikaanse skole gestuur. In 2016 het sowat 'n driekwartmiljoen leerders op skool in die medium van Afrikaans geleer. Van die ongeveer halfmiljoen wit Afrikaanse leerders is 51% in Afrikaanse enkelmediumskole, 34% in die Afrikaanse stroom van parallelmediumskole en 15% in Engelse skole.

Volgens die demograaf prof. Flip Smit vaar Afrikaanse skole besonder goed. Hoewel hierdie skole slegs 10,6% van alle hoërskole uitmaak, lewer hulle 21% van die matrikulante wat in 2016 toelating tot die baccalaureus-graadstudie verwerf het. Hul slaagsyfer was 89,9% teenoor die land se gemiddelde van 70,5%. Van die 8 070 matrikulante wat wiskunde met onderskeiding geslaag het, het Afrikaanse skole 21,9% gelewer.

Van die bruin leerders is 281 000 (sowat 40%) in Afrikaanse enkelmediumskole. 'n Verdere 10% is in die Afrikaanse klasse van 'n parallelmediumskool en 'n volle 51% in Engelsmedium-skole, hoewel die huistaal van 'n aansienlike groot proporsie Afrikaans is.

Ongetwyfeld is die gebrek aan moedertaal-onderrig een van die belangrike redes waarom die bruin deelname aan universiteitsonderrig laer is as dié van die swart en die Indiër-gemeenskap. Sedert 1990, toe die Universiteit van Wes-Kaapland reeds 'n Engelsmedium-instelling was, toon die prestasies van Afrikaanstalige bruin studente 'n dalende neiging.

Afrikaanse onderrig aan universiteite in die noorde het onder al meer druk gekom vanweë groeiende swart getalle. In 2016 het die Universiteit van Pretoria en die Universiteit van die Vrystaat grootliks Engelstalige inrigtings geword.

By die US was die demografiese druk nie so groot nie, maar wat nodig was, was wat prof. Jakes Gerwel genoem het "sterk erosiewalle" teen sluipende verengelsing. Die US het egter sedert die eeuwending sonder noemenswaardige insidente opgehou om aan te dring op vaardigheid in Afrikaans as vereiste vir dosente en studente.

In 1951 het NP van Wyk Louw gewaarsku oor drie oorlewingskrisisse vir die Afrikanervolk: militêre oorrompeling, die keuse vir voortbestaan in ongeregtigheid en twyfel of die Afrikaners moet voortbestaan as volk. Sonder Afrikaans as 'n volwaardige medium van onderrig by ten minste twee universiteite, een in die noorde en een in die suide, is daar weinig hoop dat of Afrikaans as literêre en wetenskapstaal of die Afrikaners as gemeenskap sal voortbestaan.

In 2016 het die universiteit in hofstukke verklaar dat meer as 200 dosente aangedui het dat hulle nie in Afrikaans kan klas gee nie. Tussen 1995 en 2015 het Engelssprekende studente se getalle van 3 000 tot meer as 14 000 gestyg. Die meeste van hierdie Engelssprekendes was wit en baie van hulle het hul rug gedraai na die ou liberale Engelse kampusse, wat groeiende swart getalle getrek het. Die getal Afrikaanse studente het in hierdie tyd taamlik konstant tussen 11 000 en 12 500 gebly.

In 2016 het die US-bestuur 'n nuwe konseptaalbeleid voorgelê en kommentaar daarop gevra. Dié beleid ignoreer die feit dat Afrikaans die huistaal is van die meeste inwoners van die provinsie waarin die US geleë is. In sy memorandum het die Federasie van Beheerliggame van

Suid-Afrikaanse Skole (Fedsas), wat ongeveer 2 000 Afrikaanse skole landwyd verteenwoordig, verklaar dat sy lede in die Wes-Kaap eenparig ten gunste was van die behoud van Afrikaans as die vernaamste onderrigtaal.

Die US het hierdie en ander soortgelyke vertoë verontagsaam. Van 2017 word alle lesings in Engelsmedium gegee terwyl in beperkte gevalle ook vir Afrikaanse klasse voorsiening gemaak word.

Dit was nie die ANC-regering wat Afrikaans aan die US 'n nekslag toegedien het nie, maar wel die universiteit se bestuur gesteun deur die senaat en raad. John Coetzee, wenner van die 2003 Nobelprys vir letterkunde, het die voorstel van die konvokasie van US-alumni vir 'n volle aanbod in Afrikaans gesteun. Hy het dit moeilik gevind om die universiteit se stap te verstaan. Die oordrag van 'n bepaalde kultuur is immers een van die vernaamste funksies van universiteite, soos ook beklemtoon word in lord Robbins se rigtinggewende verslag van 1963 oor die oopstel van Britse tersiêre inrigtings vir 'n groter en meer diverse getal studente.

Coetzee het sy gevoelens in 'n e-pos-boodskap aan my só uitgedruk:

> My sympathies are all on your side. The crucial fact, for me, is that the official Taalbeleid document does not once use the word "kultuur". The university management seems to conceive of language as an instrumental communication system without any culture-bearing role.

Tans word landwyd op net een van die kampusse, dié op Potchefstroom, volledig onderrig in Afrikaans aangebied. Die radikale swaai na Engels aan die ander universiteite het gebeur terwyl goed opgeleide onderwysers wat in die behoefte aan moedertaalonderrig kan voorsien, onontbeerlik vir Afrikaanse skole en leerders en studente se welslae is.

In 2003 het Gerrit Komrij, 'n Nederlandse digter wat 'n bloemlesing van Afrikaanse gedigte saamgestel het, die situasie raak opgesom: Die liggaam van Afrikaans is eintlik kerngesond, maar die elite is besig om ledemate met groot ywer te amputeer. Die grootste vyande van Afrikaans was sy eie elite.

Die agteruitgang van Afrikaans op ander terreine, veral aan die universiteite, is amper onverstaanbaar gegee die uitstekende prestasies van skole wat deur Afrikaners bygewoon word en die opbloei van die Afrikaanse boek en die media.

Sedert 1994 moes die Afrikaners baie meer as die Engelssprekendes prysgee; onder meer loopbaangeleenthede in die staatsdiens, formele erkenning van en eerbied vir die Afrikaner-erfenis en -geskiedenis voor 1948, waaronder die plekname van talle dorpe, en inmenging in Afrikaans-enkelmediumskole. Die meeste van hierdie veranderings het in die ou Transvaal voorgekom.

Ondanks die demografiese druk het Afrikaans sterk bly staan in die media. Volgens die SAUK se navorsing het die 6,8 miljoen mense wat Afrikaanssprekend is 35% van die land se koopkrag. Radio Sonder Grense (voorheen Radio Suid-Afrika) se luistertal van 1,2 miljoen vergelyk goed met die 145 000 van Safm, die ou Engelse sender (voorheen Radio South Africa). RSG is die stasie wat die grootste inkomste vir die SAUK genereer.

Die SAUK het – ondanks Afrikaanssprekendes se koopkrag – die aandeel van Afrikaans op sy televisiekanale skerp verminder van die posisie in 1994, toe die aanbod van Afrikaans en Engels op die hoofkanaal gelyk verdeel was. Teen 2012 was 76% van die programme op die drie SAUK-kanale in Engels ten spyte daarvan dat dit die huistaal van minder as 10% van die bevolking is. Afrikaans se aandeel was slegs 6%, terwyl Xhosa en Zoeloe 3% en 5% onderskeidelik gehad het.

Die gebrek aan 'n Afrikaanse teletelevisieaanbod het Naspers in 1999 genoop om kykNET, 'n Afrikaanse betaalkanaal, in te stel. Die stasie het vinnig gegroei tot die mees betalende kanaal, in die DStv-aanbod.

Televisie en die sosiale media het Afrikaanse koerante se sirkulasie skerp laat daal, soos in die geval van alle koerante, maar Afrikaanse koerantlesers het tog by die Afrikaanse koerante gebly. Driekwart van die Afrikaners lees vandag net Afrikaanse koerante en Engelse lesers neem toenemend hul toevlug tot die Afrikaanse dagblaaie, waarvan die nuusaanbieding professioneel is en die politieke lyn meer in hul smaak is.

Die Afrikaanse teater het 'n groot terugslag ondervind weens die afskaffing van die staatsgefinansierde kunsterade onder die nuwe bewind. Dit sou egter blyk dat kunstefeeste, waar teater en musiek saam met lesings aangebied word, in 'n mate die gaping kon vul. Die eerste Afrikaanse fees was die KleinKaroo Nasionale Kunstefees (KKNK), wat sedert 1995 jaarliks op Oudtshoorn gehou word. Kaartjieverkope het in die eerste tien jaar gestyg van 30 314 tot net onder 200 000.

Naas die KKNK is die grootste Afrikaanse feeste die Woordfees op Stellenbosch, Aardklop op Potchefstroom, die Vryfees in Bloemfontein en Innibos op Nelspruit. Die Suidoosterfees in Kaapstad is begin om veral die bruin Afrikaanssprekende segment van die mark te bedien.

Die vraag is waarom die Afrikaanse feeste so gewild is; en meer spesifiek waarom die fees op Oudtshoorn so gou so gewild geword het.

Deon Opperman, 'n voorste dramaturg, verskaf die beste antwoord. Daar is 'n besliste streek- of kulturele eiesoortigheid – selfs die kos by die Oudtshoorn-fees is 'n uiting van die fees se karakter. Hy skryf: "Die KKNK se krag lê juis daarin dat dit sterk en bewustelik uit 'n bepaalde kultuur en geografiese gebied tot 'n identifiseerbare bewussynsgemeenskap spreek (wat nie slegs Afrikaanssprekendes insluit nie)."

Vir sowel die teater- as die filmbedryf het die oorgang in 1994 groot uitdagings gebring. Tot 2010 het dit amper gelyk of die Afrikaanse rolprentbedryf nie in staat was om ernstige films te maak nie. Die vermoede was dat die gehore vir sulke films te klein en goeie draaiboekskrywers te skaars was.

Maar van 2011 is daar elke jaar ten minste een rolprent uitgereik wat die kritici gunstig ontvang het. Paul Eilers se *Roepman* is deur sy *Verraaiers* opgevolg. Daarna was daar Katinka Heyns se *Die wonderwerker* (2012), waarin Dawid Minnaar op meesterlike wyse Eugène Marais se verblyf op 'n Bosveldplaas uitbeeld. Dit is ongetwyfeld die hoogtepunt tot dusver onder die Afrikaanse rolprente.

In 2016 het die prent *Noem my skollie* verskillende variante van Afrikaans – waaronder skollietaal – behendig gebruik. *Johnny is nie dood nie* (2017) behandel op meevoerende wyse die verhaal van vriende van die sanger Johannes Kerkorrel wat nog steeds sy selfdood enkele jare tevore probeer verwerk.

Aanvanklik is gevrees dat die Afrikaanse boek ná die oorgang in 1994 moeilik sou oorleef. In werklikheid het dit verstommend goed gevaar. As ingevoerde boeke buite rekening gelaat word, oorheers die Afrikaanse boek die mark.

In die geval van plaaslik geproduseerde titels (fiksie en nie-fiksie) was Afrikaans in 2015 die belangrikste taal met 'n stewige markaandeel van 59,94%, gevolg deur titels in Engels (33,3%) en titels in Afrikatale 6,8%.

Uit 'n artikel deur Nicol Stassen van Protea Boekhuis wat in *Die Burger* van 22 Oktober 2016 verskyn het, blyk dit dat indien sowel plaaslik geproduseerde as ingevoerde boeke in berekening gebring word, Afrikaanse boeke tussen 1994 en 2015 van 'n kwart van die totaal tot die helfte gestyg het. In die geval van kinderboeke wat plaaslik gepubliseer is, was die Afrikaanse aandeel in fiksie en nie-fiksie 90% en 63% onderskeidelik.

'n Literatuur kan egter nie beoordeel word bloot aan die getal boeke wat daarin gepubliseer word nie. Soos NP van Wyk Louw dit gestel het, moet dit die "beste geeste" se "diepste verlange" kan bevredig en die leser iets gee "wat hy in geen ander taal kan kry nie".

Die Afrikaanse roman staan waarskynlik beter as ooit ná die onlangse verskyning van romans van Karel Schoeman, Etienne van Heerden, Ingrid Winterbach en Eben Venter. Verskeie van hierdie skrywers is in meer as een taal vertaal.

In die poësie is daar die treffende bydraes van Breyten Breytenbach, Antjie Krog en Marlene van Niekerk. In 2017 het Breytenbach in Warskou die Zbigniew Herbert literêre toekenning ontvang. Dit vereer uitstaande artistieke en intellektuele literêre prestasies op die wêreldtoneel. Breytenbach is ook 'n stigterslid van die beweging Gelyke Kanse, wat vir 'n volledige aanbod in Afrikaans aan die Universiteit Stellenbosch veg.

Afrikaans vaar tans besonder goed as taal wat vir lesers en kykers 'n groot verskeidenheid bied. Tog is daar die vraag of dit werklik in staat is om te oorleef as literêre en wetenskapstaal terwyl sy sprekers 'n steeds krimpende proporsie van die bevolking word en die taal figuurlik gesproke onthoof is deur die vervanging daarvan op universiteitsvlak deur Engels. Dit is goed moontlik dat die Afrikaners as etniese gemeenskap en die taal Afrikaans, wat albei so 'n prominente rol in die Suid-Afrika van die twintigste eeu gespeel het, in die halfeeu tussen 2017 en 2067 kan verdwyn.

Sowel die Afrikaners as die taal Afrikaans is taamlik jonk. Hoewel die voorsate van sommige mense wat hulself vandag Afrikaners noem hulle meer as 350 jaar gelede aan die Kaap gevestig het, dateer 'n wit gemeenskap wat homself Afrikaners noem nie verder terug as die 1920's nie. Dit was ook eers in die 1920's dat Afrikaans algemeen in skole en universiteite, op kansels, in koerante en tydskrifte en in wetenskaplike geskiedskrywing gebruik is.

In verkiesings gedurende die 1920's was NP-kandidate in Bolandse kiesafdelings nog gretig om bruin kiesers as mede-Afrikaners te bestempel. Daar was selfs 'n oproep in die geledere van die NP-leiers dat afgesien moes word van 'n plan om ondersteuners van die wit Arbeidersparty oor te haal en dat die party eerder op die bruin stem moes konsentreer. Ná 1929 se verkiesing het 'n groepie bruin kiesers van Stellenbosch die seëvierende NP-kandidaat, Bruckner de Villiers, skouerhoog in die parlement ingedra.

Die skeiding van die weë tussen wit en bruin Afrikaanssprekendes het eers in die vroeë 1930's gekom toe wit vroue (maar nie bruin vroue nie) stemreg gekry het. Die NP het die fatale fout begaan om afsonderlike kieserslyste vir bruin kiesers voor te staan, wat die bruin mense as kiesers en potensiële Afrikaners uitgeskakel het. In die Verenigde Party, wat in 1933 tot stand gekom het, het sekere leiers, onder andere genl. JBM Hertzog, wit Engelssprekendes wat Suid-Afrika eerste stel ook Afrikaners genoem. Dit was eers ná 1945 dat die term Afrikaners konsekwent gebruik is om net op wit Afrikaanssprekendes te slaan.

Ná sy onverwagte oorwinning in 1948 het die NP Afrikaner-oorlewing die grondslag van sy beleid gemaak. Apartheid was die beleid wat praktiese uitvoering aan die plan moes gee. Een van die beste uiteensettings van hierdie gedagte was dié van prof. Avril Malan, 'n natuurwetenskaplike en direkteur van Volkskas. Hy was die pa van Magnus Malan, wat later hoof van die weermag sou word.

In 1949 het Malan, toe 'n Volksraadslid, gesê:

> Op die kontinent van Afrika woon ongeveer 130 miljoen mense van wie vier miljoen wit is. Onder die wit bevolking is daar slegs een enkele onderskeibare en aparte nasie, die Afrikanernasie. Vir goed of sleg het hierdie klein nasie besluit dat ten spyte van die oorwig van bruin en swart rasse hulle as 'n

> aparte Europese nasie op die suidpunt van Afrika gaan oorleef.

Malan het vervolg dat dit nie 'n te groot opoffering vir lede van die Engelssprekende nasie is om te kapituleer nie. Daar sou altyd nog Engeland wees. Die Afrikaners is egter anders.

Hy het só afgesluit:

> Die Afrikaners behoort tot 'n klein nasie in wie die jeugdige bewussyn van sy mag pas wakker geword het. Hy kyk gretig na die toekoms. As hy van die toneel sou verdwyn, wie sal voorgaan om sy lewenswyse en sy kultuur voort te sit? Kan dit dan moeilik wees om te verstaan dat vir die Afrikaners die kwessie van oorlewing 'n onweerstaanbare noodsaaklikheid geword het, 'n ware obsessie?

Malan het hier die kern van die filosofie wat agter die apartheidsplan geskuil het, vasgevat. Die Afrikaners was die tipiese klein volkie met die eksistensiële vrese wat Milan Kundera so goed beskryf het.

Toe die NP in 1948 die mag verower het, was die Afrikaners 1,5 miljoen sterk teenoor die bruin mense se 1 miljoen en die swart mense se 8,4 miljoen. In 1960 was daar 1,8 miljoen Afrikaners. Dit was 11,4% van die bevolking, terwyl die wit gemeenskap se 3 miljoen ongeveer 'n kwart van die swart totaal van net oor die 12 miljoen was. Teen 2017 het die proporsie Afrikaners op 6% staan.

Volgens Solidariteit se projeksie sal die Afrikaners 2, 7 miljoen (5,2%) in 2031 en 3,9% miljoen (2,4%) in 2051 van die bevolking uitmaak. Dit voorveronderstel dat Suid-Afrika teen 2050 sowat 65 miljoen mense sal hê.

Ná die oorgang in 1994 het die radikaal verskillende historiese ervarings van die Afrikaners in die suide en dié in die noorde weer sterk na vore gekom. Voordat die Unie van Suid-Afrika tot stand gekom het, was die Kaapse Afrikaners vir meer as 'n eeu lank onder Britse gesag. Hulle het bekend geword as "Queen Victoria's loyal subjects". In 1887 het Stellenbosch selfs die naam Victoria College vir sy universiteitskollege gekies.

Die Universiteit van Stellenbosch het sy historiese roeping ná 1994 vinnig herdefinieer. Afrikaans as voertaal is op die agtergrond gedruk en die aanlok van studente wat in Engels wou studeer en styging op die internasionale ranglyste het sy grootste prioriteite geword. Op politieke en kulturele gebied het daar in die Wes-Kaap geen lewenskragtige organisasies ontstaan nie. Geen nuwe leiers het na vore gekom nie. Die dryfkrag agter die totstandkoming van die Demokratiese Alliansie, wat tans die Wes-Kaap beheer, was Engelssprekendes wat die geestelike kinders van die ou Progressiewe Party was.

Dit was in die Noorde waar die Afrikaners met hul republikeinse tradisie die eerste pogings aangewend het om die verlammende effek van 'n massademokrasie en Engelse kulturele oorheersing te oorkom. Teen 2017 het die Solidariteit-beweging meer as 410 000 lede gehad. Die beweging sluit die vakbond Solidariteit in – met sy 170 000 lede – wat die regte van werkers uit minderheidsgroepe verdedig, en AfriForum met 200 000 ingeskrewe lede. Dit onderneem aksies en veldtogte om minderhede teen diskriminasie te beskerm en verskaf ook hulp op plaaslike vlak waar dienslewering faal.

Verder sluit die Solidariteit-beweging ook die Helpende Hand in – met 40 000 lede – wat veral onder die armes werk, en die FAK, wat 'n kultuurorganisasie is. Die sterk groei van die beweging binne twintig jaar wys hoe groot die behoefte is aan organisasies wat die strydbyl vir die Afrikaanssprekende minderheid kan optel.

By die Afrikaners wat in die republikeinse tradisie staan, kan 'n mens ook die Oos-Kapenaars voeg. Die mense hier het nog historiese herinneringe uit die Anglo-Boereoorlog van Britse troepe wat plaasopstalle verniel het in hul soektog na rebelle. Die skrywer Hennie Aucamp het opgeteken dat hy as Oos-Kapenaar dinge ervaar het wat nie deur Bolanders gedeel word nie. Hy gee as voorbeeld sy ontroering by die lees van Johannes Meintjes se biografie van pres. MT Steyn van die Vrystaat. Dit het hom ontroer om 'n bepaalde rede: "Omdat ons dalk in die komende jare voor die soveelste dood van die Boer staan – 'n dood wat dalk alles mag eis, ook die hoogste: die Boer se taal."

Sy slotwoorde lui: "Die binnelandse Boer en die Bolander is twee verskillende spesies. Die mooi berge van die Boland is die skans wat die stank van verspilde Boerebloed uitsluit. En daarom is die Kaap so Hollands, wat ook wil sê: so Brits."

Teen 2018 het dit gelyk of 'n jonger geslag Afrikaners besig was om die stigma van apartheid te verwerp sonder om onverskillig te staan teenoor die skade en leed wat die stelsel voor 1994 meegebring het. Dit is hierdie geslag wat die toekoms van Afrikaans en die Afrikaners gaan bepaal, amper soos die geslag wat ná die Eerste Wêreldoorlog mondig geword het en met hul skryf- en doseerwerk die grondslag van 'n bloeiende geesteslewe en van oorlewing in Afrikaans gelê het.

OOR DIE SKRYWER

Prof. Hermann Giliomee het aan die Universiteit van Stellenbosch studeer en daar sy doktorsgraad in geskiedenis ontvang. Hy is een van Suid-Afrika se mees gerespekteerde historici wat as navorsingsgenoot in die Departement Geskiedenis aan die Universiteit van Stellenbosch internasionaal gerekende werk lewer. Van 1982 tot 1998 was hy professor in politieke studies aan die Universiteit Kaapstad. Hy was 'n genoot van onder meer die Yale- en Cambridge-universiteite en die Woodrow Wilson Centre for International Scholars in Washington.

Sy magnum opus, *The Afrikaners: Biography of a People,* is in 2003 gelyktydig in Suid-Afrika deur Tafelberg, in die VSA deur die University Press of Virginia en in Brittanje deur Christopher Hurst & Company uitgegee. In 2004 verskyn dit in Afrikaans as *Die Afrikaners: 'n Biografie* en word vinnig 'n topverkoper. Die internasionale Engelse uitgawe is onder meer as "uitdagend", "monumentaal" en "onoortreflik" beskryf in die *Financial Mail* en die *Times Literary Supplement.*

In 2007 tree Giliomee saam met Herbert Mbenga op as samesteller en hoofskrywer van die *Nuwe geskiedenis van Suid-Afrika,* wat gelyktydig in Engels uitgegee word as *New History of South Africa.* Die teks van dié boek word ook aanlyn beskikbaar gemaak. Ook in 2007 verskyn sy geskiedenis van Stellenbosch, *Nog altyd hier gewees.*

In 2012 word Giliomee se *Die laaste Afrikanerleiers* en *The Last Afrikaner Leaders* gelyktydig uitgegee, en in 2016 sy biografie *Historikus / Historian.* Hy tree ook op as die verteller in die kykNET-reeks *Die Afrikaners,* wat die inspirasie was vir hierdie nuwe uitgawe van sy klassieke boek.

Hy is getroud met Annette van Coller. Die egpaar woon op Stellenbosch en op Stilbaai en het twee dogters en vyf kleinkinders.

FOTO-ERKENNINGS

Alle foto's en afdrukke in hierdie boek verskyn, tensy anders vermeld, met die toestemming van die volgende instansies:

Bloemfontein-argief
Kasteel die Goeie Hoop – Kaapstad
Krugerhuis – Pretoria
Melrose House – Pretoria
Oorlogsmuseum – Bloemfontein
Pretoria-argief
Smutshuis-museum – Pretoria
Stellenbosch-dorpsmuseum
Suid-Afrikaanse Nasionale Biblioteek – Kaapstad
Suid-Afrikaanse Nasionale Kunsmuseum – Kaapstad
Universiteit Stellenbosch, J.S. Gericke-biblioteek, Africana
Voortrekkermonument – Pretoria

GESELEKTEERDE BRONNELYS

Adam, H *Modernizing Racial Domination: South Africa's Political Dominance.* Berkeley: University of California Press, 1971.

Adam, H en Giliomee, H *Ethnic Power Mobilized: Can South Africa Change?* New Haven: Yale University Press, 1979.

Adhikari, M (red.) *Straatpraatjes: Language, Politics and Popular Culture in Cape Town, 1909-1922.* Pretoria: Van Schaik, 1996.

Akenson, DH *God's Peoples: Covenant and Land in South Africa, Israel and Ulster.* Ithaca: Cornell University Press, 1992.

Albertyn, JR, Du Toit, P en Theron, HS *Kerk en stad.* Stellenbosch: Pro Ecclessia, 1947.

Appelgryn, MS *Thomas François Burgers.* Pretoria: HAUM, 1979.

Beinart W *Twentieth-Century South Africa.* Kaapstad: Oxford University Press, 1994.

Beyers, C *Die Kaapse Patriotte.* Pretoria: Van Schaik, 1967.

Biewenga, AW *De Kaap de Goede Hoop: een Nederlandse vestigingskolonie, 1680-1730,* doktorale verhandeling, Vrije Universiteit, Amsterdam, 1998.

Boeseken, AJ *Simon van der Stel en sy kinders.* Kaapstad: Nasou, 1964.

Boeyens, J "'Black Ivory': The Indenture System and Slavery in Zoutpansberg, 1848-1869", in Eldredge, E en Morton, F (reds.) *Slavery in South Africa.* Pietermaritzburg: University of Natal Press, 1994.

Booyens, B *Die lewe van DF Malan: die eerste 40 jaar.* Kaapstad: Tafelberg, 1969.

Botha, DP *Die opkoms van ons derde stand.* Kaapstad: Human & Rousseau, 1960.

Bottomley, J "'Almost Bled to Death': The Effects of the Anglo-Boer War on Social Transformation in the Orange River Colony", *Historia,* 44, 1, 1999.

Bottomley, J "Public Policy and White Rural Poverty in South Africa, 1881-1924", doktorale verhandeling, Queen's University, 1990.

Breytenbach, B (BB Lasarus) *'n Seisoen in die paradys.* Johannesburg: Perskor, 1976.

Brink, AP *Mapmakers: Writing in a State of Siege.* Londen: Faber and Faber, 1983.

Brink, E "'Maar net 'n klomp factory meide': Afrikaner Family and Community on the Witwatersrand", in Bozzoli, B (red.) *Class, Community and Conflict: South African Perspectives.* Johannesburg: Ravan Press, 1987.

Brits, JP *Op die vooraand van apartheid: die rassevraagstuk en die blanke politiek in Suid-Afrika, 1939-1948.* Pretoria: Unisa, 1994.

Brits, JP "'The Voice of the People': Memoranda presented in 1947 to the Sauer Commission", *Kronos*, 22, 2000.

Broodryk, JJ "Stellenbosse akademici en die politieke problematiek in Suid-Afrika, 1934-1948", MA-verhandeling, Universiteit van Stellenbosch, 1991.

Cillié, PJ *Tydgenote.* Kaapstad: Tafelberg, 1980.

Coertze, PJ, Language FJ en Van Eeden, BIC *Die oplossing van die naturellevraagstuk in Suid-Afrika.* Johannesburg: Publicité, 1943.

Coetzee, JM "The Mind of Apartheid", *Social Dynamics*, 17, 1, 1991.

Crais, C *The Making of the Colonial Order: White Supremacy and Black Resistance in the Eastern Cape, 1770-1865.* Johannesburg: Witwatersrand University Press, 1997.

Crocker, C *High Noon in Southern Africa.* New York: W.W. Norton, 1992.

Cronjé, G *'n Tuiste vir die nageslag.* Johannesburg: Publicité, 1945.

Davenport, TRH en Saunders, C *South Africa: A Modern History.* Londen: Macmillan, 2000.

Davids, A "The Afrikaans of the Cape Muslims from 1815 to 1915: A Socio-Linguistic Study", MA-verhandeling, Universiteit van Natal, 1991.

De Bruyn, GFC "Die samestelling van die Afrikaner", *Tydskrif vir Geesteswetenskappe*, 15, 1976.

De Kiewiet, CW *A History of South Africa.* Oxford: Oxford University Press, 1941.

De Kiewiet, CW "Loneliness in the Beloved Country", *Foreign Affairs*, 42, 3, 1964.

De Klerk, FW *Die laaste trek – 'n nuwe begin.* Kaapstad: Human & Rousseau, 1999.

Delius, P *The Land Belongs to Us.* Johannesburg: Ravan, 1983.

Delius, P en Trapido, S "Inboekselings and Oorlams", in Bozzoli, B (red.) *Town and Countryside in the Transvaal.* Johannesburg: Ravan Press, 1983.

Denoon, D *A Grand Illusion.* Londen: Longman, 1973.

De Villiers, D en De Villiers, JM *PW.* Kaapstad: Tafelberg, 1984.

De Villiers, JW en Jardine, R et al. "Why South Africa Gave Up the Bomb", *Foreign Affairs*, 72, 5, 1993.

De Wet, CG *Die vryliede en vryswartes in die Kaapse nedersetting.* Kaapstad: Historiese Publikasie-Vereniging, 1981.

Dickson, P "The Natives Land Act of 1913", MA-verhandeling, Universiteit van Kaapstad, 1970.

D'Oliveira, J *Vorster: The Man.* Johannesburg: Ernest Stanton, 1977.

Dooling, W *Law and Community in a Slave Society: Stellenbosch District, South Africa, c. 1760-1820.* Kaapstad: Universiteit van Kaapstad, 1992.

Dubow, S "Afrikaner Nationalism, Apartheid and the Conceptualisation of 'Race'", *Journal of African History*, 33, 1992.

Dubow, S *Racial Segregation and the Origins of Apartheid in South Africa*, Londen: Macmillan, en Oxford: St Antony's College, 1989.

Dubow, S *Scientific Racism in Modern South Africa.* Cambridge: Cambridge University Press, 1995.

Du Plessis, EP *'n Volk staan op: die Ekonomiese Volkskongres en daarna.* Kaapstad; Human & Rousseau, 1964.

Du Plessis, J "Colonial Progress and Countryside Conservatism: An Essay on the Legacy of Van der Lingen", MA-verhandeling, Universiteit van Stellenbosch, 1988.

Du Plessis, J *The Life of Andrew Murray of South Africa.* Londen: Marshall Bros., 1919.

Du Plessis, JC "Die ideale van ons kerk in sendingwerk", in *Die NG Kerk in die OVS en die naturellevraagstuk.* Bloemfontein: Nasionale Pers, 1929.

Du Toit, A "The Cape Afrikaners' Failed Liberal Movement", in Butler, Jeffrey et al. (reds.) *Democratic Liberalism in South Africa.* Middletown: Wesleyan University Press, 1987.

Du Toit, A "Hendrik Bibault of die raaisel van prof. JLM Franken", in HC Bredekamp (red.) *Afrikaanse geskiedskrywing en letterkunde.* Bellville: Universiteit van die Wes-Kaapland, 1992.

Du Toit, A "Puritans in Africa?" *Comparative Studies in Society and History,* 27, 2, 1985.

Du Toit, A *Die sondes van die vaders.* Kaapstad: Rubicon, 1982.

Du Toit, A en Giliomee, H *Afrikaner Political Thought, 1780-1850: Analyses and Documents.* Kaapstad: David Philip, 1983.

Du Toit, M "A Social History of the Afrikaanse Christelike Vrouevereniging", doktorale verhandeling, Universiteit van Kaapstad, 1992.

Duvenage, GDJ *Van die Tarka na die Transgariep.* Pretoria: Academica, 1981.

Ehlers, A "Die Helpmekaarbeweging in Suid-Afrika", MA-verhandeling, Universiteit van Stellenbosch, 1986.

Elphick, R *Kraal and Castle: Khoikhoi and the Founding of White South Africa.* New Haven: Yale University Press, 1977.

Elphick R en Giliomee, H (reds.) *The Shaping of South African Society, 1652-1840.* Middletown: Wesleyan University Press, 1988.

Elphick, R en Giliomee, H "The Origins and Entrenchment of European Domination at the Cape, 1652-1840", in Elphick, R en Giliomee H (reds.) *The Shaping of South African Society, 1652-1840.* Middletown: Wesleyan University Press, 1988.

Erasmus, LS "Die nasionale idee in die onderwys", MA-verhandeling, Universiteit van Stellenbosch, 1954.

Etherington, N *The Great Treks: The Transformation of Southern Africa, 1815-1854.* Harlow: Penguin, 2001.

Feinberg, H "The Natives Land Act in South Africa", *International Journal of African Historical Studies,* 26, 19, 1993.

Fischer, MA *Tant Miem Fischer se Kampdagboek, Mei 1901-Augustus 1902.* Tafeberg, 1964.

Forgey, H "Die politiek van armoede: 'n vergelyking van die 1932 en 1989 Carnegie-verslag", MA-verhandeling, Randse Afrikaanse Universiteit, 1994.

Fourie, JJ *Afrikaners in die Goudstad, 1924-1961.* Pretoria: HAUM, 1986.

Furlong, PJ *Between Crown and Swastika: The Impact of the Radical Right on the Afrikaner Nationalist Movement in the Fascist Era.* Johannesburg: Witwatersrand University Press, 1991.

Galloway, F *Breyten Breytenbach as openbare figuur.* Pretoria: HAUM, 1990.

Gerstner, J "A Christian Monopoly: The Reformed Church and Colonial Society under

Dutch Rule", in Elphick, R en Davenport, TRH (reds.) *Christianity in South Africa: A Political, Social and Cultural History.* Kaapstad: David Philip, 1997.

Gerstner, JN *The Thousand Generation Covenant: Dutch Reformed Covenant Theology and Group Identity in Colonial South Africa.* Leiden: E.J. Brill, 1991.

Geyser, O en Marais, AH (reds.) *Die Nasionale Party.* Pretoria: INEG, 1975.

Giliomee, H "The Beginnings of Afrikaner Nationalism, 1870-1915", *South African Historical Journal,* 19, 1987.

Giliomee, H "Critical Afrikaner Intellectuals and Apartheid," *South African Journal of Philosophy,* 19, 4, 2000.

Giliomee, H "Democratization in South Africa", *Political Science Quarterly,* 110, 1, 1995.

Giliomee, H "Processes in the Development of the South African Frontier", in Lamar, H en Thompson, L (reds.) *The Frontier in History: North America and South Africa Compared.* New Haven: Yale University Press, 1981.

Giliomee, H en Schlemmer, L *From Apartheid to Nation-building.* Kaapstad: Oxford University Press, 1990.

Grundlingh, AM *Die "hendsoppers" en "joiners": die rasionaal en verskynsel van verraad.* Pretoria: HAUM, 1979.

Haasbroek, DJP "Die ontstaan van die nie-blanke stemreg en die verskansing daarvan in die Suid-Afrika Wet van 1909", doktorale verhandeling, Universiteit van Stellenbosch, 1958.

Haasbroek, DJP "The Origin of Apartheid in South Africa", *Historia,* 16, l, 1971.

Hancock, WK *Smuts,* 2 dele. Cambridge: Cambridge University Press, 1962.

Heese, H *Reg en onreg: Kaapse regspraak in die agtiende eeu.* Kaapstad: Universiteit van die Wes-Kaap, 1994.

Heese, HF *Groep sonder grense: die rol en status van die gemengde bevolking aan die Kaap, 1652-1795.* Bellville: Universiteit van die Wes-Kaapland, Instituut vir Historiese Navorsing, 1984.

Heese, JA *Die herkoms van die Afrikaner.* Kaapstad: Balkema, 1971.

Heese, JA *Slagtersnek en sy mense.* Kaapstad: Tafelberg, 1973.

Hexham, I *The Irony of Apartheid: The Struggle for National Independence of Afrikaner Calvinism against British Imperialism.* New York: Edwin Mellen Press, 1981.

Hofmeyr, I "Building a Nation from Words: Afrikaans Language, Literature and Ethnic Identity", in Marks, S en Trapido, S (reds.) *The Politics of Race, Class and Nationalism in Twentieth-Century South Africa.* Londen: Longman, 1987.

Hofmeyr, JH *Het leven van JH Hofmeyr.* Kaapstad: Van de Sandt de Villiers, 1913.

Jenkins, S "Paradox of Botha's legacy", *Die Suid-Afrikaan,* June 1988.

Jonker, W *Selfs die kerk kan verander.* Kaapstad: Tafelberg, 1999.

Jooste, L "FC Erasmus as minister van verdediging, 1948-1959", MA-verhandeling, Universiteit van Suid-Afrika, 1995.

Jordaan, JT "Die ontwikkeling van die sendingwerk van die NGK in die Transvaal", doktorale verhandeling, Universiteit van Pretoria, 1962.

Kallaway, P "FS Malan, the Cape Liberal Tradition and South African politics, 1908-1924",

Journal of African History, 15, 1, 1974.

Kannemeyer, JC *Langenhoven: 'n lewe.* Kaapstad: Tafelberg, 1995.

Kannemeyer, JC *Leipoldt: 'n lewensverhaal.* Kaapstad: Tafelberg, 1999.

Kannemeyer, JC *Ontsyferde stene.* Stellenbosch: Inset, 1996.

Kapp, PH "Dr. John Philip: die grondlegger van Liberalisme in Suid-Afrika", *Argiefjaarboek vir SA Geskiedenis,* 1985.

Keegan, T *Colonial South Africa and the Origins of the Racial Order.* Kaapstad: David Philip, 1996.

Keegan, T *Rural Transformations in Industrializing South Africa.* Johannesburg: Ravan Press, 1986.

Kinghorn, J "Die groei van 'n teologie", in Kinghorn, J (red.) *Die NG Kerk en apartheid.* Johannesburg: Macmillan, 1986.

Kriek, DJ "Generaal JBM Hertzog se opvattinge van die verhouding tussen die Afrikaans- en Engelssprekendes na Uniewording", doktorale verhandeling, Universiteit van Pretoria, 1971.

Krog, A *Country of My Skull.* Johannesburg: Random House, 1999.

Krüger, BJ *Diskussies en wetgewing rondom die landelike arbeidsvraagstuk in die Suid-Afrikaaanse Republiek, 1885-1899.* Kommunikasies van die Universiteit van Suid-Afrika, C62, 1966.

Krüger, DW *Paul Kruger.* Johannesburg: Dagbreek, 1961.

Kruger, L-M "Gender, Community and Identity: Women and Afrikaner Nationalism in the *Volksmoeder* Discourse of *Die Boerevrou,* 1919-1931", MA-verhandeling, Universiteit van Kaapstad, 1991.

Lazar, J "Conformity and Conflict: Afrikaner Nationalist Politics in South Africa, 1948-1961", doktorale verhandeling, Oxford University, 1987.

Legassick, M "The Frontier Tradition in South African Historiography", in Marks, S. en Atmore, A (reds.) *Economy and Society in Pre-industrial South Africa.* Londen: Longman: 1980.

Le May, GHL *The Afrikaners: An Historical Interpretation.* Oxford: Blackwell, 1995.

Le Roux, JH et al. *Generaal JBM Hertzog.* Johannesburg: Perskor, 1987.

Le Roux, JH en Coetzer, PW *Die Nasionale Party, deel 2-4.* Bloemfontein: INEG, 1980.

Liebenberg, BJ *Andries Pretorius in Natal.* Pretoria: Academica, 1977.

Louw, C *Boetman is die bliksem in.* Kaapstad: Human & Rousseau, 2001.

Louw, L (red.) *Dawie, 1946-1964.* Kaapstad: Tafelberg, 1965.

Louw, NP van Wyk. *Versamelde prosa,* deel 1 en 2, Kaapstad: Tafelberg en Human & Rousseau, 1986.

Malan, FS *Politieke strominge onder die Afrikaners van die Vrystaatse Republiek.* Durban: Butterworth, 1982.

Marais, AH "Die Afrikanerdom een en verdeeld", in Geyser, O en Marais, AH (reds.) *Die Nasionale Party.* Pretoria: Academica, 1975.

Marais, JS *The Fall of Kruger's Republic.* Oxford: Clarendon, 1961.

Marks, S en Trapido, S "Lord Milner and the South African State", *History workshop,* 8, 1979.

Mason, JE "'Fit for Freedom': The Slaves, Slavery and Emancipation in the Cape Colony, South Africa, 1806-1842", doktorale verhandeling, Yale University, 1992.

Millar, R "Science and Society in the Early Career of H.F. Verwoerd", *Journal of Southern African Studies* 19, 4, 1993.

Moll, T "From Booster to Brake: Apartheid and Economic Growth in Comparative Perspective", in Nattrass, N en Ardington, E (reds.) *The Political Economy of South Africa*. Kaapstad: Oxford University Press, 1990.

Mostert, N *Frontiers*. New York: Knopf, 1992.

Muller, CFJ. *Die oorsprong van die Groot Trek*. Kaapstad: Tafelberg, 1974.

Muller, CFJ. *Sonop in die Suide: geboorte en groei van die Nasionale Pers, 1915-1948*. Kaapstad: Nasionale Boekhandel, 1990.

Muller, T *'n Inspirasie vir Jong Suid-Afrika*. Kaapstad: Nasionale Pers, 1925.

Nash, A "The Dialectical Tradition in South Africa", doktorale verhandeling, Universiteit van Kaapstad, 2000.

Naude, L (pseudoniem). *Dr. A. Hertzog, die Nasionale Party en die mynwerker*. Pretoria: Nasionale Raad van Trustees, 1969.

Nederduitse Gereformeerde Kerk. *Kerk en samelewing*, Bloemfontein: Algemene Sinodale Kommissie, 1986.

Newton-King, S *The Enemy Within: The Struggle for Ascendancy on the Cape Eastern Frontier*. Cambridge: Cambridge University Press, 1999.

Oberholster, AG *Die Mynwerkersstaking: Witwatersrand, 1922*. Pretoria: RSG, 1982.

Olivier, G *NP van Wyk Louw*. Kaapstad: Human & Rousseau, 1992.

O'Meara, D *Forty Lost Years: The Apartheid State and the Politics of the National Party*. Johannesburg: Ravan Press, 1996.

O'Meara, D *Volkskapitalisme: Class, Capital and Ideology in the Development of Afrikaner Nationalism, 1934-1948*. Cambridge: Cambridge University Press, 1983.

Pakenham, T *The Boer War*. Weidenfeld and Nicolson, 1979.

Patterson, S *The Last Trek*. Londen: Routledge and Kegan Paul, 1957.

Pauw, S *Beroepsarbeid van die Afrikaners*. Stellenbosch: Pro Ecclesia, 1946.

Peires, JB "The British and the Cape, 1814-1834", in Elphick, R and Giliomee, H (reds.) *The Shaping of South African Society, 1652-1840*. Middletown: Wesleyan University Press, 1988.

Pelzer, AN "'Die Arm-blanke' in die Suid-Afrikaanse Republiek tussen die jare 1882 en 1899", *Historiese Studies*, 2,4, 1941.

Pelzer, AN *Geskiedenis van die Suid-Afrikaanse Republiek*. Kaapstad: Balkema, 1950.

Pelzer, AN (red.) *Verwoerd aan die woord*. Johannesburg: Afrikaanse Pers-Boekhandel, 1963.

Penn, N "The Northern Cape Frontier Zone, 1700-*c*. 1815", doktorale verhandeling, Universiteit van Kaapstad, 1995.

Philip, J *Researches in South Africa*. Londen: Duncan, 1828.

Pienaar, S *Getuie van groot tye*. Kaapstad: Tafelberg, 1979.

Pienaar, SW (red.) *Glo in u volk: dr. DF Malan as redenaar*. Kaapstad: Tafelberg, 1964.

Ponelis, F *The Development of* Afrikaans. Frankfurt: Peter Lang, 1993.

Posel, D *The Making of Apartheid, 1948-1961*. Oxford: Clarendon Press, 1991.

Pottinger, B *The Imperial Presidency: PW Botha, the First Ten Years.* Johannesburg: Southern Books, 1988.

Pretorius, F *Kommandolewe tydens die Anglo-Boereoorlog, 1899-1902*. Kaapstad: Human & Rousseau, 1991.

Ries, A en Dommisse, E *Broedertwis*. Kaapstad: Tafelberg, 1982.

Roberts, M en Trollope, A.E.G. *The South African Opposition*. Londen: Longmans, 1947.

Ross, R *Cape of Torments: Slavery and Resistance in South Africa.* Londen: Routledge Kegan Paul, 1983.

Ross, R *Status and Respectability in the Cape Colony, 1750-1870*. Cambridge: Cambridge University Press, 1999.

Rousseau, J "Iets oor Bantoe-onderwys", in Verwoerd, WJ (red.) *Verwoerd: só onthou ons hom.* Pretoria: Protea Boekhuis, 2001.

Rousseau, L *Die groot verlange: die verhaal van Eugène Marais.* Kaapstad: Human & Rousseau, 1974.

R[othmann], ME (MER) *My beskeie deel.* Kaapstad: Tafelberg, 1972.

Rotberg, R *The Founder: Cecil John Rhodes and the Pursuit of Power.* Johannesburg: Southern Books, 1988.

Sachs, ES *Rebels' Daughters.* Londen: McGibbon and Kee, 1957.

Sadie, AY "Regerings- en sake-elite se persepsies oor die invloed van die Suid-Afrikaanse sakesektor op openbare beleidsformulering", doktorale verhandeling, Universiteit van Kaapstad, 1990.

Sadie, J "Die demografie van die blanke Afrikanergemeenskap", *Journal for the Study of Economy and Econometrics*, 22, 3, 1998.

Sadie, JL "The Economic Demography of South Africa", doktorale verhandeling, Universiteit van Stellenbosch, 2000.

Sadie, JL *The Fall and Rise of the Afrikaner in the South African Economy.* Stellenbosch: Universiteit van Stellenbosch Annale, 2002.

Sadie, JL "The Political Arithmetic of Apartheid", in Hugo, P (red.) *South African Perspectives.* Kaapstad: *Die Suid-Afrikaan*, 1989.

Salomon, L "The Economic Background to Afrikaner Nationalism", in Butler, J. (red.) *Boston University Papers in African History.* Boston: Boston University, 1964.

Schama, S *The Embarrassment of Riches: An Interpretation of Dutch Culture in the Golden Age.* Londen: Fontana Press, 1987.

Schama, S *Patriots and Liberators: Revolution in the Netherlands, 1780-1813*. New York: Alfred Knopf, 1977.

Scheffler, H "Die geskiedenis van die historiese landgoed Muratie'. Private manuskrip, 1991, in besit van mev. A Melck, Muratie, Stellenbosch.

Scher, DM "The Disenfranchisement of the Coloured Voters, 1948-1956", ongepubliseerde doktorale verhandeling, Universiteit van Suid-Afrika, 1983.

Schlemmer, L *Black Attitudes: Adaptation and Reaction.* Durban: Institute of Social Research, 1975.

Schlemmer, L "Factors in the Persistence or Decline of Ethnic Group Mobilization: Afrikaners in Post-Apartheid South Africa", doktorale verhandeling, Universiteit van Kaapstad, 1999.

Schlemmer, L "Politieke keuses en bebloede sitvlakke", *Die Suid-Afrikaan,* 17 (1988).

Schoeman, K *Armosyn van die Kaap: voorspel tot vestiging, 1415-1651.* Kaapstad: Human & Rousseau, 1999.

Schoeman, K *Armosyn van die Kaap: die wêreld van 'n slavin, 1652-1733.* Kaapstad: Human & Rousseau, 2001

Schoeman, K *Dogter van Sion: Machtelt Smit en die 18de-eeuse samelewing aan die Kaap, 1749-1799.* Kaapstad: Human & Rousseau, 1997.

Schoeman, K *Die wêreld van Susanna Smit, 1799-1863.* Kaapstad: Human & Rousseau, 1995.

Scholtz, GD *Dr. Hendrik Frensch Verwoerd.* Johannesburg: Perskor, 1974.

Scholtz, GD *Hertzog en Smuts en die Britse Ryk.* Kaapstad: Tafelberg, 1975.

Scholtz, GD *Die ontwikkeling van die politieke denke van die Afrikaners,* 8 dele, Johannesburg: Voortrekkerpers en Perskor, 1967-1984.

Scholtz, J du P *Die Afrikaner en sy taal.* Kaapstad: Nasou 1964.

Schrire, R *Adapt or Die: The End of White Politics in South Africa.* Londen: Hurst & Co., 1992.

Schutte, G "Between Amsterdam and Batavia: Cape Society and the Calvinist Church under the Dutch East India Company", *Kronos,* 25, 1998-99.

Schutte, GJ "Abraham Kuyper: vormer van een volksdeel", in Augustijn, C (red.) *Abraham Kuyper.* Delft: Meinema, 1987.

Schutte, GJ *Het Calvinistisch Nederland: mythe en werklikheid.* Hilversum: Verloren, 2000.

Seegers, A *The Military in the Making of Modern South Africa.* Londen: Tauris, 1996.

Shell, RC-H *Children of Bondage: A Social History of the Slave Society at the Cape of Good Hope, 1652-1838.* Johannesburg: Witwatersrand University Press, 1994.

Slabbert, F van Zyl *The Last White Parliament.* Johannesburg: Jonathan Ball, 1985.

Sparks, A *The Mind of South Africa.* Londen: Heinemann, 1990.

Stals, ELP "Die geskiedenis van die Afrikaner-Broederbond, 1918-1994", ongepubliseerde manuskrip, 1998.

Steenekamp, TJ "Discrimination and the Economic Position of the Afrikaner", *South African Journal of Economic History,* 5,1, 1990.

Steenekamp, TJ "'n Ekonomiese ontleding van sosio-politieke groepvorming met spesiale verwysing na die Afrikaner", doktorale verhandeling, Unisa, 1989.

Steyn, JC *Penvegter: Piet Cillié van Die Burger.* Kaapstad: Tafelberg, 2002.

Steyn, JC *Tuiste in eie taal.* Kaapstad: Tafelberg, 1980.

Steyn, JC *Van Wyk Louw: 'n lewensverhaal.* Kaapstad: Tafelberg, 1998.

Stokes, RG "The Afrikaner Industrial Entrepreneur and Afrikaner Nationalism", *Economic Development and Cultural Change,* 22, 4, 1974.

Streak, M *The Afrikaner as Viewed by the English, 1795-1854.* Kaapstad: Streak, 1974.

Stultz, N *The Nationalists in Opposition, 1934-1948.* Kaapstad: Human & Rousseau, 1975.

Swart, S "Desperate Men: The 1914 Rebellion and the Politics of Poverty", *South African Historical Journal*, 42, 2000.

Tamarkin, M *Cecil Rhodes and the Cape Afrikaners*. Londen: Frank Cass, 1996.

Taylor, J "'Our Poor': The Politicisation of the Poor White Problem", *Kleio*, 15, 1992.

Teulié, G "A Portrait of the Boer as an Enemy in British Juvenile Literature in the Anglo-Boer War", *South African Journal of Cultural History*, 18, 2, 2001.

Thom, HB *DF Malan*. Kaapstad: Nasionale Boekhandel, 1980.

Thompson, LM "Constitutionalism in the South African Republics", *Butterworth's S.A. Law Review*, 1954.

Thompson, LM "The Political Implications of the Tomlinson Report", *Race Relations Journal*, 23, 1956.

Thompson, LM *The Political Mythology of Apartheid*. New Haven: Yale University Press, 1985.

Thompson, Leonard *The Unification of South Africa*. Oxford: Clarendon Press, 1960.

Trapido, S "Landlord and Tenant in a Colonial Economy: The Transvaal, 1880-1910", *Journal of Southern African Studies*, 5, 1, 1978.

Trapido, S "The Origins of the Cape Franchise Qualifications of 1853", *The Journal of African History*, 5, 1, 1964.

Van Aswegen, HJ "Die verhouding tussen blank en nie-blank in die Oranje-Vrystaat, 1854-1902", doktorale verhandeling, Universiteit van die Oranje-Vrystaat, 1968.

Van der Merwe, PJ "Die Matabeles en die Voortrekkers", *Argiefjaarboek vir SA Geskiedenis*, 1986.

Van der Merwe, PJ *Die noordwaartse beweging van die Boere voor die Groot Trek, 1770-1842*. Den Haag: Van Stockum, 1937.

Van der Merwe, PJ *Trek*. Kaapstad: Nasionale Pers, 1945.

Van der Ross, R *The Rise and Decline of Apartheid*. Kaapstad: Tafelberg, 1986.

Van der Watt, G "G.B.A. Gerdener: Koersaanwyser in die Nederduitse Gereformeerde Kerk se sending en ekumene", doktorale verhandeling, Universiteit van die Oranje-Vrystaat, 1990.

Van Jaarsveld, FA *The Afrikaner's Interpretation of South African History*. Kaapstad, Simondium, 1964.

Van Jaarsveld, FA *The Awakening of Afrikaner Nationalism*. Kaapstad: Human & Rousseau, 1961.

Van Jaarsveld, FA *Wie en wat is die Afrikaner?* Kaapstad: Tafelberg, 1981.

Van Onselen, C *Studies in the Social and Economic History of the Witwatersrand, deel 1: New Babylon*. Harlow: Longman, 1982.

Van Onselen, C *Studies in the Social and Economic History of the Witwatersrand, 1886- 1914, deel 2: New Nineveh*. Londen: Longman, 1982.

Van Wyk, A *Die Keeromstraatkliek*. Kaapstad: Tafelberg, 1983.

Van Zyl, MC *Die protesbeweging van die Transvaalse Afrikaners, 1877-1880*. Pretoria: Academica, 1979.

Verslag van die Carnegie-kommissie. *Die armblanke-vraagstuk in Suid-Afrika*, vyf dele. Stellenbosch: Pro Ecclesia, 1932.

Verslag van die Kleurvraagstuk-kommissie van die HNP (Sauer-kommissie), 1947.

"Verslag van die sosio-ekonomiese ontwikkeling van die Bantoegebiede binne die Unie van

Suid-Afrika" (Tomlinson-kommissie), 17 dele. Universiteit Stellenbosch-biblioteek, Manuskrip-versameling, 1955.

Verslag van die Volkskongres oor die Armblankevraagstuk gehou te Kimberley, 2-3 Oktober, 1934, vyf dele. Kaapstad: Nasionale Pers, 1934.

Viljoen, G van N *Ideaal en werklikheid.* Kaapstad: Tafelberg, 1978.

Viljoen, G van N "Die kwaliteit van ons oorlewing", *Aambeeld*, 6, 1, 1978.

Wagner, R "Zoutpansberg: The Dynamics of a Hunting Frontier", in Marks, S en Atmore, A (reds.) *Economy and Society in Pre-industrial South Africa.* Londen: Longman, 1980.

Welsh, David "The Political Economy of Afrikaner Nationalism", in Leftwich, A (red.) *South Africa: Economic Growth and Political Change.* Londen: Allison and Bushby, 1974.

Wessels, A *Albert Wessels: plaasseun en nyweraar.* Johannesburg: Perskor, 1987.

Wickens, PL "The Natives Land Act of 1913", *South African Journal of Economics*, 49, 1, 1981.

Wilkins, I en Strydom, H. *The Super Afrikaners: Inside the Afrikaner Broederbond.* Johannesburg: Jonathan Ball, 1978.

Worden, Nigel *Slavery in Dutch South Africa.* Cambridge: Cambridge University Press, 1985.

Worden, N en Crais, C. (reds.) *Breaking the Chains: Slavery and its Legacy in the Nineteenth-Century Cape Colony.* Johannesburg: Witwatersrand University Press, 1994.

Yudelman, D *The Emergence of Modern South Africa.* Westport: Greenwood Press, 1983.

Zietsman, PH *Die taal is gans die volk.* Pretoria: Unisa, 1992.

OOR *THE* / *DIE AFRIKANERS*

Simpatiek maar onemosioneel en verbasend onideologies geskryf . . . dit probeer verklaar en verstaan . . . Giliomee slaag daarin om die interessantheid van die geskiedenis te belig. Hy slaag daarin om die verlede te laat herleef . . . Hoort op die rak van elkeen wat wil verstaan hoekom die Afrikaners gedoen het wat hulle gedoen het, en waarom hulle tans in die posisie is waarin hulle is. 'n Mylpaal in die Suid-Afrikaanse geskiedskrywing. – Leopold Scholtz, *Die Burger*

Formidabel . . . die wisselwerking tussen ras, taal, godsdiens, armoede, stryd en mag voorsien 'n dinamiese raamwerk. Giliomee vermy oorvereenvoudigings, hetsy gunstig of ongunstig. – Frederik van Zyl Slabbert, *Insig*

Die vermoë om 'n vakwetenskaplike standaardwerk te skryf wat ook tot die publiek spreek, is tot enkele uitsonderlike mense beperk. So 'n standaardwerk is *Die Afrikaners: 'n Biografie*; en so 'n mens is Hermann Giliomee . . . Wat dit so 'n boeiende boek maak, benewens die vars benadering tot 'n bekende verhaal, lê ongetwyfeld in die stilistiese suiwerheid van die skryfwerk. . . . 'n Monumentale bydrae tot die Suid-Afrikaanse historiografie én tot die Afrikaanse literatuur. – Daniël Hugo, Commendatio vir die Helgaard Steyn-prys (2008)

Die meesterstuk van 'n deurwinterde historikus . . . – Frits Gaum, *Die Kerkbode*

'n Almagtige boek, 'n leesmoet . . . Grootboek oor die Afrikaner se wie, waar en wat, en as jy self een is, kan jy jou kom spieël, sonder ideaalbeeld, want hy's mooi, onmooi, en lélik. – At van Wyk, *Beeld*

Magisterial but accessible . . . The Afrikaners' achievement was remarkable. Now, at last, we have a readable account of this journey and the many redoubtable individuals who marked the route . . . For anyone wanting to understand the fascinating history of this people, continuously facing the existential question of survival for 350 years, this is and will remain the indispensable work. – RW Johnson, *Sunday Times*, Londen

What he tried to do is show is the complexity of a people who rose to power, held it for a while, and then lost it. Giliomee seems to be saying to us: consider complexities, not stereotypes. He does this magisterially in a book that will probably, controversies and all, become a classic of South African historiography. – Anthony Egan, *Mail&Guardian*

Should be compulsory reading for all South Africans. Fluent and confident . . . it is all here: courage, achievement, progress, a new language and the survival of a way of life for a tiny minority at the tip of Africa. The downside was intolerance and injustice . . . this fine book helps to explain our situation. – *Business Day*

Masterly . . . Hermann Giliomee remains an articulate voice of "loyal dissent", asserting that despite apartheid – whose ill-effects he does not want to downplay – Afrikaners have much in their 350-year-long history to be proud of, and a role to play in the country's future. Few other people in history have been both colonisers and colonised; experienced victory in war and shattering defeat; known wrenching poverty and relative affluence; enjoyed supreme political power and been corrupted by it. And no other people have so confounded popular opinion by finally surrendering political control instead of fighting to the bitter end to retain it . . . One need not necessarily agree with all of Giliomee's contentions to be impressed by the fairness of his judgements and the quality of his writing. His peerless contribution to Afrikaner historiography is sure to become the standard work of reference for many years to come. – Richard Steyn, *Financial Mail*

Giliomee struggles valiantly to offer a fair verdict on his own community. His ambivalence . . . is not a weakness but the book's abiding strength, for it allows him fully to explore the complexity of his subject. – *The Economist*

Een indrukwekkend boek . . . Het verhaal van een trots, hoogstaand en onafhankelijk volk dat in de loop van de 20ste eeuw een politiek systeem in het leven riep dat wereldwijd verafschuwd werd en uitliep op een mislukking: de apartheid. Hoe heeft dat kunnen gebeuren? . . . Het betoog van Giliomee is grondig en beheerst. – Willem Bouwman, *Zuid-Afrika*